基督教文化研究丛书

主编 何光沪 高师宁

初编 第 **12** 册

20世纪50 – 90年代川滇黔民族地区
基督教调适与发展的研究（下）

秦 和 平 著

花木兰文化出版社

国家图书馆出版品预行编目资料

20 世纪 50 － 90 年代川滇黔民族地区基督教调适与发展的研
究（下）／秦和平　著 -- 初版 -- 新北市：花木兰文化出版社，
2015〔民 104〕
目 6+242 面；19×26 公分
（基督教文化研究丛书　初编　第 12 册）
ISBN 978-986-404-205-0（精装）
1. 基督教　2. 传教史
240.8　　　　　　　　　　　　　　　　　104002090

ISBN-978-986-404-205-0

9 789864 042050

基督教文化研究丛书
初编　第十二册　　　　　　　　ISBN：978-986-404-205-0

20 世纪 50 － 90 年代川滇黔民族地区
基督教调适与发展的研究（下）

作　　　者　秦和平
主　　　编　何光沪　高师宁
执行主编　张　欣
企　　　划　北京师范大学基督宗教文艺研究中心
总 编 辑　杜洁祥
副总编辑　杨嘉乐
编　　　辑　许郁翎
出　　　版　花木兰文化出版社
社　　　长　高小娟
联络地址　台湾 235 新北市中和区中安街七二号十三楼
　　　　　　电话：02-2923-1455 ／传真：02-2923-1452
网　　　址　http://www.huamulan.tw 信箱 hml810518@gmail.com
印　　　刷　普罗文化出版广告事业
初　　　版　2015 年 3 月
定　　　价　初编 15 册（精装）台币 28,000 元　　　　版权所有　请勿翻印

20世纪50－90年代川滇黔民族地区基督教调适与发展的研究（下）

秦和平 著

目

次

图目录

第三章 八九十年代滇黔川民族地区基督教的发展及认识

同样，要认识 20 世纪八九十年代滇黔川民族地区基督教的调适与发展，还得从全国形势的变化，宗教信仰自由政策重新恢复，贯彻执行；宗教信仰自由的权利在《中华人民共和国宪法》（1982）中重申，公民的宗教信仰权利受到尊重，受到保护等说起。

第一节 恢复政策，贯彻执行到依法管理

一、贯彻执行党的宗教政策

（一）拨乱反正，宗教政策得到恢复

1976 年 10 月，党中央粉碎了江青反党集团"四人帮"，结束了文革的十年动乱，进入拨乱反正的新时期。

1978 年 2 月，五届人大一次会议在北京召开，国务院总理华国锋在政府工作报告中宣布：我们要按照宪法规定，继续贯彻执行宗教信仰自由政策，包括有信仰宗教的自由和不信仰宗教、宣传无神论的自由。

表面观察，《政府工作报告》将"宣传无神论的自由"列为宗教信仰自由政策的内容加以阐述，确为欠妥之处，但报告中按照宪法规定、继续贯彻执行该项政策的要求，对于那无法无天的"文化大革命"而言，意味深长，表明恢复及落实宗教信仰自由政策等虽然仍有不少的困难，但是已为时不远！

随着拨乱反正力度的增大，贯彻执行宗教信仰自由政策、允许群众从事正常宗教活动，满足宗教诉求等即将付诸实践。

1978 年 10 月初，中央统战部召开部分省区负责人的座谈会，反映当时各地的宗教活动情况，认识规律及特点，研究急待解决的问题和相关对策。会议指出"目前全国除有极少数对外开放的寺庙教堂外，其余多被破坏、拆除、封闭或改作它用，信教群众的宗教生活普遍受到干涉，甚至粗暴对待，致使宗教活动转入地下。反坏分子利用'四人帮'制造的混乱，煽动宗教狂热，大搞非法违法活动，大肆发展教徒，甚至引诱青少年、党员、团员和干部入教；在有的教徒聚居区，基层领导已被篡夺……"形势严峻，必须正视，及时解决。

与会代表经过反复讨论，分析问题，认为当前宗教工作中存在两大急需解决的问题：一、认真地、全面地贯彻执行宪法所规定的宗教信仰自由政策，尊重信教群众的正当宗教生活，开放少量寺庙教堂，杜绝秘密的地下宗教活动。二、严格区分两类不同性质的矛盾，加强对宗教活动的管理。

会议还提出在宗教工作上要继续贯彻执行团结、教育、改造的方针，团结宗教界人士为实现新时期总任务而贡献力量；认真落实党的政策，特别是对一贯表现积极的进步朋友，更应在政治上、工作上和生活上作妥善处理，解决其困难；以及注意选择和培养一此政治上可靠、有宗教知识的宗教界人士，适应今后工作的需要，等等。

10 月 21 日，中共中央以中央文件形式〔中央（78）65 号〕转批了中央统战部的这份报告，指出宗教在我国历史悠久，有相当一部分群众信仰各种宗教，特别是在少数民族中有较深的影响，宗教工作涉及到群众问题；我国各种宗教在国际上也有广泛的联系……，强调"宗教有它自身产生、发展和消亡的客观规律，决不是经过几次政治运动或者用行政命令的手段所能强迫解决得了的"，要求认真落实党的宗教政策，加强对干部、群众的宣传教育，认识宗教工作的重要性及长期性，做好此项工作。

为了统一思想，落实中央的这些要求，12 月 1—11 日中央统战部在北京召开第八次全国宗教工作会议。

与会代表认为宗教是千百万人的思想信仰问题，其中伊斯兰教和喇嘛教在少数民族中有较深的影响，宗教工作要面向群众，从思想教育入手；对待群众的思想信仰问题，只能说服教育，不能强迫命令；只能正面引导，不能压制打击；只能采取民主的办法，不能采取粗暴甚至专政的手段，强调"宗教信仰自由政策，是我们党和国家解决宗教问题的基本政策，要坚定不移地全面贯彻这一政策"。

经过讨论，会议认为宗教工作的任务是：在党中央的领导下，全面地、正确地贯彻执行中央文件〔中发（78）65 文件〕，落实党的宗教政策，团结广大信教群众，继续贯彻对宗教界爱国人士团结、教育、改造的方针，调动一切积极因素，为实现新时期的总任务而奋斗。

会议还表示，为团结广大信教群众及宗教职业者，调动他们的积极因素，实现新时期的总任务，要求各地政府部门采取措施，向广大干部和群众进行党的宗教政策的教育；从实际出发，保护信教群众的合法权利，合理解决信教群众过正当宗教生活的场所，把宗教活动引导到地面上来；加强对信教群众的工作，积极向他们进行政治思想和科学、文化教育，配合有关部门向群众进行无神论的宣传；抓紧做好对宗教界人士落实政策的工作，妥善解决他们的政治和生活待遇问题；彻底平反和纠正一切冤假错案，被迫害致命的应予昭雪；以及采取有效措施，加强对宗教活动的管理，等等。

这些内容及要求形成了第八次全国宗教工作会议纪要，呈报党中央审查。1979 年 2 月，中共中央仍以中央文件形式向各省区转发了中央统战部呈报的这份《第八次全国宗教工作会议纪要》〔中发（79）10 号〕，要求认清形势，明确政策，制定措施，正确开展宗教工作。

根据中央文件的要求，各省、自治区及直辖市等先后召开宗教（统战）工作会议，落实文件，贯彻执行宗教信仰自由政策。1979 年 5 月，由五届人大二次会议修改通过的《中华人民共和国刑法》第 147 条明确规定："国家工作人员非法剥夺公民的正当的宗教信仰自由和侵犯少数民族风俗习惯，情节严重的，处二年以下有期徒刑或者拘役。"[1] 在法律上保护了人民群众宗教信仰的权利，制止个别人在对待宗教上的非法行为。

其实，中央统战部召开宗教座谈会及全国第八次宗教工作会议的时间，与中共中央十一届三中全会召开基本同时。从大的范围看，以中央文件形式转以的会议报告或纪要〔中发（78）65 号文件、（79）10 号文件〕，应是三中

---

1 1989 年 11 月，最高人民检察院出台《人民检察院直接受理的侵犯公民民主权利、人身权利和渎职案件立案标准的规定》第 8 条对《刑法》第 147 条规定作了具体的阐述。

全会决议的配套部分，标志着宗教工作领域开始拨乱反正，宗教信仰自由政策得到恢复，重新贯彻执行。

1981 年 6 月，党中央在《关于建国以来党的若干历史问题的决议》中，肯定宗教信仰自由的政策，表示"要继续贯彻执行宗教信仰自由的政策。坚持四项基本原则并不要求宗教信徒放弃他们的宗教信仰，只是要求他们不得进行反对马列主义、毛泽东思想的宣传，要求宗教不得干涉政治和教育"[2]。重申群众宗教信仰自由的权利，阐述了坚持四项基本原则与宗教信仰的关系，对宗教活动的范围再作限定。

（二）19 号文件确定，宪法重申权利

1982 年初，中央书记处召开专题会议研究宗教及宗教问题，形成了《关于我国社会主义时期宗教问题的基本观点和基本政策》，全面地总结了中华人民共和国成立以来中共在宗教问题上的正反两方面的经验，系统阐明了中国共产党对宗教的认识，以及宗教问题的基本观点和基本政策：宗教是人类社会发展一定阶段的历史现象，有其发生、发展和消亡的过程。在旧中国，我国各种宗教都曾被统治阶级控制和利用，起过重大的消极作用。中华人民共和国建立以来，经过社会经济制度的深刻改造和宗教制度的重大改革，我国的宗教状况已发生根本性变化，宗教问题上的矛盾基本上属于人民内部的矛盾。然而，受多种因素的影响，宗教问题在一定范围内依然存在，有一定的群众性。

不过，该文件并不隐晦中国共产党的观点及态度，明确表明共产党人是无神论者，应坚持不懈地宣传无神论，但要采取"特别慎重"、"十分严谨"和"周密考虑"的态度，避免或干涉宗教活动，反对用简单、强制的手段解决宗教问题，

该文件阐述中共对宗教的认识及基本政策是：尊重和保护宗教信仰自由；宗教信仰自由的政策是一项长期的政策，是一直要贯彻执行到将来宗教自然消亡的时候为止的政策。贯彻执行该项政策的目的"使全体信教和不信教的群众联合起来，把他们的意志和力量集中在建设现代化的社会主义强国这个共同目标上来"。

文件还强调贯彻执行宗教信仰自由政策的前提是争取、团结和教育宗教

---

2 《要继续贯彻执行宗教信仰自由的政策》，《新时期民族工作文献选编》，第 52 页。

界人士，特别是宗教职业者，结成爱国统一战线，服务于"四化"建设。"在世界观上，马克思主义同任何有神论都是对立的，但是在政治行动上，马克思主义者和爱国的宗教信徒却完全可以而且必须结成社会主义现代化建设共同奋斗的统一战线"。于是，结成统一战线的要求落实宗教信仰自由的相关政策，落实政策的物质条件是归还或安排宗教活动的场所，满足信教群众开展宗教活动的需要。要落实宗教信仰政策，还必须发挥爱国宗教组织的作用，通过它们协助党和政府贯彻执行政策，帮助信教群众不断提高爱国主义及社会主义觉悟，以及组织正常的宗教活动，办好教务等。为了发挥爱国宗教组织的组织，必须帮助宗教组织办好宗教院校，有计划地培养和教育年轻的宗教职业者，等等[3]。

3 月，中共中央以中央文件形式批转《关于我国社会主义时期宗教问题的基本观点和基本政策》〔82（19）号〕，作为认识社会主义时期我国宗教问题、贯彻宗教信仰自由政策的纲领性文件，指导相关工作。12 月，《红旗》杂志以《我们党在社会主义时期宗教问题上的基本政策》为题，刊登了该文件的主要内容，介绍了相关论点和基本态度，向国内外阐述中国共产党的宗教政策。

根据该文件的精神，有关部门起草了《中华人民共和国宪法（草案）》宗教信仰部分。该草案在广泛征求各层各族等的意见，有所修改的基础上，于12 月 4 日经五届人大五次会议通过，成为《中华人民共和国宪法》（1982 年）第三十六条：

中华人民共和国公民有宗教信仰自由。

任何国家机关、社会团体和个人不得强制公民信仰或者不信仰宗教，不得歧视信仰宗教的公民和不信仰宗教的公民。

国家保护正常的宗教活动。任何人不得利用宗教进行破坏社会秩序、损害公民身体健康、妨碍国家教育制度的活动。

宗教团体和宗教事务不受外国势力的支配。[4]

这样，在我国根本大法中，对宗教信仰自由有了明确解释：国家尊重和保护宗教信仰自由，不能采取强力措施等对宗教徒进行世界观的思想改造；

3　《中共中央印发"关于我国社会主义时期宗教问题的基本观点和基本政策"的通知》，《新时期宗教工作文献选编》，宗教文化出版社，第 53—73 页。

4　《中华人民共和国宪法》第三十六条，《新时期宗教工作文献选编》，第 77 页。

实行宗教与政权相分离、宗教与教育相分离原则，宗教组织要在宪法、法律范围内进行活动，以及各宗教要坚持独立自主自办的原则。这些内容得到了宪法的确认，赋予法理依据，国家机关、社会团体及个人在宗教领域的行为或信仰等有了保障及约束。

宪法是国家的根本法，统领一切，规定了我国的社会制度、国家机构，公民的基本权利和义务等。依据宪法的内容，1986 年 4 月六届人大四次会议制定了《中华人民共和国民法通则》，第七十七条规定"社会团体包括宗教团体的合法财产受法律保护"，从法律上确定宗教团体的合法财产不受侵犯，依法保护。

其间，群众的宗教信仰受到尊重和保护，正常的宗教活动允许进行，受到法律的保护；冤假错案得到纠正，平反道歉，予以补偿；宗教组织团体得到恢复，部分人士得到安置；宗教活动场所逐步清理归还、赔偿或维修，宗教房产得到落实；宗教院校重新办学，恢复招生，培养新人，逐步完善。各地党政部门管理宗教事务部门得到恢复或建设……宗教事务逐步进入了常态管理。

二、依法管理宗教事务

尽管中华人民共和国宪法明确公民有宗教信仰的自由，但这项权利在 80 年代主要是靠政策、行政命令或领导人讲话要求等来保障，存在不稳定的可能性，甚至会发生改变。进入 90 年代，中共和人民政府逐渐将宗教事务纳入法制化轨道，依法活动，依法行政，依法管理。

1990 年 7 月，中共中央在《关于加强统一战线工作的通知》中要求各级党政部门充分发挥爱国宗教团体的作用，调动其积极因素，支持他们开展工作；要引导爱国宗教团体和人士把爱国与爱教结合起来；把宗教活动纳入宪法和法律的范围，同社会主义社会相适应[5]；提出宗教要与适应社会主义社会，依法活动，宗教事务要依法管理，等等。

1991 年 1 月，江泽民同志在会见各宗教团体主要领导人时，强调要保持宗教政策的稳定性和连续性，再次提出依法管理宗教事务，"政府对有关宗教的法律、法规和政策的贯彻实施，进行行政管理和监督"[6]，使宗教事务管

---

5 《巩固和扩大党员同各民族爱国宗教界的统一战线》，《新时期宗教工作文献选编》，第 178 页。
6 江泽民：《保持党的宗教政策的稳定性和连续性》，《新时期宗教工作文献选编》，

理逐步走入规范、有序、法制的轨道，做到常态化。

2 月，中共中央、国务院以中央文件下达《关于进一步做好宗教工作若干问题的通知》〔（91）6 号〕，阐述宗教工作的现实价值和重要意义，指出《关于我国社会主义时期宗教问题的基本观点和基本政策》是指导宗教工作的重要文件，继续贯彻执行，保持政策的连续性和稳定性。

> 今后一个时期，党和政府对宗教的工作的基本任务是：认真贯彻党的宗教政策，维护公民宗教信仰自由的权利，加强对信教群众和宗教界人士的爱国主义和社会主义教育，调动他们的积极因素，支持他们开展有益的工作，巩固和发展同宗教界的爱国统一战线，依法对宗教事务进行管理，制止和打击利用宗教进行违法犯罪活动，坚决抵制境外宗教敌对势力的渗透活动，为维护稳定、增进团结、统一祖国、振兴中华服务。

该文件要求各级政府要全面、正确地贯彻执行宗教信仰自由政策，依法管理宗教事务，充分发挥爱国宗教团体的作用，坚决打击利用宗教进行的犯罪活动，健全宗教工作机构，加强宗教工作干部队伍的建设，以及加强党对宗教工作的领导。不过，中共对宗教工作的领导"是政治领导，掌握政治方向和重大方针政策"[7]，并非具体事务的管理。江泽民对宗教工作加以总结，概括为这三句话：全面正确贯彻党的宗教信仰自由政策，依法加强对宗教事务的管理，积极引导宗教与社会主义社会相适应[8]。

2001 年 12 月，全国宗教工作会议将"全面贯彻宗教信仰自由政策"列入了中共和国家 21 世纪初宗教工作的基本任务之一，确定本世纪宗教工作的目标是：

> 全面贯彻党的宗教信仰自由政策，依法管理宗教事务，积极引导宗教与社会主义社会相适应，坚持独立自主自办的原则，巩固和发展党同宗教界的爱国统一战线，维护稳定，增进团结，为推进社会主义现代化建设、实现祖国完全统一、维护世界和平与促进共同发展而努力奋斗。

第 210—211 页。

7 《中共中央、国务院关于进一步做好宗教工作若干问题的通知》，《新时期宗教工作文献选编》，第 213—221 页。

8 江泽民：《高度重视民族工作和宗教工作》，《新时期宗教工作文献选编》，第 253 页。

所谓对宗教事务的依法管理，指政府有关部门根据宪法、法律、法规及规范性文件等，对宗教涉及国家利益、社会公共利益的关系和行为，及社会公共活动涉及宗教界权益的关系与行为的行政管理。毋庸解释，政策易受形势、人事等因素而发生改变，法律、法规是相对稳定的、连续的。依法管理宗教事务就是以法律、法规等为依据，保障宗教信仰自由的权利，保证正常宗教活动的有序进行，保护宗教团体的合法权益。

依法管理需要相关的法律、法规或条例，有法可依，有法可凭，有法可行，法律保障。除执行宪法、法律、民法通则、民族区域自治法及刑法等涉及宗教部分的条文规定外，更需要有管理宗教事务的相关条例。

1991 年 5 月，国务院宗教事务局和民政部制定《宗教社会团体登记管理实施办法》，明确了各级宗教团体登记备案的等级、条件、手续和文件资料，以及年检报告与相关材料等。1994 年 1 月，国务院颁布《中华人民共和国境内外国人宗教活动管理规定》（国务院令第 144 号）和《宗教活动场所管理条例》（国务院令第 145 号）。前者对外国人或外国组织在中国境内的活动及行为予以规定[9]；后者对宗教活动的管理予以规定，确定宗教活动场所的审批、登记及检查，建立健全各项规章制度，实行民主管理等，逐步将宗教事务管理纳入法律的管理之中。1996 年 7 月，国家宗教事务局制定并发布《宗教活动场所年度检查办法》，对此予以补充。

2004 年 7 月，国务院颁布的《宗教事务条例》取代了《宗教活动场所管理条例》等行政条例，对宗教团体、宗教活动场所、教职人员、宗教财产及法律责任等作出了明确规定，保障公民的宗教信仰自由，规范宗教事务管理，维护宗教和睦与社会和谐。

接着，国务院宗教事务局依据《宗教事务条例》的相关规定，先后颁发《宗教活动场所设立审批和登记办法》（2005 年 4 月）、《宗教教职人员备案办法》（2006 年 12 月）、《宗教活动场所主要教职任职备案办法》（2006 年 12 月）和《宗教院校设立办法》（2006 年 12 月），以及《藏传佛教活佛转世管理办法》（2007 年 7 月）等配套条规，细化相关规定及管理的要求，使得依法管理宗教事务更明确、稳妥和具体，切实起到"保护合法，制止非法，打击犯罪，抵御渗透"的作用。

---

9 2000 年 8 月，国家宗教事务局又颁布《中华人民共和国境内外国人宗教活动管理规定实施细则》，对该条例予以补充与限定。

三、基督宗教与社会主义相适应

（一）天主教作出调整，适应社会主义[10]

1、成立教务委员会和主教团

1980 年 5 月 22—30 日，中国天主教爱国会在北京召开第三次代表大会，有 198 名代表出席会议。

宗怀德主教在报告中对 1962 年以来的 18 年间天主教爱国会开展的工作作了简要总结，表示在新形势下，爱国会要"进一步动员全国神长、教友，紧密地团结在党和人民政府的周围，坚持社会主义道路，反对霸权主义，维护世界和平，贯彻独立自主自办教会的方针，调动一切积极因素，为实现社会主义四个现代化建设而奋斗"，因而，除团结神长、教友为四化建设贡献力量、继续贯彻独立自主、自办教会的方针外，还要加强政治学习，提高思想觉悟，协助政府贯彻宗教信仰自由政策，以及加强与国外天主教人士的友好交往，等等。[11]

与会代表广泛讨论，畅所欲言，形成共识，确定爱国会今后的任务是：团结神长、教友继续发扬爱国主义精神，积极参加社会主义现代化建设，听从耶稣的训诲，在各自不同的岗位上同全国人民一道，为把我国建设成为一个社会主义强国贡献一切力量；继续坚持独立自主、自办教会的方针，协助教会办好荣主救灵事业，反对任何外来势力对我国教会的干涉和控制等，巩固和发展 30 年来反帝爱国运动的胜利成果[12]，等等。

由于爱国会是"中国天主教神长、教友组成的爱国爱教的群众团体"，不是教务机构，要能协助或领导各地神职人员和教徒办好教会，必要建立全国性的教务机构等。

5 月 31 日，中国天主教第一届代表会议召开，会议代表 207 名。与会代表通过充分酝酿，反复讨论，从实际出发，决定成立中国天主教教务委员会和中国天主教主教团。

会议通过了《中国天主教教务委员会章程》，规定中国天主教教务委员会

---

10 本部分内容的撰写主要依据中国天主教爱国会等编《中国天主教独立自主自办教会教育教材》（宗教文化出版社，2004 年）相关部分。

11 中国天主教爱国会等编：《圣神光照中国教会》，宗教文化出版社，2008 年，第 105—112 页。

12 《圣神光照中国教会》，第 113 页。

是中国天主教全国性服务机构，宗旨是"以《圣经》为依据，继承发扬耶稣基督创立教会和宗徒传教的传统精神，宣传耶稣福音，推进荣主救灵事业，引导神长教友，恪守天主诫命，坚持独立自主和民主管理原则，商讨并决定重大教务问题，办好中国天主教会"。教务委员会成员有主教、神父、修女与教徒，实行民主管理。

中国天主教主教团则由各教区正权主教组成，任务是"研究、阐明当信当行的教义、教规，交流传教经验，开展对外友好活动"。

中国天主教教务委员会与主教团的建立，是中国天主教发展的新阶段，为规范教务和建设有中国特色的地方教会奠定了良好的基础[13]。

7 月，在中国天主教爱国会常委会、教务委员会常委会及主教团联席会议上，张执一代表中央统战部等表示祝贺，重申党和政府"继续贯彻执行宗教信仰自由政策，坚持四项基本原则并不要求宗教信徒放弃他们的信仰，只是要求他们不得进行反对马列主义、毛主席思想的宣传，要求宗教不得干预政治和干预教育"；明确支持天主教界走独立自主、自办教会的道路，反对罗马教的控制与干涉，等等，支持中国天主教适应社会主义社会，实施改革，独立自主、自办教会的行动[14]。

根据社会要求及教务特点，中国天主教继续实施改革，针对爱国会代表会议的代表与天主教代表会的代表基本同一，商议事宜虽有不同，但要点相同，决定将两会合并召开，统称为中国天主教代表会议，以 1957 年中国天主教友会议为第一届，1962 年为第二届，1980 年为第三届，……2004 年 7 月为第七届，构成传承的关系；还确定各级代表会议是教会的基本组织形式，全国性及各省市神长教友代表会议，分别成为讨论、协商和决定全国或当地教会重大事情的权力机构，代表会原则上是每五年召开一次，商议及决定中国天主教会的相关事项。

鉴于事务的特点及发展的需要，1992 年中国天主教第五届代表会议将中国天主教全国三个机构调整为"一会一团"的体制，撤销了教务委员会，集中并增大主教团的职责，制定了章程，规定主教团是"中国天主教的全国性教务领导机构"，该团宗旨是"团结全国神长教友遵守国家宪法、法

---

13 《中国天主教》，第 97—99 页。

14 张执一：《在招待中国天主教爱国会常委、中国天主教教务委员会常委、中国天主教主教团成员的便宴上的讲话》，《张执一文集》，上，第 408 页。引文是张执一引用《关于建国以来党的若干历史问题的决议》的话。

律、法规和政策，贯彻适合我国国情的独立自主自办教会的原则"，以及相关的任务[15]。主教团内设六个专门委员会，负责教务、修院教育、神学研究、海外联谊、圣教礼仪、经济开发和社会服务。每个专门委员会由全国"一会一团"领导成员担任主任，负责日常联系和协调工作。至于各地方，除所在教区外，还有当地的天主教代表会议及爱国会。简言之，教区和"两会"。

在中国天主教第五届代表会议上，按照民主办教的原则，确定全国天主教"一会一团"的民主协商制度，以及各地天主教教区与"两会"的民主协商管理制度，延续至今。

其间，中国天主教根据实际情况，调整教区；按照独立自主、民主办教的原则，规范自选自圣教区主教的程序，规定主教候选人"必须是热心于荣主救灵事业，爱国守法，拥护独立自主自办方针，德才兼优……"，申报同意，协商推举，无记名投票选举，自选自圣主教[16]；建设及健全修院，积极培养年轻的神职人员；以实践中文弥撒为先导，稳妥地推进中国教会的教仪改革，以及建设有中国特色的神学思想，等等。

2、与时俱进，明确任务

中国天主教爱国会于 1957 年 8 月在北京成立。该会的性质及宗旨，前有阐述，此略。

形势的变化，尤其是中共十一届三中全会以来，宗教信仰自由政策的贯彻执行，中国天主教也发生些变化，作为教会内的团体应该也必须反映这些变化，与时俱进。

1998 年 1 月，中国天主教召开第六届代表会议，傅铁山主教在报告中确定今后中国天主教的主要任务是：继续加强思想建设，引导神长、教友与社会主义社会相适应；加强爱国会和主教团以及各省、市"两会"的组织建设；加强规章制度的建设，完善教会管理体制；从战略的高度注重培养后备人才；加强女修会建设，适应新时期的福传要求；努力提高教友素质和福传

---

15 1998 年中国天主教第六届代表会议对主教团的章程加以修改，规定主教团是"中国天主教的全国性教务领导机构"，其宗旨及任务也作了有所调整或增减。如将"贯彻……原则"改为"奉行……原则，宣扬基督福音，广扬圣教"。

16 为尊重中国天主教自选自圣主教的仪规，肯定天主教主教团的权威。国务院《宗教事务条例》第 27 条规定"天主教的主教由天主教的全国性宗教团体报国务院宗教事务部门备案"。即由中国天主教主教团决定教区主教的任命。

使命；搞好自养，维护教会的合法权益；办好刊物，做好舆论宣传工作；加强神学研究，为建立中国神学思想体系创造条件；以及积极开展对外交往，等等[17]。

代表会充分肯定了爱国会的积极作用，依据形势变化，结合时代要求，修改了该会章程，规定其宗旨是"拥护中国共产党的领导，高举爱国爱教旗帜，团结全国神长教友维护法律尊严，维护人民利益，维护民族团结，维护国家统一，贯彻独立自主自办教会的原则"。简而言之，爱国爱教，"四个维护"。"在我们国家，'四个维护'是所有团体、包括宗教团体和个人的立命安身之本，是宗教与社会主义社会相适应的行为准则和具体体现"。

新章程对天主教爱国会的任务作出如下规定：①在邓小平理论指导下，团结全国神长教友，高举爱国主义的旗帜，积极参加两个文明的建设，为建设有中国特色的社会主义贡献力量。②遵守国家宪法、法律、法规和政策，发挥天主教的自身优势，维护稳定，不断促进与社会主义社会相适应。③协助政府贯彻宗教信仰自由政策，维护教会合法权益。④贯彻独立自主自办教会原则，协助教会推进牧灵事业。⑤开展社会服务，兴办自养事业和社会公益事业。⑥开展国际友好交往，促进祖国统一，维护世界和平[18]。

3、努力适应社会主义社会

从 80 年代以来，中国天主教带领教友在开展正常宗教活动的同时，响应政府的号召，参与"四化"建设，努力适应社会主义社会。宗怀德主教对此概括道：宗教与社会主义相适应，"就是参与，就是服务，就是贡献，在参与、服务、贡献的过程中，体现我国宗教的价值"[19]。

2000 年，中国天主教主教团发表了圣年牧函，重申中国天主教的使命及前进道路，指出：

> 中国教会新世纪的使命就是福传。怎样有效地达到这一目标，只有着眼于中国的实际，适应中国的文化和社会主义制度；只有高举爱国爱教的旗帜，走独立自主自办教会的道路；只有同自己的国

---

17 《圣神光照中国教会》，第 188—191 页。
18 《圣神光照中国教会》，第 199 页。
19 《宗怀德在李瑞环主席与全国宗教团体领导人物座谈会上的讲话》，引自《主爱中华》。

家和民族站在一起，得到人民的理解与支持，才能够为教会创造良
好的福传氛围，开创广阔的生存与发展的空间。[20]

经历了建国五十多年的实践，中国天主教会清楚地认识到与社会主义社
会相适应是其生存与发展的要求，也是必由之路。这之中，既有社会主义
的社会主张尊重人性尊严，要求社会公平正义，提倡共同富裕、共同发展、
体现了全体中国人民包括天主教徒在内的根本利益。这些主张及行动与天
主教宣扬的福音要求并不矛盾。天主教宣扬福音也遵从天主的诫命，符合
天主教教理，"公民的义务要求我们与政府合作，在真理、正义、连带责任
和自由的气氛下，为国家和社会做出应有的贡献，爱国及服务国家是基于
感恩的责任，并由爱德而来。顺从合法当局和为公益服务，要求公民在政
治团体生活里克尽己职"（教理 2239 条）[21]。因此，中国天主教会对之加以
阐述：

> 整个天主教会的发展史，就是在圣神的引导下，教会与不同民
> 族、不同文化、不同国家在不同的历史时期相互适应，求得生存和
> 发展的历史。正是如此，天主教才能不断延续，保持生机与活力。
> 中国教会在 21 世纪中的福传成败也将必须地取决于能否适应国家
> 的日益发展与强大、民族和文化的多元与融合；取决于能否时时处
> 处维护法律尊严、维护人民利益、维护民族团结、维护祖国统一。
> 这是我们所生活的这个伟大的时代的呼唤，是教会版自身复位的必
> 然要求。[22]

概括而言，这条道路就是适应社会，服从统治，服务民众，爱国爱教。
"同社会主义社会相适应是中国教会明智的选择。中国天主教选择与社
会主义社会相适应，首先是和全国人民一起，自觉做到'四个维护'；其次
应该发挥教会圣化人心、净化人心、祥和社会的作用，做光和盐，本着'你
们要以过安定的生活，专务己业，亲手劳作为光荣'（原注，得前4：11）
的圣训，引导和鼓励神长、教友积极参加祖国社会主义建设，为促进国家
的经济繁荣、民族团结和社会稳定，为全面建设小康社会做出自己应有的贡
献"[23]。

20　《中国天主教独立自主自办教会教育教材》，第 242 页。
21　《中国天主教独立自主自办教会教育教材》，第 241 页。
22　《中国天主教独立自主自办教会教育教材》，第 242 页。
23　《圣神光照中国教会》，第 218 页。

（二）基督教坚持"三自"，爱国爱教[24]

1、建立教务委员会，分清职责

1980 年 10 月，中国基督教三自爱国会在上海召开第三届全国代表大会。会议修改了三自爱国会的章程，选举了领导班子，明确"三自爱国会"是中国基督教徒的爱国爱教组织，主要任务是团结全国教徒热爱祖国，坚持自治、自养、自传的办教方针。

张执一代表中央统战部等出席会议，作了大会发言，重申党和政府坚持贯彻执行宗教信仰自由政策，认为"宗教信仰自由执行好的时候，我们党同信教的群众和教牧人员就好；处理不好，遭到挫折与反复的时候，大家心情就不愉快，关系就较紧张"。他还阐述对宗教活动，国家不应进行干涉，但要加强对宗教事务的管理，对于两者要严格区别，不同对待，宗教活动是宗教界和宗教徒自己的事情；并明确指出"三自任务未了"，具体而言，"这首先就是反对外来势力的渗透，做好自治。其次就是要用很大的力量，逐步地采取有效的办法来解决宗教活动场所，也就是教堂的问题，并要采取有效的办法，自己印圣经、印宗教的教材和培训传道人员"，等等[25]。

这次代表会议确定"三自"是中国基督教的原则和坚持方向，还决定成立中国基督教协会（与三自会，简称"两会"）。该会是教务组织，主要任务是按三自原则办好中国的基督教会，推进神学教育、文字出版等事工。丁光训当选为全国三自爱国会主席和基督教协会会长。按照章程，全国三自爱国会代表大会原则上每五年举办一次，因特殊原因可提前或延后。到 2008 年元月，中国基督教三自爱国会已召开第八届代表大会。

在第三届代表会议之后，各省、市及县的三自爱国会和基督教协会也相继成立，接受全国三自会或协会的领导；各地三自会领导人分别在全国三自会或协会中担任职务，定期参加会议，表达地方教会的意愿等，建构起中国基督教三自会的管理体制。

2、坚持"三自"，爱国爱教

所谓"三自"指"自传"、"自治"和"自养"，它是中国基督教三自

---

24 本部分的撰写主要依据罗伟虹《中国基督教》（五洲传播出版社，2004 年）的相关部分。

25 张执一：《在基督教第三届全国会议上的讲话》，《张执一文集》，上，第 320—333 页。

爱国会的办教原则。按照教会的要求，"三自"的原则固然要求自治、自养和自传，更要求治好、养好和传好。具体而言，在自治上，要健全教会管理体制，认真制定并严格遵守规章制度，民主办教，加强监督；在自养上，要勤俭节约，量力而行，乐于奉献，肢体相顾。在自传上，要纯正福音，加深对基本要道的认识，反对异端邪说，抵制海外反华势力的渗透，开展中国处境中的神学思考，使福音的形态与中国文化相结合、与社会相适应、与时代相适应，爱国爱教[26]。

　　需要解释的是，在当代中国基督教会的构成中，有三自爱国会，有以家庭教会为主的非三自教会。本项目不研究家庭聚会的调适及发展，固然因其非目前中国政治体制认可的基督教会，更因为过去基督教家庭聚会在西南民族地区很少存在，有所表现不突出；今天也不多，不能随意阐述。

第二节　怒江傈僳地区基督教的恢复与发展

　　1978年以来，宗教信仰自由政策得到贯彻执行，怒江各地基督教告别了"蛰居"状态，恢复公开活动。因各种因素的影响，当地基督教一度呈现快速增长，发展势头前所未有：1980年，有关部门统计全州基督徒为21441人；1996年，通过对宗教活动场所普查登记，确知怒江州基督徒有85414人[27]。2000年，粗略统计，全州基督徒有88981人[28]。但有人估计该州基督徒可能超过10万人，约占总人口的45%。

　　需要指出，这些基督徒是所谓登记在册的教徒，即不考其虔信仰程度或受餐与否，只统计18岁以上参加基督教活动者。倘若只统计受洗者，即严格意义上的基督徒，其人数会减少；反之，若再统计18岁以下者，"教徒"数量则大幅度增加。此外，当地部分民众信仰基督教的实用性较突出，一些"信教"群众因信仰不能解决实际困难或难以满足某些需要，往往会放弃基督教而改信其他宗教[29]，势必影响到教徒数量的变化。

　　尽管如此，怒江州基督教会迅猛发展、教徒持续增长、影响不断扩大是不争的事实。由于扩张迅速，信教地区从过去边沿的零星村寨向内地的村寨

26　罗伟虹：《中国基督教》，第89—90页。

27　这之中未包括未被承认自称是基督徒的"恒尼"、"斯利匹"等"教徒"。

28　编委会：《怒江傈僳族自治州志》，民族出版社，2006年，第6编，第286页。

29　《怒江傈僳族自治州志》，第6编，第281页。

扩张，形成全村、全乡群众信教的情况，尤以福贡、泸水两县接壤区域最集中，有人戏称怒江峡谷为"福音谷"，在国内外产生广泛的影响。

怒江地区基督教再次得以迅猛发展，固然与教牧人员和教徒的积极努力、谋求发展等分不开，但重要原因则是十一届三中全会后中共和人民政府恢复和贯彻执行宗教信仰自由政策，尊重傈僳、怒等族民众的信仰权利，维护信教群众的利益，依法保护正常宗教活动的开展。

一、基督教活动的恢复

（一）宗教政策恢复与贯彻

1976 年 10 月，中共中央粉碎"四人帮"反党集团，结束了"文化大革命"，进入社会主义现代化建设的新时期。在拨乱反正、正本清源过程中，审视和反思相关措施及作法，纠正"文革"期间的错误，肯定及恢复以往的正确政策。

1978 年 10 月初，中央统战部召开部分省区负责人的宗教工作座谈会，提出在宗教工作中要"认真地、全面地贯彻执行宪法所规定的宗教信仰自由政策，尊重信教群众的正当宗教生活，开放少量寺庙教堂，杜绝秘密的地下宗教活动"和"严格区分两类不同性质的矛盾，加强对宗教活动管理"两大急待解决的问题，报请中央审查批准。中共中央批转了这份报告，同意中央统战部提出解决这两大问题的意见，要求各地党政部门"全面贯彻落实党的宗教政策，尊重群众的宗教信仰，团结广大信教群众，继续贯彻对宗教界爱国人士团结、教育、改造的方针，调动一切积极因素，为实现新时期的总任务而奋斗"。

11 月底，中共云南省委召开宗教座谈会，传达贯彻中共中央转发中央统战部的上述报告，分析了全省的宗教情况、问题及相关工作，指出加强对宗教工作的领导和管理，尊重信教群众正当的宗教生活；因地制宜，逐步解决宗教活动场所，"杜绝秘密的地下宗教活动"，抓紧对因信仰宗教问题而被错处案件的平反昭雪，做好宗教界爱国人士的生活安排和使用，等等[30]。

12 月，中央统战部召开第八次全国宗教工作会议，总结从 1963 年以来党和政府在宗教工作上的成败得失，承认"用行政命令、强制手段消灭宗教，

---

30 《当代云南大事纪要》（增订本），第 374 页。

结果是适得其反"，后果严重，影响恶劣，重申"宗教信仰自由政策，是我们党和国家解决宗教问题的基本政策，要坚定不移地全面贯彻这一政策"。

期间，中共中央召开了十一届三中全会，作出了扭转时局的重大决议，团结全国各族人民，调动一切积极因素，同心同德，把工作的重心转移到经济建设上来。

会后，中国共产党恢复和贯彻执行包括宗教信仰自由政策在内的各项政策，"宗教信仰自由政策，是我们党正确处理群众宗教信仰的一项根本政策"，尊重和保护公民信仰或不信仰宗教的权利，允许及保护正常宗教活动的开展，强调"我们必须以坚定的态度，人力克服各种困难，认真贯彻中央的方针政策，尽快地解决信教群众过宗教生活所需要的场所、用品和主持宗教活动的神职人员，使信教群众享有宗教信仰自由的权利，并认真落实对宗教界人士的政策，把广大信教群众和宗教界人士团结在政府的周围，在党的领导下为四化贡献力量"[31]。

1982年4月，中共中央制定及下发《关于我国社会主义时期宗教问题的基本观点和基本政策》(〔82〕19号文件)，分析了社会主义阶段宗教存在的原因及宗教问题的性质，坚定地宣布"尊重和保护宗教信仰自由，是党对宗教问题的基本政策。这是一项长期政策，是一直要贯彻执行到将来宗教自然消亡的时候为止的政策"。贯彻执行该项政策、处理宗教问题的立脚点是要联合全体信教和不信教的群众，将其意志和力量集中到建设现代化社会主义强国的目标上等[32]。

12月，五届人大第五次会议制定及通过了《中华人民共和国宪法》，重申"中华人民共和国公民有宗教信仰自由"，规定"任何国家机关、社会团体和个人不得强制公民信仰或不信仰宗教，不得歧视信仰宗教的公民和不信仰宗教的公民"等。

会后，《红旗》杂志编辑部以《关于我国社会主义时期宗教问题的基本观点和基本政策》为基础，撰写并发表《我们党在社会主义时期宗教问题上的基本政策》。该文章配合宣传宪法，全面阐述社会主义时期中共在宗教问题上的基本观点，指出在社会主义条件下，宗教不可避免地还会长期存在，尊重

31　《新时期党的民族工作与宗教政策》，《新时期宗教工作文献选编》，第12页。

32　《中共中央印发"关于我国社会主义时期宗教问题的基本观点和基本政策"的通知》，《新时期宗教工作文献选编》，第59—60页。

和保护人民群众的宗教信仰自由是党在社会主义时期宗教问题上的基本政策；提出在宗教工作中，应当防止或反对两个错误倾向："左"倾错误与放任自流错误，其中前者是当前的主要反对者。

与此同时，修改后《中华人民共和国刑法》（1979 年修订）相关条款对歧视或打击公民宗教信仰自由行为作出了明确的处罚规定[33]。就是说，歧视或打击宗教信仰行为触犯刑法，将受到惩罚。

从此以后，正常宗教活动受到了法律保护，群众的宗教信仰受到尊重，得到保障，信仰基督教成为公民个人的私事，有选择、不选择或接受、改变等的自由。各级党政部门尊重群众的宗教信仰选择，维护信仰或不信仰宗教群众的权利，建立相应机构，管理宗教事务，引导基督教与社会主义制度相适应，很少再发生歧视、压制或打击宗教等事件，尤其是大规模的事件。在和谐、宽松及自由的环境中，基督教从困境中走出来，告别"隐藏"状态而公开从事活动。

毫无疑问，中国共产党恢复及执行宗教信仰自由的政策，尊重群众的信仰权利，保护正常的宗教活动，环境的宽松，宗教重获合法的地位，宗教活动有了活动场合，得以表现或诉求。于是，怒江各地基督教会抓住时机，迅速恢复，积极发展，个别教牧人员大肆活动，拼命"结果实"，求发展，形成强烈的"反弹"现象，因而，在怒江地区，无论教徒数量，还是占总人口比例，均达到历史的新高（参见下表）。

表 3-1　1980～1989 年怒江州基督教概况　　　　　　　　　单位：人、座

	1980 年	1981 年	1982 年	1983 年	1984 年	1985 年	1986 年	1987 年	1988 年	1989 年
教徒	21441	25198	33028	33955	35877	42645	58266	56694	63614	66705
教堂	15	107	139	199	210	263	371	437	438	476

注：表内教徒及教堂数量，只统计当地有关部门承认的基督教，俗称登记在册的教徒。
资料来源：李福珊：《怒江宗教概览》，第 103、105 页。

表 3-1 从怒江全州角度反映的，如果加以细化，落实到具体县份，以福贡、碧江及泸水 3 县发展最快，教徒最多，主要集中在福贡县上帕以南、泸水县洛本卓以北这片区域内，福贡县的中心教堂被怒江峡谷基督徒视为全州基督

33　《中华人民共和国刑法》第 147 条"国家工作人员非法剥夺公民的正当的宗教信仰自由和侵犯少数民族风俗习惯，情节严重的，处二年以下有期徒刑或拘役。"

教的中心所在。

表 3-2　1980～1985 年怒江四县基督徒发展表　　　　　　　单位：人

	1949 年	1980 年	1981 年	1982 年	1983 年	1985 年
贡山	2913	156	350	181	100	2800
福贡	6900	6726	8583	10669	11128	14144
碧江	8759	9105	11603	13558	15280	15833
泸水	3165	5454	8620	8620	7474	10504
合计	21737	21441	29158	35028	33982	43281

注：① 在 1985 年贡山 2800 信徒中，基督徒 1083 人，天主徒 997 人；
　　② 本表与上表的数据不统一，是统计口径的差别。

固然，宗教信仰自由政策的恢复及贯彻是怒江地区基督教得以公开活动、迅速发展的前提。然而，我们也注意到，基督教的快速发展还与农村体制改革密切相关。

（二）体制改革，农民有自主性，活动有保障

从历史上看，以血缘关系为纽带的氏族、家族等曾在傈僳、怒等族民众生活中起到重要的、甚至支配的作用。20 世纪初，云南省府殖边队进入怒江，采取强力措施，"开笼放鸟"，释放家庭奴隶，设立县、区、乡等行政机构，推行保甲制度，打压宗族、家族等势力，试图实施直接统治，贯彻执行政令。另外，在基督教传入当地后，先后建立密鲁扒（会长）、马扒马打（牧师）、马扒（传道员）、密支扒（管事）和瓦恒苦扒（礼拜长）等管理体制，宣扬教徒为兄弟姊妹，地位平等，淡化血缘关系及等级地位，教徒从听命宗族、家族到服从教会、由顺从首领到接受牧师、马扒等，归属改变，宗族、家族基础进一步削弱，甚至摧毁。

中华人民共和国建立后，人民政府遵照《共同纲领》的规定，实施民族区域自治制度，怒江建立了傈僳族自治州，少数民族当家作主，管理本民族事务。如首任州长裴阿欠便是碧江傈僳族，曾担任"马扒"，是宗教上层。1956 年，在边疆民族地区的社会改革中，云南省委从实际出发，采取"直接过渡"方式，傈僳、怒及独龙等族不经过土地改革而从奴隶社会或原始社会直接地跨入社会主义，完成社会制度的转型和所有制形式的改变。

合作社、人民公社的建立及发展，改变了当地传统的社会结构，新型的管理体制替代了教会或宗族等组织。在 1958 年至 1980 年的 20 余年间，人民公社具有的所谓"一大二公"优势完全覆盖了傈僳、怒等族个体家庭，在生产安排、食物分配、活动安排等各方面，傈僳、怒族等民众无一例外地依靠社队等集体组织、听命基层干部的指挥，接受管理。实践表明，广泛的组织和严格的管理凝聚傈僳、怒等族民众，形成强大合力和动力，完成了历史性的跨越。

回顾过去，我们不否认，20 世纪六七十年代，县、区及人民公社等管理模式的确存在束缚民众手脚、抑制积极性的一面，但在组织民众、引导发展、推动进步等方面的促进作用非常显著。由于它们与傈僳、怒等族传统的氏族管理方式类似，并无陌生感觉，较顺利地被民众接受，基本上实现成功替代。当然，在集体体制的统领下，基督教曾被压制，活动萎缩，在部分地方以至消亡。除少数地方部分群众坚持信仰、继续秘密活动外，在多数地方，基督教活动"不复存在"，至少没有公开表现出活动的迹象。

80 年代初，在农村体制改革中，公社、大队及生产队等政经合一机构被撤销，代之乡、村、组等地缘性组织，严格管理模式顿时丧失，社会呈现松散状态，得到"松绑"的群众成为"个体"，感到迷茫，无所适从。毕竟在集体体制中长期生活，耳闻目染，熏陶濡化，观念和行动已养成需要制度引导及干部管理的定式。如前所述，在怒江峡谷，虽然宗族或家族的残迹尚存，作用却甚微，此时公开消失多年的教会重新复活，面对迷茫、松散及孤立的群众，凭借较强的组织能力，适应社会，凝聚群众（教徒），组织起来，积极活动，协调关系。

农村经济体制的改革，实施家庭承包责任制，农民掌握了土地、牲畜等生产资料，有了安排农事活动的自主性，改变了先前社队干部通过控制土地、牲畜及大型农具、安排农活等方式来限制农民行动自由等现象，除了上交提留、承担少量义工等外，农民基本上不受约束，成为名副其实的"自由人"。有了生产及经营自主权之后，农民焕发了生产主动性和积极性，劳动效率迅速提高，空闲时间骤然增多，需要消磨或利用时间。再者，当温饱得到基本解决后，群众对精神文化生活或宗教信仰等的要求有所萌芽，有所发展。怒江峡谷地形封闭，经济贫困，加上受语言、习俗等限制，傈僳、怒等族民众跨出峡谷，对外交流者不多，绝大多数民众囿积当地，生于斯，长于斯，老于斯。当地除了几个节日以及参加宗教等活动外，一年中难有其他大型集体活动来动员组织、吸引及凝聚民众，精神文化生活比较贫乏。

当宗教信仰自由政策恢复之后，先前一度"消失"的基督教突然"冒"了出来，广泛建筑教堂，组织活动，竭力表现，显示能力。于是，在某些地方，聚集民众场所或公共空间就是教堂，经常开展的集体活动就是祈祷、讲道及唱赞美诗等，不可避免地对生活单调、期盼慰藉及渴望群体活动的部分民众形成强烈的吸引，产生诱惑，满足精神需求。如某农村党员说："共产党是好，给我们吃的、穿的；上帝也好，给我们'力气'（原注：指精神）。我信共产党，也信上帝。"[34]

还有，教会是群众性团体，民众加入其中，除参与宗教活动、满足信仰诉求之外，还能拉近彼此关系，交流思想，构建人际网络，相互关心，获得帮助，以"组织"形式解决个体农民经常面临但又难以解决的困难，再次体验到群体的关怀及照顾。

我们也注意到，经济体制改革后，个体农户成为农村生产及经营的基本单元，诸如大、小队长（含妇女队长）、会计及记分员等原基层管理者均"失业"，处于既无位也无权的状态。"过去无法我有法，现在有法我无法"，他们既无力管制乡民，更无权制约教会活动。基干民兵、生产突击队员或青年积极分子等因体制改革而处于无人统领的散沙境地，基层管理"缺位"，呈现"空白"状态，新制度尚在重建之中。此时，基督教会利用了短暂管理"缺位"，急剧复活，迅速扩张，占领了体制改革后遗留的"组织"空白，成为社区的组织者或联络人。

值得重视的是，当时在怒江基督教会中不乏旧体制下的生产队长、会计及记分员等基层管理者，其中绝大多数还是农村党团员，接受新知识多，思想活跃、反应快。当体制改革后，这些人发现"信仰"基督教，利用其组织能力和丰富经验，能够在教会活动中显露优势，迅速担任"密支扒"（管事）、"瓦恒苦扒"（礼拜长）等，仍然能掌握部分群众甚至控制村寨，维持原有的地位。当然，其中部分人本身也是当地教会积极拉拢的对象，动员他们加入基督教，可能产生标杆的效果，吸引更多人加入教会。因而，在基督教在恢复阶段，不乏这类人物的进入，积极活动，担任不同的管理者。如1985年

---

34 许鸿宝：《怒江傈僳族怒族基督教信仰状况的调查与思考》，上海社科院宗教研究所等编：《宗教问题探索》（1988年文集）第122页。

碧江县 19 名教职人员中，有 11 名曾担任生产队长、会计等职务，所占比例高达 58%。

我们也注意到，长期的管理工作使得这些基层干部眼光敏锐、思想开放，组织能力较强、经验丰富。当他们加入教会，参与宗教活动，担任教牧人员后，不仅能借用"集体"制度的模式，较有效地管理教会，也容易根据形势，调适传道内容，使得宗教活动丰富多彩、讲道内容切合实际，产生广泛的影响及积极的引导效应。换言之，如果某堂点教会中这类人物数量多、比例高，与之对应的是该地群众参加宗教活动者也多，所占比例高。为此，我们以碧江县架科底区（今福贡县架科乡）各乡 1984 年信教情况加以说明：

表 3-3　1984 年碧江县架科底区各乡信教群众统计表　单位：人、座、%

	户数	人口	信教	%	党员	信教	%	团员	信教	%
架　科	250	1327	1026	77.3	13	5	38.4	23	7	30.4
理吾底	136	687	650	94.6	8	1	12.5	8	3	37.5
维　独	253	1236	1058	85.5	22	14	63.6	35	26	74.2
南安甲	230	1225	1200	97.6	15	3	20	23	12	52.1
达大科	343	1748	1683	96.3	14	5	35.7	25	19	76
阿　达	411	2046	1930	94.3	24	16	66.7	22	18	81.8
合　计	1623	8269	7547	91.3	96	43	45.8	136	85	62.5

	村长	信教	%	妇女委员	信教	%	教堂	密支扒	马扒
架　科	32	23	71.8	11	9	81.8	7	8	8
理吾底	7	5	71.4	7	7	100	3	5	5
维　独	5	4	80	10	10	100	5	5	5
南安甲	8	6	75	10	10	100	3	13	5
达大科	18	18	100	4	4	100	16	24	18
阿　达	13	12	92.3	12	11	91.6	10	20	10
合　计	83	68	81.9	54	51	94.4	44	75	48

此表反映，架科底区（乡）99.3%人口，45.8%党员、62.5%团员、81.9%村长及 94.4%妇女委员等接受了基督教，成为信徒；反之，那些不信教者则成为孤立的少数，在浓郁的宗教氛围下，他们要继续保持自己无神论的追求，

是相当困难。

（三）对青少年参加活动的分析

在基督教活动恢复过程中，引人注意的突出现象是在傈僳族、怒族教徒中，5—17岁青少年数量较多，比例偏高，约30%—40%。可以这样说，他们的加入带来教会今天的发展、明天的延伸。同时，我们也注意到，在参加宗教活动的青少年中，不乏中小学生。按照相关规定，18岁以下青少年不能算教徒，他们参加宗教活动非自觉的信仰诉求，多是满足娱愉的感官需要。但各地政府报表曾列有这项统计口径（1995年后，统计口径有所改变，只公布18岁以上者），教会对此也予以认可。事实上，那时的青少年参与者，正是今天基督教会的信教群众，有传承之关系。故我们还得有所认识，加以分析。

首先，当地的浓郁宗教氛围影响少年儿童，起到了濡化作用。受历史传承等影响，福贡、泸水等县部分村寨绝大多数村民仍参加基督教活动，若用不恰当语言来比喻，就是全民信教。当地的公共空间就是教堂，主要的集体活动是宗教活动，共有的公共节日是圣诞节、复活节及感恩节。生长在这种环境中，受家庭、邻里及社区等宗教氛围的熏陶，潜移默化，多数少年儿童别无选择，往往跟随家长，自觉或不自觉进入教堂，听"马扒"或"马扒打马"（牧师）讲道，唱赞美诗、跳宗教舞；认识及运用傈僳文字，阅读圣经，等等。这些从小习染而形成的"童子功"，若不改变环境及职业等，待其成长后，仍然可能是基督徒。

其次，教育落后，出路狭窄，部分青少年受"读书无用"的影响，参加宗教活动。怒江系傈僳族、怒族聚居地，当地通用语是傈僳语。20世纪初，云南省政府开发怒江峡谷，创办数所小学，实施国民教育，启发觉悟，强化认同。当时，汉语文便随之进入怒江，在城镇及小学使用，但范围相当狭窄。

中华人民共和国建立后，人民政府采取积极措施，投入资金及师资，广泛兴建小学，创办中学及中专等中高级学校，大力发展民族教育，提供优惠条件，实施免费教育，鼓励适龄儿童入校学习，培养社会主义有文化的"新人"。为了促进文化交流，带动经济发展，加快社会发展，人民政府创制了傈僳文字（俗称新文字），除使用政府公文、报告杂志等外，还在学校中尝试双语教育，传授新文字，扩大使用面。

短短十余年间，怒江地区民族教育发生了翻天覆地的变化，学生入学率、教育普及率逐年提高，傈僳、怒等族有了数量众多的中小学生，还有了中专生、大学生，这是前所未有的历史进步。伴随教育事业的发展、民众文化程度的提高，接触增多，汉语文及新文字的使用面不断扩大并持续延伸，汉语文已成为各级政府、各个乡镇及交通线周围地区的公共语文。然而，怒江系傈僳、怒等族的聚居地，95% 以上的人口是农民，广大农村仍然通行傈僳语文，汉语文及新文字一时未能完全深入草根社会。加上受落后的经济、封闭的地形等限制，民众很少走动，对外交流，日出而作，日落而息，固守村寨。即使那些学习了汉语文或掌握了新文字的人，也因缺乏使用场所、交谈对象而迅速"复盲"，其劳动能力还不及未读书者。这种现象突出反映在接受小学及初中文化程度的人群上。

过去，当地通过读书而脱离农村的主要途径是参军或考上大中专学校，至于招工、招干等，其对象主要是城镇青年或少量高中生，绝大多数农村中小学生还得留住在农村，复制着祖辈们的农耕生活。然而，当他们返回田畦从事农耕生产，因缺乏持久的锻炼，劳动技能及强度反不如不读书者；学校传授的某些书本知识又无用武之处。部分学生或家长对此感到沮丧，认为学了等于白学，萌生读书无用的思想，他们读书或送子女上学的积极性受到抑制。于是，个别教徒伺机宣传"汉人汉字不要学，以后当不了官，还是学我们本族文字"[35]，挑拨是非，制造不满情绪。要解释的是，这里所讲的本族文字并非建国后创制的傈僳文字（新文字），是过去传教士创制的傈僳文字（老文字）。在怒江地区，宣传学习本族文字（老文字）有特别的寓意，就是动员进入教堂，学习圣经，歌唱赞美诗，参加宗教活动，成为教徒。

反思历史，傈僳族文字（老文字）是在 20 世纪 20 年代由内地会（China Inland Mission）传教士傅能仁（James Outram Fraser）等人所创制。创制文字的目的，是为了方便传播基督教，傅能仁等人用傈僳文翻译了《马可福音》及部分赞美诗，广泛运用在宗教活动中。为方便学习，组织活动，当时每教堂都附设圣经学习班，以傈僳文（老文字）《圣经》、赞美诗等为教材，教信徒识字读书，认识教理，了解教规，参与活动。

除了传授《圣经》、赞美诗等、讲授教义、教规等外，傈僳文（老文字）还作为书写工具、交流媒介被教徒们广泛运用在日常生活之中。尽管文字不

---

35 1985 年 10 月 8 日原碧江县统战部负责人对我的谈话。

能代表宗教，但因其创制、教学及使用过程中，与基督教活动密不可分。换言之，上学是读圣经，读圣经也是学文化，识字读书与宗教活动合而为一，一体两面，由是派生学习使用傈僳文字便是参加教会活动的等同现象，掌握及使用文字也成为教徒的标识之一，也是信教与非信教的"边界"。

新中国建立后，人民政府设计并创制了傈僳文（新文字）[36]，采取措施，曾在学校及某些场合使用，但尚未推广到基层社会，被绝多数民众、主要是农民所接受。究其原因，除创制期短外，新文字不如老文字学习简单、书写方便、使用广泛、贴近生活等。不过，在 80 年代前，怒江州政府强调新文字的唯一性，采取措施，鼓励学习、使用及推广，因而该文字能在一定范围内使用。其后，当地政府从实际出发，考虑民众的接受程度及使用现状，采取了"两条脚走路"办法，新老文字并用。一些教牧人员于是利用传授老文字之机，动员群众，甚至组织青少年学习及使用。由于老文字主要运用于教会活动中，传授老文字实际上也传播基督教。

在学习老文字过程中，激活了那些曾进入学校学习者的潜能，学习优势得到表现，很快担任传道员或管理者。如 1983 年碧江县 46 名教牧人员中，有初中生 5 人，高小生 3 人，初小生 38 人，无一文盲。当时，这种现象说明，在经济欠发达地区，人口的流动往往与受教育程度（单指国家承认学历）密切相关。一般而言，受教育程度高者，出路较广，参与宗教活动者较少；而文盲又不能领导教会，起码地讲，连《圣经》都识不全，何能讲道，唯有中小学生，既接受学校正式教育，有一定文化知识，却缺乏外出或上升机遇，难以参与社会流动，由于他们掌握了两种文字，读经讲道有优势，容易出头。当时，这种现象又影响到个别中小学生，他们参加宗教活动，学习老文字，傈汉对照，在讲经传道及其他活动中，串通利用，充分表现出了双语的优势。

除了教育因素外，我们也注意到，部分青少年参加宗教活动还有社会原因。在历史上，傈僳族是迁徙性强的民族。百余年间，他们从永胜、丽江迁至维西、怒江及德宏，南下临沧、思茅，以及缅甸、泰国。50 年代初，户口

---

36 《共同纲领》规定"各少数民族均有发展其语言文字、保持或改革其风俗习惯及宗教信仰的自由"。根据该项规定，1951 年 2 月政务院作出决定，设立民族语言文字研究指导委员会，帮助尚无文字的民族创造文字等。从 1952 年起，中国科学院与云南省有关部门就开展民族语言文字的创制工作，整理规范或创制包括傈僳文字在内部分少数民族的文字。

制度实施，居住地及耕地等固定，加上受语言及习俗等限制，自发迁徙行为受到阻碍。即使有人欲迁徙他乡，也因无立脚之地而放弃。虽然，缅甸与怒江接壤，其经济贫困、治安混乱，远不及中国社会，丧失吸引力；加上该国官员对入迁者采取堵截措施，阻碍迁入。多数青少年只得囤积当地，一些人终日无所事事，相互影响，彼此感染，惹事生非，甚至出现犯罪行为。部分家长无可奈何，孩子大人了，管不了。基督教会注重教徒的品行，且有教规加以约束，部分家长有鉴于此，认可、支持甚至怂恿小孩到教堂，试图通过宗教活动，接受教育，净化心灵，遵从教规，以及学习文字，唱歌跳舞，消耗时间。

不过，进入 90 年代，怒江地区的开放程度不断加大，交流增多，经济发展，人口流动加快，初步掌握汉语文中小学生的优势得到了表现，有更大的活动空间。起码地讲，他们外出务工受到的语言障碍小，流动性较大，因而青少年包括中小学生参加教会活动、学习老文字者有所减少，外出务工者增多，呈现上升之趋势，势必对教徒的数量及结构有所影响。

（四）传教活动有主动性、独立性

环顾西南民族地区，我们注意到，大凡历史上曾是内地会活动的地方，当今也是基督教活动频繁、扩张迅猛的地方。

从历史上看，在怒江峡谷中曾有三个基督教派别开展活动：贡山县是滇藏基督教会（Christian Church），福贡县上帕以北到贡山县之间是神召会（Assembly of God），上帕以下包括原碧江县及泸水县是内地会。三派之中，以内地会分布最广、数徒最多、影响最大。投影到当前，福贡县鹿马登以南、泸水县称戛以北的区域仍然是基督徒分布最密集的地区，约占怒江州基督徒70%以上，尤以福贡（原碧江）架科底、子里甲等地尤其突出。这些地方在历史上恰巧是内地会活动区。因此，欲认识怒江基督教快速发展的原因，不能不从内地会活动特点中寻找原因。概括而言，内地会在怒江开展活动有以下特点：

1、举办学习班（雨季学校），积极培训教牧人员。为方便宗教传播，传教士创制傈僳文字。各教堂开办识字班，以教授文字名义讲授圣经、教唱赞美诗。于是，学习文字与宣传宗教形成等同关系，知识就是力量得到了体现。因前有叙述，此不重复。

过去，各地教会还利用雨季难以农作之机，开办圣经培训班（俗称雨季圣经学校），时间不等，通常 3 个月，组织人员，自备口粮、用具及睡具等，统一管理，集中培训，传授神学，提高素质，布置工作，加强联系。为提高学习者的积极性，鼓励认真学习、刻苦钻研，教会视其成绩，分别标以 1～4 个五角星，任命为不同职级的传道人员。一般而言，当地举办圣经培训班并无特定地域及级别的规定，某村寨教堂只要能组织到人员、部分解决其食宿，也可以开班培训，但多为信徒训练班。

由于办学费用的低廉，于是内地会经常地、广泛地开办雨季圣经学校，培养了大量教牧人员，发展及壮大了传教的中坚力量。通过他们的活动，出现整村整寨集体皈依的现象，加快了基督教的传播步伐。重要的是，这种行为一旦形成传统，绵延难断，若有机会，就积极兴办。50 年代如此，80 年代后宗教信仰自由政策恢复后更是如此！只是筹资方式多元化，除自备口粮等外，还采取捐资兴办某些特殊培训班[37]。

由于培养众多的本土教牧人员，奠定了坚实的传教基础，基督教既因之迅速发展，亦使得其活动大致有章可循，相对规范，邪教或异端现象相对较少。

2、自立时间早，传教主动性强。内地会在怒江地区开展活动约在 20 世纪 20 年代末，来此经营的外籍传教士数量不多，常年居住者约两三对夫妻，即杨恩惠夫妻（Allyn Cooke、Leila Cooke，住碧江里吾底，负责碧江教会）、杨志英夫妇（Johu Kuhn、Isobel kuhn 住泸水麻粟坪，负责泸水教会）、高曼夫妇（Carl Gowman），以及毕德生等。至于神召会、基督会到来时间均稍晚内地会。

从活动伊始，传教士就从傈僳等族教徒中注意物色对象，注重培养，实现教职人员的本地化、民族化。他们利用雨季学校培训的机会，选择人才，甚至带在身边，参与活动，随时指点，言行身教，培养"马扒"（传道员），派往各地，遍地开花，在教徒集中地设立教堂，任命"马扒"主持宗教活动。此外，各堂点有数名"密支扒"（管事）及"瓦恒苦扒"（礼拜长），管

---

37 如 2008 年贡山独龙江乡教会为开办妇女汉文圣经班，就采用自愿捐资方式，解决办学经费。如该乡献九当教会捐 300 元，马必底教会 400 元，孔美教会 50 元，马扒兰教会 150 元，拉王夺教会 150 元，独都教会 100 元，迪兰底教会 100 元，迪政当教会 100 元，以及部分教徒捐献粮食、盐、砖茶等物品。参见周云水《独龙族基督教信仰与社会主义新农村建设》(《怒江社会科学》2009 年 4 期) 相关部分。

理教徒，组织活动。对教徒较分散的地方，"马扒"则巡回布道。各教堂上面，有密鲁扒（会长）负责。其中"马扒"、"密鲁扒"由传教士任命，无规定任期；"密支扒"、"瓦恒苦扒"由各堂的教徒自行选举，任期一年，连选连任，从而构建起密鲁扒（会长）、马扒、密支扒、瓦恒苦扒等的管理体制。

当时，牧师（马扒打马）仍由外籍人员担任。他除通过任命"马扒"、"密鲁扒"来掌握教权，还根据各个"密鲁扒"、"马扒"、"密支扒"及"瓦恒苦扒"等的态度及成绩等分别给予奖励或处罚，调动其传教或管理的积极性。

由于较早实现自传和有效管理，抗战时期，日寇入侵滇西，占领怒江以西部分地区，外国传教士撤离，教会由当地教牧人员主持，传教活动非没有萎缩，反更加活跃，继续发展。

50 年代初，人民政府配合抗美援朝运动的宣传，在基督教会开展"三自革新"运动，启发并增强信教群众的爱国觉悟，实践爱国行动，完成了自立过程；还通过与内地基督教"三自"爱委会建立联系，接受领导，由省基督教三自会牧师按立约秀、马可等牧师，掌握了教权。但在 1958 年，受"左"思想路线的干扰，边疆民族地区开展肃反运动，正常的宗教活动受到压制，一些教牧人员及信教群众受到打击……80 年代初，基督教恢复活动后，因有若干教牧人员存在，故利用其影响，加以掌握，甚至联合起来，共谋发展。如贡山、泸水及原碧江各县基督教"三自"爱国会较早成立或恢复，积极开展活动。

3、较早自养，独立性强。建国前，内地会是外国人（戴德生）创办而将传教总部设在中国的基督教会。从一开始，该会就不提倡开展公开的募捐活动，所得经费源于教徒的自愿捐献。由于收入不稳定，该会传教士以自愿者为主，无固定的薪金，有钱要传播，无钱也要传播，多与少也一样积极传播。进入中国内地开展活动后，该会鼓励当地教牧人员及早考虑，采取措施，实现自养。毋庸讳言，这项要求既出于内地会的自身经济状况考量，也为着眼于教会今后的发展，自力更生，依靠自身力量维持教会的运行。如对于傈僳族地区基督教会，傅能仁的认识及相关作法是：

> 假如他们一开始就在经济上独立自主，土著人的教会会日趋强壮……他们先要自立，才会自传。

　　给钱他们容易得多。许多英美人士会送钱去建立教会，聘请牧
师。但能仁看到（原注：看到这点的不止他一人），外来的钱和外来
的控制，会建立一个外国教会、一个软弱的教会。傈僳人一定要从
开头就学会，必须从他们的赤贫中奉献给主，他们自己的牺牲，会
支持他们的教堂和传道人……

　　他也不付钱给帮助他的人。有人自愿替他拿东西或带书去村
里，能仁不付他钱。没有人藉事奉主赚钱。[38]

　　为了做到自养，教会对那些不脱产的传道员（马扒），鼓励其在家时，生产与教务两不误；若外出传道，所在村寨提供食宿。对脱产者，分有无家庭者而区别对待：组建家庭者，教会帮助修建房屋及划给少量耕地，适当补助，弥补收入，瞻养家人；无家庭者，酌给零花钱，食宿出所到村寨提供[39]。

　　由于怒江教会较早实现了自养，对经费不存在依赖，传教人员受到的限制小，独立性强，传播及信教动机相对单纯，活动范围广，发展空间较大。

　　怒江地区毗接缅甸，傈僳、怒及独龙等族是跨境民族，他们与境外同族有着密切联系，有所影响。于是，境外基督教期望利用这些关系，积极派人入境，开展渗透活动，尤其在基督教恢复之初，达到影响以至控制的目的。

（五）境外教会渗透，妄图影响

　　历史上，怒江各派基督教由内地传入，且较早实施自传及自养，与缅甸教会无什么联系。但当中华人民共和国建立后，怒江基督教真正实现自立，境外教会则千方百计地实施渗透，施加影响。

　　1950 年，马导民、莫尔斯等人离开怒江，进入缅甸境内，移植了神召会及基督会，开展活动，仍以傈僳等少数民族为传播重点。

　　1958 年，在"左"思想的作用下，正常的宗教活动被禁止，教牧人员及教徒受到打击。部分人（以福贡、碧江教徒为多）逃至缅甸境内。因该处无内地会组织，在原怒江传教士杨恩惠的授意下，他们只得借棚躲雨，加入克钦族浸礼会，在"组织"内生存，继续开展宗教活动。

38　Eileen Grossman 著，冉超智译：《傅能仁新传》，（香港）福音文宣社，1989 年，第 162 页。

39　胡学才：《基督教在泸水的活动情况》，《怒江方志》1990 年第 4 期。关于目前怒江基督教的自养概况，参见张桥贵主编《云南跨境民族宗教社会问题研究》（之一）相关部分。

　　1976 年，经过协商，傈僳族教徒离开克钦族浸礼会，成立缅甸傈僳族浸礼会。1977 年，部分原福贡（包括碧江）内地会教徒再从傈僳族浸礼会中分离，组成缅甸傈僳族教会（BBC），袭用内地会的宣教方式开展活动。这样，在缅北地区有傈僳族浸礼会、傈僳族教会、神召会及基督会 4 个教会，约 1300 名神职人员。这些教会设立了专门机构，约 50 名人员专门针对怒江地区，有目的、有计划、有组织进行渗透[40]，企图影响以至支配当地教会。尽管当时中国政府在边境地区实施严格的管理制度，禁止边民等随意流动，这些传教人员入境直接开展传教活动的企图难以实现，但是莫尔斯父子开办的傈僳语福音广播却穿透山川间隔，跨越时空距离，持续不断，定时播放，增加内容，影响视听，制造影响。

　　十一届三中全会后，中国政府实施改革开放，打开国门，欢迎及鼓励边民的自由出入，搞活经济；并恢复及贯彻宗教信仰自由政策，尊重和保障信教群众的合法权利。于是，缅甸各教会派人进入怒江，在部分傈僳民众中开展活动，进行渗透。其手段有：

　　1、利用同族、同教等关系，宣传基督教。从 1979 年起，少数缅籍传教士借探亲访友或经商等名义进入怒江，在部分村寨积极活动，登台讲道，巡回活动，胡诌"从缅甸飘卷过来一片乌云，上帝就是里面。信教的人被卷上天，不信教的人在火海中受难"；"到了世界末日，怒江的水要变成汽油燃烧起来，把不信教的人烧死；信教的，上帝保佑上天，平安无事"[41]……危言耸听，恐吓民众，接受宗教。

　　2、向群众、主要是向青少年展现印有耶稣生平的万花筒，宣讲图案内容；或携带吉他，边弹边唱赞美诗，伴以歌舞，以新、奇、乐等形式，迎合青少年的心理，吸引其眼球，变相传教。或引诱边民出境接受培训，达到境外培训，境内传教，甚至掌握教会等目的。据不完全统计，在 1986 年至 1989 年间，当地有 80 余人次出境接受培训。

　　3、错误宣传，混乱思想。

　　对于这些渗透行为，怒江政府有关部门及基督教三自爱国会采取了措施，进行规劝、引导或制止，力谋降低危害性。然而，受地理环境及传统等

40 胡学才：《立足怒江开展宗教工作》，《怒江方志》，1990 年第 4 期。

41 云南民族学院怒江民族教育调查组：《怒江州宗教活动情况反映》，云南民族学院教务处编：《民族教育丛刊》，第 2 期，1983 年。

因素的影响，境外的宗教影响及其渗透不同程度存在，触发少数人恢复和发展宗教的热情，产生了某些恶劣后果，挑拨教徒与"三自"爱国会的关系。甚至有个别教牧人员及教徒中形成这些错误认识，以为境外基督教会保持了传统性、正宗性、纯正性，思想外向，甚至有不当的行动。如 1987 年，福贡利沙底亚朵村某人编造"现在上帝给我们开了大门，'富谷'是个好地方，上帝让我们去那里居住"等谎言，煽动该村 60 余户、250 余人擅自出境，跟从上帝，寻找"富谷"定居，结果病死 8 人，其余者因受缅甸政府武力阻挡而归，风餐露宿，吃尽苦头[42]，返回国内。对比认识，切身感受到人民政府的温暖，他们以自身经历击破境外传教人员的宣传，阻止对其他"无知者"的引诱。

此外，近年来地方政府的制止及基督教三自会的防范，境外教会的影响有所减轻，但某些潜在影响仍然存在，若有时机，可能会发作。

二、个别"不正常"的活动

1978 年以后，基督教在怒江部分地方迅速恢复，迅猛发展，影响广泛，应该如何看待呢。信仰宗教与否是中华人民共和国公民的合法权利，正常的宗教活动受到法律的保护，教徒的增多只能代表其发展的迅速，并不能说明其违法与否，对此无可厚非。不过我们也注意到，在个别地方，部分教徒也存在一些不正常或不当的言行，甚至违法活动。

1、抵制对宗教事务管理，散布"干部的话不能听，吃国家工资的人的话不能信"，"教徒不能当干部"等错误言论，挑动干群关系，制造对立；也不接受爱国宗教团体的指导或约束，随意活动。

令人担忧的是，近年来个别教牧人员有意识突出族别，企图以族为界线，分裂教会。如教会从内地请牧师来开办查经训练班，指导教务。有的人说："我们是×族、××族，他们是×族，他们讲的不能听"。对于新按立的牧师、传道员，有的人说："现在是官办教会，由×人接立的传道员信仰不纯，听他们讲道不能得救"等等。表现观察，这是认识问题、认同问题，实则对抗三自教会，抵制政府对宗教事务的管理。

2、自由传教，随意解释。恢复之初，个别教徒以宗教信仰自由为名，为

---

42 蔡家麒：《怒江州宗教问题考察报告》，云南省民族研究所编：《民族调查研究》，1988 年第 1—2 期。

所欲为，走村窜寨，跨乡、跨区或跨县，自由传教。因其文化程度低，肤浅理解《圣经》，凭借感受，自由发挥，断章取义，随意解释。甚至有人对经文及仪式不懂装懂，布道讲经，乱讲乱传。还有个别人擅自纠集人员，组织"培训班"，传授所谓教规教义，随意施洗，随意按立，在信教群众中间造成混乱，发生分歧，影响团结，伺机争权夺利，拉帮结派。

3、片面强调祈祷的心理作用，延误治疗时机，造成恶果。不可否认，由于信仰的关系，接受基督教后，借助祈祷等，部分教徒的心理抵抗力得到增强，某些疾病，尤其是精神性疾病因之缓解，甚至痊愈。影响所至，个别人夸大其效能，相信神灵治愈疾病，有病不治疗，请教牧人员祈祷，幻想神灵发出威力，驱赶"魔鬼"，治疗疾病。部分信徒因之延误时机而加重病情，小病拖成大病，大病拖成致命，发生不应有结果。

与之相关的是，一些教徒错误理解"酒"与"酒精"，声称医用酒精中含有"酒"成分，用其消毒打针、清创伤口，或手术治病，将破坏了教会的戒酒禁条而加以拒绝。

4、以信教为名，不接受国家政策，拒绝计划生育。有人借口《圣经》中"你们要生育众多，遍满全地"的言辞抗拒政策，声称生多生少是上帝的安排，顺从神的旨意，不能违反，多子多福。在一段时间里，教徒最多的村寨往往是计划生育工作最难开展的地点，多孩率、无计划率居高不下。可是，怒江地区系狭长的河谷地带，耕地资源等相当有限，人口过快增长，消耗大量资源，加重负担，影响经济发展。

5、以教划界，撕裂族群。在对待宗教信仰自由的政策上，教徒往往强调信教的自由，无视不信教的自由，一些人千方百计诱惑群众参加宗教活动，或宣传"耶稣死去一千多年了，到二千年时地球要毁灭，大家赶快去信仰基督教，不然到时候死了，耶稣不能提你到天堂了……"恐吓民众接受宗教；甚至强调不正当手段强拉入教。倘若群众不接受宣传，不加入教会，则见面不打招呼，视如陌生人，不与其往来，不到其家做客，不与其通婚，有困难不予帮助，藉以孤立，强迫就范。对那些放弃宗教信仰或改信其他教派者，更是视如水火，说成"背教、叛教、叛族"等，冷嘲热讽，抵制以至打击。

尽管这些现象不多，但在少数村寨却恶果突出，信教和不信教群众间存在隔阂，家庭成员或邻里关系失和，难以协调；诸如挖沟渠、修道路等集体性公益劳动难以组织，有效开展。有的群众反映说，过去村里请客杀一口猪就可以招待众人，现在必须杀两口猪，信教和不信教的坐不到一处，需要分开吃[43]。甚至个别村寨，请客要杀三口猪，不信教者、信这派教者与信那派教者要分开吃，等等。

6、部分教徒结婚不向政府部门登记，办理结婚证书，履行法律义务；一些教牧人员明知此情，无视法律规定，为其主持婚礼，予以认可，起到变相怂恿的恶劣作用。一些夫妻婚后感情不好，吵闹打架以至离婚，财产或子女哺养等又得不到法律保障，滋生新的社会问题。

7、听命神灵，无所作为。部分信徒曲解圣经，将作物的丰歉、生活的贫富等都归于上帝的安排，命中注定。于是，他们乞求神灵的恩赐，放弃对抗争和努力，一切听命于自然、服从于自然，强调有衣有食就当知足，宣传"富足了进不了天国"，天堂不能容纳富人等，使部分基督徒视致富为畏途，小如自己劳动所种的瓜果蔬菜、山货木柴等都不敢拿到市场上去公开出售，怕剥削他人而深感内疚，遭受神灵谴责；大如专业户、重点户更不敢为！如1985年的福贡县，教徒人数占全县总人口的34.2%，他们当中的专业户、重点户仅有3户，占全县同类数的0.04%。并且这3户人家因为自己从事专业生产等，经常受到其他教徒的鄙视或指责。这年，这3户人家中有一人参加本乡教务领导小组成员的选举，所得的选票是最少的，在有关部门做了大量工作后，才被选上去。

8、利用宗教活动，鼓励信徒捐献，浮收财物。如原碧江县个别教牧人员藉筹办圣诞节之机，竭力地宣扬"谁的奉献越多，上帝也就越喜欢谁，谁得到的恩赐也就越多"，公开地鼓励教徒竞相攀比，争献"上帝粮"。1982年，该县瓦娃乡举办圣诞节时，教徒之中一次奉献"上帝粮"最多者，有195斤，最少者26斤，一般是65斤。次年，该乡在举办"圣诞节"时，奉献最多者230斤，最少者31.5斤，一般为51斤。然而，是年该乡人均有粮仅385斤，两相比较，"奉献粮"最多者，约占口粮70%；最少奉献者也接近收入的一成，负担可谓不轻。事实上，该乡教徒欢度圣诞节也不需要这么多的奉献，实属浮收。

值得注意的还有，个别人藉所谓显"圣灵"，混淆宗教与迷信，图谋不轨。他们自称上帝代言人[44]，宣传异梦，搞所谓"适乡马哈母"（显圣灵），

---

43 蔡家麒：《怒江宗教问题考察报告》，《民族调查研究》，1988年第1—2期。

44 自称上帝代言人多发生在福贡北部与贡山南部。这种现象的出现，还与历史上神

附身说神话，揭人隐私，影射现实，闹认罪赎罪，造成群众间不团结，家庭不和，邻里对立。更有甚者，有人编造"升天"求得拯救等谣言，诱骗信徒不事生产、不理家务、潜心祈祷，坐等升天。如 1983 年贡山县斯当村某人散布：世界末日要到了，耶稣要降临了，信教的人可以得救升天。地来不及种了，火山地也不要砍了。少数群众听信谣言，不事生产，宰杀牲畜，等待升天……结果"末日"未到，耶稣不来，部分民众因上山等"拯救"而不事生产，颗粒无收，生活非常困难。1985 年，贡山县茨开区及福贡县上帕区俄夺底村先后发生数十人集体上山等待升天的事件；原碧江县匹河老姆登乡 70 余名教徒也因听信了 7 月 1 日耶稣接引升天谣言后，停止生产，杀鸡宰猪，举行祈祷，等待拯救。1994 年初，子里甲乡某人搞"显灵"活动，胡编耶稣即将复临，接信徒上天，导致少数人受骗，放弃播种，误了农时，田地荒芜，颗粒无收。需要说明的是，是地方政府积极救济，使得这些"上当"者脱离了饥寒交迫之苦。

典型者如原碧江县老姆登××言行乘张，以神自居，宣称某人只要向他交多数钱，就能成为上帝儿子；编撰神话，禁食禁忌，不事生产，不看电影电视，不能唱歌跳舞，不能吃国家返销粮，不能吃腊肉、酸菜及腐乳，不能上学等。当地个别人受到影响，执迷不悟，纠集"小群"，坚持"禁忌"，作为标识，刻意表现，制造对立，恶性发展，形成了所谓"恒尼"（禁食禁忌）异端（具体论述见下）。

三、管理宗教事务

贯彻执行宗教信仰自由政策后，怒江基督教发展迅速，活动频繁，影响广泛，对当地政府的管理工作提出了新的任务。

回顾历史，各地党政部门虽然设置过宗教事务的管理机构，因受"左"的思想影响，正常的宗教活动受到了限制，甚至变相被禁止，管理宗教可有可无。在"文化革命"期间却完全缺乏，全社会既无"宗教活动"，也无宗教事务的管理工作。

十一届三中全会后，中国共产党贯彻执行宗教信仰自由的政策，正常的

召会在当地开展活动有关。神召会内有上帝代言人之作法，但主要施用于宗教活动中。参见付阿伯撰、胡正生译：《福贡基督教传播史稿》，《怒江文史资料选辑》，第 8 辑。

宗教活动受到法律的保护，公民的宗教信仰权利得到尊重及保护，正常的宗教活动得以公开举行。如何保护正常的宗教活动，维护公民的宗教信仰自由权利？这之中涉及宗教事务的管理问题。为此，怒江州相关部门作了以下主要工作：

1、平反冤假错案，团结宗教界人士

80年代初，拨乱反正，实事求是，宗教领域的冤假错案得到了平反。期间，怒江有关部门根据中央文件的精神，平反有关宗教界的90余件冤假错案，为受迫害的宗教界人士，如碧江县牧师约秀、泸水县牧师马可等人，恢复名誉，补发工资，退赔查抄财产或房屋，并在政策允许的范围内，妥当照顾其利益，解决某些困难。

与此同时，争取团结，做好宗教界人士的政治安排。州县宗教事务管理部门积极推荐部分代表人士担任政协委员或人大代表。在各级人大或政协中，这些代表或委员代表宗教界反映意见，表达意见，参政议政，充分体现了宗教信仰者在国家政治生活中享有平等权利；坚持不懈地对宗教界人士进行爱国守法教育，采取举办短训班、开座谈会和组织代表参观学习等形式，进行爱国主义、拥护党和政府政策法令等内容的教育。

2、筹集资金，维修或建设堂点，解决活动场所

本着方便群众、有利生产、有利团结的原则，怒江州有关部门采取合理开放、赔偿、维修或建设部分教堂，解决宗教活动的场所，满足信教群众的信仰诉求及活动需要。如基督教堂从1980年15所增至2000年654所，其中在信徒分布集中的地方，基本上做到每个自然村有一所教堂，满足并方便了信教群众的要求。

开放及建设活动堂点、满足信教群众的信仰需要固然重要，亦为宗教事务管理提出要求。然而，当宗教活动场所开展活动后，应该加以管理，规范行为。

1994年初，国务院颁布《关于宗教活动场所管理条例》，用行政法规形式，对宗教活动场所加以管理等。

依据该法规的规定，怒江州有关部门对辖区内基督教堂进行了审查、验收和登记。先根据情况，制订出相应指标：组织领导、宣传动员、调查摸底、申请登记、审批发证、依法办事、管理网络、处理问题和配合情况，以及总结自查10类。每类10分，共计100分，每类之中，再细分5项指标。在登

记过程中，依据这些指标加以考核，依据各堂点的实际情况，评比打分，总成绩分为优秀、合格、基本合格和不合格 4 种，对基本合格者，限期 1 月整改达标；不合格者，2 月内整改达标。

考核过程既是对教堂的检查及评估，亦是政府部门贯彻及落实相关要求的过程。从接受考核、验收登记中，教牧人员也接受了教育，明辨是非，了解规则，注意尺度，开展正常的宗教活动，依法维护权利。有关部门也通过考核验收等工作，依法管理宗教事务，提高管理水平，保护宗教活动场所的合法权益，保证宪法、法律及法规等在宗教活动场所得到贯彻实施，为维护社会稳定和促进经济建设服务。

3、成立各级管理机构，管理宗教事务。

七八十年代之际，宗教信仰自由政策得到恢复及落实，包括基督教在内的各类宗教活动迅速发展，为有序、正常地开展活动，爱国爱教，与社会主义社会相适应，需要管理部门加以引导或管理。从 1982 年起，怒江州及各县政府先后成立了宗教事务科，由民委领导，依法管理宗教事务。

在管理工作上，这些机构的确曾起到重要的作用，但随着形势的变化、教会的发展，以及活动的多样化，这样机构难以适应，原因在于级别较低（科股级），组织及协调能力不够。1987 年 4 月，怒江州成立宗教事务管理局（县级），负责全州宗教事务的管理工作，以团结、稳定、服务为工作目标。各县亦作了机构调整，将宗教科（股级）提升为宗教事务局（科级）；各乡除乡长主管宗教工作外，还配备宗教干事，负责该乡宗教事务的管理[45]，从制度上健全及保障对宗教事务的管理。

各级部门成立后，在宗教事务管理上，为宗教界人士和信徒服务为指导思想，树立为宗教界人士和信徒群众服务就是为全州各项事业服务的观念，将单纯的管理型转变为全面的服务型。服务之目的在于怎样让更多的信徒群众尽快富裕起来，提高生活水平，实现小康，并以经济建设的好坏、信教群众富裕程度的高低等来体现宗教活动的正常化。衣食足而知礼仪，只有经济发展、生活富裕，消除贫穷，才能有效团结信教群众，促进社会稳定。

1987 年 8 月，怒江州人大通过《关于宗教问题的决议》，依法保障信教群

---

45 如福贡县乡宗教干部的职责是：做好信教群众的思想工作，坚持不懈地把党的宗教政策落实好，团结广大信教群众和宗教界人士，开展物质文明、精神文明建设，带领信徒群众发展生产和经济，脱贫致富。

众的正当权利上，建立及健全对宗教事务的管理。根据该项决议，州政府制定并颁布《关于宗教活动的若干规定》，在尊重和保护信教群众的宗教信仰自由前提下，对包括基督教在内的宗教团体及活动等作出明确的规定。

接着，州宗教局组成工作组分赴各县，与县乡干部逐乡、逐村、逐寨宣传《关于我国社会主义时期宗教问题的基本观点和基本政策》、州人大《关于宗教问题的决议》、州政府《关于宗教活动的若干规定》等，保障群众的宗教信仰自由权利，规范相关活动及言行，管理宗教事务等，传达基层、深入人心。还明确要求：我州一切宗教组织都必须服从当地政府的领导，不准干预国家的政治、行政、司法及教育、婚姻、计划生育；不准妨碍科学技术的普及；不准利用宗教进行反对党的领导、反对社会主义制度，破坏国家的统一和民族团结的活动；不准干扰和妨碍社会主义现代化建设建设。一切宗教组织都必须奉行独立自主、自办教会和"自治、自传、自养"的方针，自觉维护国家和民族的尊严，抵制国外宗教势力的渗透、干涉和控制；任何宗教组织和个人都不准接收和散发国外有关宗教的宣传品，不准录制和播放外国电台有关宗教内容的广播，等等。

4、建立爱国组织，严格考核

80 年代后期，在州、县宗教局的协助下，各地先后建立基督教协会和三自爱国委员会建立（简称"两会"）。"两会"的成立标明了基督教的合法性，鼓舞了基督徒的热情，"两会"负责人更是热情高涨，努力开展工作，经常到各教堂指导教务，举办查经班，宣传政策，引导信徒开展正常活动，学法致富，起到了组织信徒、规范言行、协调关系、领导活动、抵制渗透的作用。其间，按照《宗教活动场所管理条例》规定，各教堂建立了民主管理小组，一般由三至五人组成，主持教堂内的教务，协助政府依法对宗教事务的管理；州县政府向省有关部门反映，继续向教会优惠供应《圣经》和《赞美诗》，满足了信徒修灵的需要，抵制了境外宗教势力的渗透；利用传统，协助教会举办教牧人员培训班，学习教理教规，明辨正邪，端正言行，培养及按立牧师、传道员等教牧人员，掌握教会的领导权。

建立及健全考核制度，端正行为，落实责任。当基督教"两会"成立后，怒江有关部门按照有关规定，与"两会"有关人员订立聘用合同书，以合同形式明确相关的工作待遇，也规定了各自承担的责任。如牧师的职责是"具体主持'协会'的工作，负责培训教牧人员和信教群众，研究教务工作，下乡搞调查研究，处理教内问题"。办事人员的职责是"具体主持'两会'的杂务，随'两会'负责人下乡搞培训，调查研究，做好各地教会的联络工作"。遵照引导而不包办、协调而不主持的原则，形成以下管理体制，政府部门除通过各乡镇宗教办对该乡教会及长老等施以管理外，县基督教"两会"对各牧师、传道员等的领导及约束，配合政府部门的相关工作，确保宗教活动正常开展。（参见下图）

图 1：福贡县基督教事务管理体制示意图

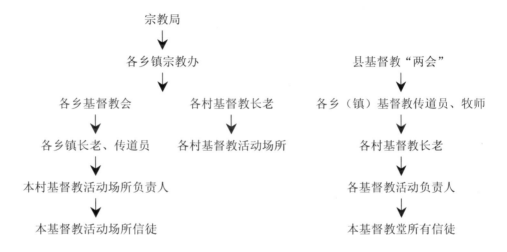

5、注重教育或引导，掌握宗教活动的旗帜

要管理好宗教事务，关键在于对教牧人员的引导与管理。怒江各地政府根据情况，对教牧人员提出以下标准：思想作风好；要有一定的组织能力和管理水平；教职人员要真正地读通经书，能够团结所有教徒，管理好教堂，靠拢党和政府，贯彻执行宗教信仰自由政策。

在此原则上，与教会充分协商，制定出衡量执事及传教员的标准，要求教会组织人员全面而系统学习，出题考查，衡量掌握程度。考试合格者，由教会发给执事（密支扒）证或按立传道员（马扒）、牧师。配合认定教牧人员资格工作的开展，实行划片管理，定片、定人、定点开展活动，避免以至杜绝自由讲道或流窜传教等不良现象。

在工作重点上，加强对教会的管理，采取措施，纠正宗教活动中的混乱问题，引导宗教活动正常化。为了适应教会发展的需要，推动及帮助教会完善规章制度，引导教会把功夫下在建设一个与社会主义社会相适应的基点上；支持"两会"开办培训班，开展宗教知识及爱国守法的教育，加强教牧人员的培训，提高素质，适应教徒增多的需要。通过培训、教育及实践等方式，"有计划、有组织地培养一支热爱祖国、接受党的领导、坚持走社会主义道路、维护祖国统一和民族团结、有宗教学识、并能联系信教群众的宗教教职人员队伍"[46]，组织开展正常的宗教活动，引导或带领信教群众努力发展生产，增加收入。

组织各县"两会"的教牧人员、传道人士深入区、乡，帮助当地教会掌握教堂，开展必要的宗教仪式及其活动，引导信徒从事正常的宗教活动，消除混乱。支持"两会"巡回布道，讲经组和唱诗班，深入各地教堂，占领阵地，使"自由"传道者无法活动。

引导、扶持宗教界人士和信徒群众立足经济建设，发展生产，建设家园。于是，怒江州宗教事务管理部门结合实际，作出衡量宗教活动是否正常的起码标准是：团结、生产、守法，积极宣传。在解决宗教活动场所，满足信徒群众的信仰需要后，积极宣传"团结第一，生产第一"，既要搞好团结，又要搞好生产。采取措施，组织力量，开展农村信徒经济生活的调研，引导和扶持他们推广科学技术，开展一些投资少、见效快的项目，发展生产，增加收入，解决贫困。

鉴于个别教牧人员不依照婚姻法的规定，擅自认定并主持个别教徒的婚礼；个别教徒人如关系不好，离婚财产纠纷或不愿意抚养子女等，迁怒教会或教牧人员，影响关系等。于是，州宗教事务管理部门结合实际，广泛宣传婚姻法，进行普及教育，要求信教群众及教牧人员认真学习、全面掌握，自觉执行，使法律知识深入教牧人员及信教群众中。

怒江州毗邻缅甸，外来宗教的渗透现象突出，在少数地点曾产生某些不良后果，对此有关部门采取措施，制定《关于加强边境地区宗教管理工作规定》，认真执行，做好边境宗教管理工作，抵制了外国宗教敌对势力的渗透。更为重要的的是，引导教会坚定走"三自爱国"的道路，扶植或培养爱国爱教的教牧人员，主持宗教活动的开展，带领信教群众抵制境外教会的渗透，坚持自治之路。

---

46 《中共中央、国务院关于进一步做好宗教工作若干问题的通知》，《新时期宗教工作文献选编》，第218页。

四、基督教调适与发展

20 世纪七八十年代之交，宗教信仰自由政策得到贯彻，公民的宗教信仰得到尊重，受到法律的保护。其间，个别教牧人员也积极活动，大力宣传，发展教徒，致使信教者急剧增加。在恢复发展阶段，各色人物混杂其中，良莠不齐，出现了与形势不协调、民众要求不吻合的声音或行动。前有说明，此不重复。对此不当言行，广大干部及群众有所认识，采取措施，抵制或反对。同样，在教会内部也有看法，多数教牧人员及信教群众除积极抵制外，还思考采取措施，减少以至消除不当言行，端正宗教活动的方向，管好教务，适应社会。

（一）制定规章，约束行为

1981 年，在碧江县委等的支持下，碧江县基督教召开了全县基督教会议，有 61 名新老马扒、密支扒及 6 名干部出席会议。与会代表学习了中央及省、州相关文件的精神，约秀牧师传达了全国基督教"三自"爱国会常委会扩大会议和省基督教"三自"爱国会扩大会议精神，其他代表对恢复及发展基督教、教会活动现状、宗教与社会相适应等问题发表了看法。在充分讨论、反复协商的基础上，鉴于基督教活动中存的若干问题，以及可能派生的后果，会议制定并通过以下规定：

一、全县基督教徒必须高举爱国主义的旗帜，要热爱祖国，热爱教会。爱教首先要爱国。

二、教牧人员和信教群众必须坚定不移地拥护中国共产党的领导，必须坚持四项基本原则，坚决执行党的各项政策，严格遵守国家的法令。

三、基督教会应坚持自传、自养、自治的"三自"方针，要坚持自办教会的原则，不容恢复已经废除了的封建剥削制度，坚持抵制境外教会的渗透。爱国的教徒应该是不请境外的教牧人员来讲经、不收听境外电台的圣经讲座广播。会内兄弟团结起来，共同为抵制境外的渗透而努力。不到境外学经，不接受境外的经书和教会用品。

四、教牧人员和广大教徒应认真执行党的信仰宗教自由和不信仰宗教、宣传无神论自由的政策，对不信教的群众决不能强硬灌输宗教思想，不能歧视非教徒，决不允许施行诱导、吓唬等手段，骗取他人信教。信教的群众和不信教的群众应互敬互爱、互相帮助。

五、教会、教堂和教牧人员一概不能干预国家行政事务，不能干涉文化教育、卫生和婚丧事件。教会要遵守国家的婚姻法，信教和不信教的结婚，只要男女双方自愿，教会无权干涉。教徒之间结婚，必须向当地政府履行登记手续，应按婚姻法办事。

六、教会、教堂和教牧人员，对未满 18 岁的青少年不允许灌输宗教思想，决不允许未满 18 岁的青少年洗礼。教会应支持青少年学文化、学科学，决不允许干涉和打击青少年唱歌、跳舞等文娱体育活动。

七、信教群众（与不信教群众）只是思想信仰不同而已，都是我国公民。教徒要拥护党的领导，拥护社会主义，都应参加社会主义建设，对任何企图摆脱党的领导，削弱党的领导和对社会主义建设不利的一切言行作斗争。

八、各教堂管理小组，要切实执行"三自"方针，各自要加强管理，要抵制闹圣灵降临，严禁利用降巫灵、传上帝圣言为名，走村窜寨，聚众传经传谣等宗教迷信活动。

九、基督教徒要遵守教义，学经讲经要按新约全书和赞美诗，不允许胡编乱唱，讲经不能随心所欲地自己解释，歪曲圣经。

十、广大教徒应高举爱国主义的旗帜，要团结在中国共产党的周围，应随时协助政府揭露和打击披着宗教外衣的一切阶级敌人，为保卫祖国、巩固边防、建设社会主义贡献力量。[47]

会后，约秀牧师还将这十条规定译成傈僳文（老文字），刊登《碧江报》，对外公布，散布各堂点，广泛宣传，深入村寨，以正视听。此次会议及十项规定，对于纠正当地宗教活动中的混乱现象，以及另立教派教规、干预政策法令，摆脱党和政府领导等行为，引导基督教走爱国爱教的道路，起到积极的作用，受到群众和宗教界人士的欢迎。

尽管这些规定对纠正某些不正常活动、引导教牧人员及信教群众接受党的领导，拥护社会主义，全面认识及理解圣经，恪守教义教规等起到积极的作用。但任何规定需要人员执行，活动需要组织统率。若缺乏这些，再好的

---

47 编委会：《碧江县志》，云南民族出版社，1994 年，第 5 篇，第 4 章，第 448 页。

规定只是一道具文，难起作用。于是，恢复或建立基督教"三自"爱国委员会，通过组织的引导及教牧人员的自我管理，以教管教，纠正不正常的活动，确保正常宗教活动的开展，促进基督教与社会主义社会相适应。

1985 年 2 月，贡山县召开基督教代表会议，选举产生基督教第一届三自爱国会，遵从"自治"、"自养"、"自传"的原则，实践独立自主、自办教会，爱国爱教，领导信教群众开展正常的宗教活动。3 月，泸水县召开基督教代表会，选举产生第一届三自爱国会和第二届基督教协会。7 月，碧江县召开基督教代表会，恢复了基督教三自爱国会，选举出以约秀为主任的领导班子。1988 年 7 月，福贡县召开基督教代表会议，选举产生基督教三自爱国委员会。至此，怒江峡谷四个县基督教均建立或恢复三自爱国会。

其间，各县信教群众较多的乡村也分别成立了基督教三自爱国小组，主持教堂内的教务，协助政府加强对宗教事务的管理，建立及健全三自会的管理体制。

鉴于原碧江县教徒众多，影响较大，我们拟就 1985 年 7 月该县基督教召开代表会议，恢复三自爱国会的情况加以说明，以涵盖其他各县。

之前，约秀等教牧人员鉴于教徒逐年增加，多数是新近入教者，教牧人员严重缺乏，且管理工作中存在着一些急需改进的问题，突出表现在片面认识圣经、讲经传道的混乱。少数人不懂或略懂教理教义，片面认识，讲道中出现了离经乱道或随心所欲、胡乱解释等的混乱现象。教理的混乱造成了活动的混乱，一些信徒或教牧人员不遵守有关政策的规定，走村窜寨，积极活动，"自由"传教及信教等现象不同程度存在。在县统战部等帮助下，通过全县密支扒会议，制定了十条规定，公之于众，曾起到积极的作用。由于缺乏组织的约束、人事的执行，这些规定在部分堂点难以得到落实，成为一具空文。恢复县基督教三自爱国会，目的之一是要解决这种混乱局面，把全县宗教统一地管理和领导起来，使各堂点活动走上正轨。这既是社会形势发展的需要，也是信徒和教牧人员的共同责任。

根据会议的决议，基督教三自爱国会的任务是：协助党和政府贯彻执行宗教信仰自由政策，帮助教牧人员和信教群众不断提高爱国主义和社会主义觉悟，代表宗教界的合法权益，组织正常的宗教活动，办好教务。

鉴于形势的发展，结合当地实际，碧江基督教"三自"爱国会将原十条规定压缩为六条，简洁明了，突出爱国爱教，明确规定，规范行为，开展正常的宗教活动。其内容是：

一、我会必须高举"三自"爱国旗帜，坚决抵制国外敌对势力对我教会的渗透。

二、每个信徒不但要诚实于自己的信仰，而且在热爱祖国、热爱社会主义，要遵守国家的宪法和法律，把爱国爱教统一起来。

三、全县各教堂必须接受我会的统一领导。未经我会批准的神职人员，不能跨区乡进行神事活动。

四、神职人员传道、讲经，要以《新约全书》为准，以保持信仰的纯洁和统一。

五、不吸收不满 18 岁的青少年入教，也不要向他们强行灌输宗教思想。

六、我们的信徒和不信教的群众都是中华人民共和国的公民，政治权利是平等的，都应和睦相处，不应互相歧视。

以上规定，望全体信徒共同遵守，互相监督。若有违反者，要进行批评教育，经教育不改者，由爱国会给予必要的处分。[48]

会议还号召全县基督徒要高举反帝爱国的旗帜，纯真信仰，爱国爱教，团结各族人民群众，为社会主义物质文明和精神文明的建设贡献力量，指出了傈僳等族基督徒应该前进的道路和履行的责任。

福贡、碧江等县及各乡村基督教三自爱国会建立后，发挥了组织活动、引导方向的作用，对于端正办教方向、领导教牧人员及信教群众开展正常的宗教活动，爱国爱教等起到重要的作用，客观上也促进了全州基督教"三自"爱国会等的成立。

1988 年 8 月，怒江州基督教首届代表会议在六库召开。会议通过广泛讨论，充分酝酿，成立怒江州基督教协会和第一届基督教三自爱国会，选举产生"两会"领导成员，制定了相关的章程及规定。

按照规定，基督教协会是教务组织，宗旨是"团结全州各族信奉天父和承认耶稣为主的基督徒，在圣灵的带领下，遵照圣经，同心协力，办好我州独立自主、自治、自养、自传的教会"。其职责是为各地教会提供圣工方面的服务，做好教牧人员的业务指导工作，促进各地教会的交流，介绍各教会在管理方面的经验，引导正常的宗教活动开展。

---

48 1985 年 9 月访问碧江县有关部门，摘抄基督教代表会资料。

三自爱国会则是基督徒的爱国爱教组织，任务是团结全州各族基督徒，热爱祖国，遵守国家法令，坚持自治、自养、自给，独立自主、自办教会的方针，保卫和发展三自爱国运动成果，协助政府贯彻宗教信仰自由政策，并在州委、州府的领导下，为把我国建设成为高度民主、高度文明的社会主义强国，巩固边疆安定团结，实现祖国统一，维护世界和平而贡献力量。

州县基督教协会、"三自"爱国会，以及"三自"小组等的成立及发挥作用，使得怒江州基督教活动有了"组织"的领导，抵制了异端或邪教的侵扰，减少以至逐步消除了不正常现象，促进了教会活动健康、顺利地开展。

除基督教协会及三自爱国会（小组）外，随着教徒的增多，活动规模的扩大，以及信教群众发展生产，增加收入，奉献量也逐年增长，各堂点的经费逐年增加。如何管好教产、有效组织活动、使用正当外，有必要预防挪用或贪污的发生。于是，教会考虑采取对策，有效管理，要求各堂点除有"马扒"、"密支扒"和"瓦苦扒"人员外，还增设"普寡扒"，专司财务职责，管帐不管钱，负责教堂资金及物品等管理。"普寡扒"由教徒选举产生，可连选连任。

于是，"马扒"、"密支扒"和"瓦苦扒"与"普寡扒"组成了教会管理小组，各司其职，相互制衡，共同管理教会事务。

（二）培养爱国爱教的教牧人员

1、按立教牧人员，掌握旗帜

当基督教协会及"三自"爱国会建立后，有了组织的统率，因此培养及掌握神职人员显得重要而迫切：掌握了牧师、传道员等人就掌握了旗帜，能看好自己的人，管好自己的门，把握了活动的内容及方向，建设成"与新中国相称的教会。只有这样，才能得到信徒的拥护、人民的称赞，以及党和政府的支持"[49]。

1986 年 9 月，在有关部门的协助下，云南省"两会"施晋德牧师、龙约翰牧师来到了泸水县，考试合格后，按立褚彼德、伊里亚为牧师，李凤纽扒等人为传道员，重启内地教会联系并指导边疆民族地区教会的作法。1987 年

---

49 怒江州宗教局编：《我州宗教工作走出了新的一步》，《宗教工作通讯》，1987 年第 3 期。

9—10 月，施晋德牧师再来福贡及泸水，宣讲引导，按立若干传道员；1988年 9 月，省基督教"两会"严大卫牧师、龙约翰牧师在福贡按立欧明全、唐顶武为牧师，义大伍等人为传道员……

　　粗略统计，80 年代末，省基督教"两会"牧师已在怒江州按立了 5 名傈僳族牧师和 40 余名传道员，于是怒江地区有牧师 5 人、传道员（马扒）763人、管事（密支扒）477 人、礼拜长（瓦苦扒）331 人、司财（普寰扒）446人[50]。通过这些方式，培训及按立大批本民族的教牧人员，缓解怒江地区奇缺教职人员的困难，开展宗教活动有了带领者，基本上掌握了基督教活动的旗帜。

　　进入 90 年代，内地按立变为自主培养，当地教会除通过各类培训班考核、选拔及按立教牧人员外，更多的从昆明、成都以及南京等地神学院毕业生返回家乡，在州、县"两会"和乡镇堂点等接受锻炼，能力提高，综合素质增强，接受按立，成为年青一代新型的教牧人员。到 90 年代后期，怒江州及各县"两会"有牧师七八人、传道员近千人、管事数百人，形成了一支较为庞大的新型教牧人员队伍。

2. 举办培训班，培养教牧人员

　　中华人民共和国建立后，尽管当地教会（特指内地会）较早尝试"自传"及"自养"，但教权仍掌握在外国传教士手中，通过任命及指挥马扒、密鲁扒等，外国传教士仍然控制教会，控制教徒。

　　1951 年，外国传教士被驱逐出境，本土教牧人员担当主角，实现了真正意义的自传、自治及自养。20 世纪 50 年代中叶，由政府相关部门的牵线搭桥，省基督教"三自"爱国会牧师数次来到怒江，讲经传道，指导教务，建立内地教会与边疆教会的联系，形成并增强内向倾向。经过考察，他们先后接立约秀、马可等傈僳族牧师，任命若干传道员，本族教牧人员掌握了教权，完成了独立自主、自办教会的历程。

　　在选择及培养教牧人员的环节上，当地教会曾借用开办圣经培训班（雨季圣经学校）或读书会等传统作法，调抽各堂点人员，集中学习，积极培训，实践锻炼。这些教牧人员接受教育，开展交流，提高水平和能力，解决了短缺"牧养者"的困难，延续并发展了教会活动。七八十年代之际，当宗教信仰自由政策恢复后，有个别人利用这种作法，擅自组织人员，自行举办培训

---

50 李福珊：《怒江宗教概览》，2002 年印，第 105 页。

班，试图培植或扩大个人势力，影响恶劣……

目睹这些现象，教会组织认为，之所以出现这些问题，在于平时约束不够，缺乏较完善的规章制度，因而不能有效管理工作，但主要原因在于"传道人员讲经水平极低，多数传道员拿着《圣经》本子，用小孩的水平讲经……"有必要采取措施，加大力度，选拔及培训教牧人员，教育培养，有效管理堂点，组织正常的宗教活动，满足信教群众的需要，抵制邪教或异端，减少以至杜绝"自由传教者"的胡言乱语；遵守宪法、法律及政策的规定，依法开展活动，以及积极宣传，带领信教群众发展经济，勤劳致富。

最初，限于当地教牧人员的短缺及神学教育不系统、素质有等提高等，在有关部门的协助下，怒江州及部分县基督教三自会在开展培训班（雨季圣经学校）时，主要从省、市（昆明）等处聘请教师主讲教义教规，兼考核受训学员，选拔并按立教牧人员。随着当地教牧人员的增多、素质的提高，州、县三自会的傈僳、怒等族牧师在培训教学中能独立授课，效果较好，实现了替代。

除了"请进来"外，怒江基督教"两会"还采取"走出去"的作法，1988年选派 40 名教职人员到昆明云南省基督教神学院接受 3 月的短期培训。他们返乡后，充实了各堂点的传教力量。接着，根据情况，"两会"再选送更多的有发展前途的青年教职人员到成都、南京等神学院接受系统学习深造，提高神学素质，培养及锻炼主持宗教活动的能力等；以及继续选派人员到昆明、保山等地接受短期培训，开拓眼界，扩大交流，提高素质。

"请进来"和"走出去"等作法固然重要，但关键还在于培养大量的具有神学水平和组织能力、爱国爱教的本土教职人员，抵制自由传道者，预防异端邪说。因此有必要进一步借鉴及利用开办培训班（雨季圣经学校）传统作法，加大力度，查经训练，展开神学知识、教规教仪、爱国主义及社会主义等教育，培训傈僳、怒等族教职人员，熟悉经典，理解教义，掌握教规，明辨是非，扶正压邪，以及举办义工培训班，加强骨干教徒的教育引导，起到带头作用。

值得提出的是，与过去自发组织不同的是，而今怒江各教会举办相关培训班，教育教牧人员或教徒骨干等，事先须向当地政府有关部门书面请示，报告培训内容、地点、时间及人数等，得到批准后才正式开班。兹引一份福贡县上帕村民委员会的神学培训申请加以说明：

福贡县宗教局：

> 上帕村委员会处在福贡县城附近，2024 人村民，1509 人基督教徒，我村目前大春生产种植农忙期已过，趁这个闲期我上帕村民委员会基督教会培训一期基督教神学知识。

> 培训时间为一个星期，培训地点：上帕村民委员会依块比村教堂。培训教员：本村教牧人员授教。培训课程以圣经、赞美诗为课题（程？）。参加培训人员（120 人），青少年为主要受训。培训形式，内容学习圣经、教规、教义、编排诗歌艺术舞蹈。培养目的，通过培训，使参加受训人员提高神学知识、爱国爱教、能自觉遵守国家法律法规，抵制各种邪教、恶习，促进社会安定，团结各族人民，正常开展宗教信仰活动，以适应我国社会主义之需求。敬请县宗教局给予研究，批复指导。

> 特此申请

> 神学培训申请单位：福贡县上帕镇上帕村民
> 委员会基督教会教务处
> 2003 年 5 月 26 日[51]

典型者，如福贡县基督教，1988 年县基督教"三自爱国会"成立后，迄至 1999 年，该县"两会"共举办了各种义工短训班 50 多期，受训人达 4500 人次，成绩显著：

> 经过十一年的工作培训，目前已培养"灵、德、智、体、群具备的一批老、中、青三结合又爱国爱教的教牧队伍。现我县有牧师 3 人，按立传道员 23 人，乡村长老 70 人，堂点执事、礼拜长、司财员各 312 人，活动场所 314 所，近形成了千人的教牧队伍，他们正在牧养着占我县总人口 69%、54446 人的主内兄弟、姊妹。兄弟、姊妹们在愉快地吮取主耶稣的甘露，灵性不断地增长着。[52]

借助义工培训等，在一定程度上提高了教职人员和信教群众的素质，使他们感受到了党和政府在政治上的关心，极大地调动了宗教界的积极性，爱国宗教团体积极发挥党和政府联系信教群众的桥梁作用，协助在宗教界贯彻执行党的宗教政策，宣传国家的法律和政策，落实和贯彻基督教的"三自"

---

51 该申请书转引《云南跨境民族宗教社会问题研究》（之一）第 114—115 页。
52 福贡县档案馆藏 1999 年福贡县基督教三自爱国会成立十一年的见证。

原则，独立自主、自办教会，爱国爱教，开展正常的宗教活动，抵制境外宗教势力的渗透，维护了民族团结、边疆稳定和祖国统一。

3、与时俱进，增加培训内容

从 80 年代中叶起，在政府部门的协助下，在基督教"两会"的组织下，各个教堂常年持续开办培训班或读书班，认真学习圣经，全面理解教义教理，探讨及解决传道布道中遇到的各种问题，对"什么是福音？新时期教会面临的任务及如何办好教会？如何荣神益人、传扬上帝之爱？"等题目开展讨论，辨别是非，分清正邪，丰富知识，锻炼能力。

在培训内容上，教会根据形势的需要，以及宗教活动中的某些问题，与时俱进，增加了法律常识、时事政治、实用致富技术，以及商品经济知识等的讲授，适应社会的需要。如在培训班教学中，基督教"两会"提出了"双幸福"、"双学习"、"双管理"等观点，充实内容，传授学员，规范言行，引导行动。所谓"双幸福"，指信徒灵魂在天堂享幸福，其人间生活也要幸福，实现幸福需要努力奋斗，发展生产，增加收入；所谓"双学习"，指既学习圣经，也要学习科学知识、法律知识及商品经济知识等；所谓"双管理"，指宗教活动既要按教规管理，更要接受法律及政策管理，不能超越宪法。

这些受训教牧人员返乡后，除主持正常的宗教活动、抵制渗透外，还举办义工短训班，将学到的相关知识传授信教群众，让更多信教提高觉悟，认识经典、掌握教规，有所鉴别，自觉抵制，自我约束，遵纪守法、勤劳致富，促进民族团结、边疆稳定和经济发展等，起到积极的作用。

譬如针对过去有少数信徒缔结婚姻不向民政部门登记领取结婚证，不履行相关法律的手续，个别教牧人员擅自主持婚礼、教内认可等不妥作法。州"两会"领导成员商议，制订了《关于严格奉行婚姻法要求从简办婚事》（试行条例），要求在全州范围内由教会统一实施。该条例规定：信徒选择配偶充分自由，婚姻自由，男女平等，坚决废除父母包办婚姻的现象。凡满婚龄的男女青年，通过自由恋爱并办理政府法律程序后，在自愿要求的原则下，教牧人员方能为他们主持婚礼；未满婚龄或未经办理法律手续者，教牧人员不得为他们主持婚礼仪式。结婚双方不得用明的或暗的方式收彩礼，婚事要从简，不得大操大办……并通过培训班，宣讲该规定，向受训教牧人员宣传婚姻法规定及试行条例，以及不履行法律产生的后果及其严重影响，等等。

　　进入 90 年代，依法治国、建立法制社会是中国社会的发展趋势，学法、讲法、用法及守法是每个公民的权利与义务。其间，怒江基督教"两会"顺应形势，与社会相适应，要求各教牧人员过好礼拜日的正常宗教生活之外，要坚持两个小时法律常识的学习，形成长期的制度，长抓不懈，做到守法自觉，爱国始终，保持社会安定，促进民族团结。

　　更为重要的是，本土教牧人员受到培养或培训，深入理解教理，正确掌握教规，提高了认识水平和辨别能力，结合社会的需要，宣讲法律等知识，引导群众从事正常的宗教活动，遵纪守法，掌握了宗教组织的领导权，有效地抵制了境外的渗透及异端"邪教"的破坏。

（三）抵制不正当的活动

　　当各县基督教"两会"成立后，针对个别地点的不正常活动或异端"邪教"的危害，采取措施，教育信教群众明辨是非，遵纪守法，不参加不正当的活动，以教管教，收到较好的效果。前有叙说，此不重复。

　　其间，除原有"斯利匹"、"阿有梅"等外，在福贡县架科底部分乡村还出现所谓"恒尼"教别，逐渐扩大，危害严重，影响恶劣。

　　"恒尼"在傈僳语中指禁食，该派主要在福贡县少数地点活动。其形成及发展，既有对教理不当认识的关系，也有历史缘故，但主要因当地教堂教牧人员与管理小组产生矛盾，纷争难以缝合，个别人拉拢同情者，编撰所谓的禁忌刻意表现自己，显示我者与他者间"边界"，凸显其"纯正"。遗憾的是，受某些因素的影响，"恒尼"仍在发展，参与者增加，活动频繁，负面影响也日益恶劣。对于"恒尼"，当地政府部门采取多种措施，耐心细致，开展工作，疏导教育（阐述见下）。怒江州及福贡县基督教"两会"也对之多次劝导，指出"恒尼"作法不符合教理教规，是错误的、违法的：

　　　　他们私自灌输害人丧命的异端邪说，离开圣经真道，离开了教会和教规，自封为圣，劝人吃素戒荤，大搞分裂信徒、民族、亲戚的活动，提出"信徒与非信徒不能契合"，远离了主的爱人。这样他们所倡导的是：

　　　　①不许交提留款、粮和不许纳税，②不兴上学，③不兴领结婚证，④不兴就医，⑤不兴投票选举，⑥不能借贷、欠款，⑦不兴吃国家救济粮，⑧不兴施化肥，⑨不兴搞计划生育和交超生费，⑩不

兴当国家干部等等。他们的所作所为，离开了圣道真道，违背了党和政府的政策、法律、法令。

针对这些现象，州、县"两会"从教义教规上分析"恒尼"错误行为的根源是：不用神的爱心行事为人；不凭信心行事；不孝敬父母、闹分裂，不用爱心宽容，不爱兄弟；不接受福音传道员的布道，不愿在一起过圣诞等三大节日；不愿意履行一月一次领受餐礼；不愿参加查经培训，不愿在一起领受圣餐礼等等，抓住圣经中禁忌的只言片语，不考虑其特殊语境，仅凭想像，胡乱联系，其行为导致群众分裂，危害社会，也损害基督教的形象。于是，州县基督教"两会"要求信教群众要站稳立场，自觉划清界线，不认同、不掺合，积极抵制；以及利用教堂，学习法律等场所，知法、普法及用法，在法律范围内从事活动。

同时，部分教职人员及信教群众积极协助政府有关部门开展对所谓"恒尼"派群众的思想工作，多次进行教理讲解、是非辨析、劝说引导等，部分"迷途"的群众受到教育，启发觉悟，脱离"恒尼"等，重归教会，开展正常的宗教活动。

（四）90 年代以来基督教发展概况

进入 90 年代，怒江各地基督教的发展进入了常态，呈现平衡递增的态势（参见下表）。需要指出的是，近年来受对外交流、进城务工、观念更新等因素的影响，怒江州基督徒有所减少，尤其反映在 80 后的青少年群体，他们中间参加宗教活动者明显下降。

表 3-4　1990～2005 年怒江州基督教发展概况表　　　　单位：人、个

年限	1990 年	1991 年	1992 年	1993 年	1994 年	1995 年	1996 年	2000 年	2005 年
数徒	75869	78635	75869	75144	81230	81326	85414	88981	89929
教堂	446	498	333	574	506	505	531	531	771

注：1、1994 年后，表载的教徒和教堂数字均系已经登记教堂的统计数，换言之，是地方政府有关部门的认可数。
　　2、1992 年因泸水县只上报教堂数，未上报活动点数，故本表记载教堂数目少，若加上该县基督教的活动点，全州教堂数也超过 500 处。

怒江州管辖贡山、福贡、泸水及兰坪 4 个县，其中基督徒主要分布福贡与泸水两县，以福贡县的信教群众最多。

表 3-5　1980～2006 年福贡县基督教徒统计表　　　　　　单位：人

年限	1980 年	1986 年	1989 年	1990 年	1991 年	1993 年	1996 年	1998 年	2006 年
数徒	5180	17118	45406	45223	47251	49395	52993	54445	57525

资料来源：编委会：《福贡县志》，云南民族出版社，1999 年，第 5 篇，民族．宗教；福贡县
档案馆藏历年教徒统计报表。

需要解释的是，福贡县基督徒数量较多，有其历史原因，自基督教传入后，当地就是重要的的活动区，有较多的信教群众。如 1950 年，基督徒多达 3000 余人。但主要的原因是 1986 年以后，碧江县被撤销，其地域分别划入福贡、泸水两县。其中原碧江县信教群众最密集的子里甲、里吾底、架科底等地均隶属福贡县，因地域扩大而导致 1987 年以后福贡县出现信教群众骤增，所占比例增大等现象。

五、"恒尼"等活动及分化

80 年代初，宗教信仰自由政策重新恢复，贯彻执行，基督教在怒江地区再次公开活动。先前压抑多年的宗教情绪顿时迸发出来，产生强大的冲击力，各色各类"信徒"粉墨登场，积极活动，你方唱罢我登台，在部分地点激起宗教狂热，出现某些不正常宗教活动的现象，主要是"斯利匹"、"卡通林普"和"恒尼"。其中以"恒尼"最为典型，持续时间长、影响范围广、后果恶劣。故以"恒尼"为认识重点，对"斯利匹"、"卡通林普"只简略介绍。

（一）"斯利匹"与"卡通林普"及其活动

"斯利匹"在傈僳语中是"寂静"的意思，或称暗地活动。就教理教规、礼拜及节日等而言，该派与开展公开活动的基督教没有区别，只因为该派认为耶稣传播基督教时，是在暗中状态中开展，信徒们未曾公开标明信仰，暗地操持，秘密活动。他们认为这是最虔诚、最圣洁的信徒，愿意仿效，认为公开的教徒信仰不纯真，不可能得救，因而刻意隐藏自己的信仰及相关的宗教仪式，开展祈祷活动或举办圣诞等节日时，只集合同类，利用夜晚或选择秘密地点举行。在"文化大革命"时，受环境的压迫，"斯利匹"因活动隐蔽而保存，秘密延伸。

由于长期在暗地开展活动，"斯利匹"人数难以准确统计，约有数百人，

主要分布于福贡县上帕镇、鹿马登镇等地。1985 年，该派正式公开活动后，仍不认同当地基督教"两会"组织及信教群众，自我封闭，严密包裹，独立活动。

"卡通林普"在傈僳语中指"不禁忌"者。按照教规，基督徒必须履行"十诫"的规定，怒江傈僳族教也是基本如此，绝大多数教徒自觉约束，恪守诫条。不过，鉴于傈僳群众的某些习俗有特别影响，基督教会对"十诫"有所调整，添入"不吸烟不喝酒"这一条诫条，特别强调。因而，在当地，忌不忌烟和酒曾成为教徒与非教徒的主要标志。80 年代中叶，福贡县鹿马登等地，有少数人自称卡通林普，信奉耶稣，不搞祭鬼等迷信活动，但也不读圣经，不进教堂参加活动，抽烟喝酒，没有禁忌；其宗教活动形式以家庭聚会为主，某人有病时，不服用药物，而采取大众聚会，以祷告治病。在他们的祷告词中，有诸如"天下为我打开门，掉下药，治好病"等言语，期望"神迹"。

这两派的共同之处，在于其活动秘密的、小群的。其中"卡通林普"是自视基督徒而不遵守相关诫条的特殊群体。在一个普遍遵守诫条、得到普遍认同的基督徒较多的区域内，该派超越"边界"作法背离了社会的衡量"标准"，其生存空间狭窄，活动能量有限、影响不会很大。毕竟不守戒律、缺乏信仰"边界"、自称教徒的群体，无法被恪守戒条的基督教团体所认同所接纳，也会被非信徒的民众所耻笑，视为挂羊头卖狗肉者。

至于"斯利匹"，表面观察，其只是暗中的寂静派别，实际上是自我包裹的一派，其产生有特殊的缘故。在过去"左"的思想影响下，尤其在"文化革命"中，正常的宗教活动受到打压时，一些信教群众迫于压力曾放弃信仰，个别者甚至走得更远，反对或打击教会。当宗教信仰自由政策恢复后，某些过去"背教者"又回到教会，甚至成为教牧人员，主持活动，领导教会。目睹此情形，一些长期操守基督教信仰者未能正确对待历史，沿袭过去宗教受到压抑时的作法，自划"边界"，刻意封闭。不过，因其暗地活动，并不抵制或改变教理教规，也不敌视公开基督徒，一般而言，不会造成危害。经过有关部门的劝说，以及三自爱国会等的团结，他们中部分人可能会返回基督教"大家庭"中。

当然，我们也注意到，前些年在有关部门的劝说下，部分"斯利匹"成员走出封闭，返回教堂，与三自会一道开展正常的宗教活动。但是，个别地点仍存在如下问题：①原有隔阂未从根本上消融，部分"斯利匹"成员仍不同程度保持小团体，不在教堂与其他信教群众共同开展公开的奉献活动，却暗地秘密奉献，奉献品也不愿交教会统一保管和集体使用。②个别"斯利匹"成员要求在"两会"中安排位置，否则，就搞对立的活动。如福贡县腊吐底村原"斯利匹"为了夺得教会的领导权，采取各种手段，致使该村教会在两年内举行了三次投票，选举负责人。尽管他们累选累败，还不罢休，继续闹矛盾，造成该村的宗教活动一度混乱等。虽然这只是个别地点的典型事件，但恶劣影响不可小视。

（二）"恒尼"出现及发展

1、"恒尼"由来

"恒尼"是傈僳语中的"禁忌"。所谓"恒尼"派指自称基督徒中的禁忌派，他们以禁忌相标榜、相认同，实则对抗三自爱国会及当地政府。"恒尼"起源于 20 世纪 80 年代初碧江县匹河区老姆登村（今属福贡县匹河乡）。

1982 年，老姆登村基督教徒改选教牧人员时，原教牧人员××落选。他心怀不满，别有用心，对《圣经》断章取义，为己所用，制定若干禁忌，编造"恒尼"活动的依据，欺骗少数不明真相的群众，秘密串连，形成群体，开展家庭聚会或野外活动，分裂教会，分裂群众等。1986 年，××因重婚等行为，触犯了刑法，被县人民法院判处有期徒刑 3 年，但影响仍然存在，可能发生回潮的现象。

2、"恒尼"发展及主要活动

①"恒尼"萌芽及发展

1987 年下半年，福贡县架科底乡南安建村银江组×××等因搞"禁食禁讳"和"显灵"等行为，受到该村堂点负责人及多数信徒的反对，形成对立。乡村干部对其言行进行了批评，但未经过"三自会"讨论同意，就撤销其教内职务。×××等人心怀不满，诬蔑乡村干部搞氏族关系，包办教会的活动，有意识整他们，等等。

次年初，×××干脆藉"恒尼"名义，自封教牧人员，纠集少数人擅自搭建活动场所，坚持"忌食忌讳"，分裂出来，撕裂原有的教会。据说加入"恒尼"者，每人交报名费 1—5 元，祷告费 10—15 元，严守教内的秘密，宁死不泄，教徒的生命和一切都属于上帝（教头），进而扩大所谓禁忌的范围，将若干与宗教无关的内容加入其中。"恒尼"在发展最盛时，参加者接近两千人，主要活动区域是福贡县架科底、子里甲和匹河等地。

②"恒尼"主要活动

制造谣言，欺骗群众。银江社×××等人籍"恒尼"名义，蒙骗部分群众，便制造谣言，自称"被上帝选中的虔诚信徒"，是"天国之民"，不是中国的公民，诬蔑基督"两会"的牧师和传道员是与"豺狼"连在一起的敌基督的帮子，是追求虚荣的人，是追求金银财宝的人，是不可靠的牧师和传道员；散布参加三自教会活动信徒的灵魂肮脏、不圣洁，牧师及传道员是党和国家的"忠实走狗"；诬蔑干部是"黑暗势力的代表"，煽动信徒不能当干部或职工等，态度偏执，抵制情绪强烈。

藉所谓信仰，抗拒义务。×××等人还欺骗或煽动群众，声称交纳各种税收和集体提留有罪，小孩上学念书求知识有罪，吃国家的救济粮、救济款、返销粮有罪，贷款欠款有罪，领取结婚证和各种供应证有罪，投票选举有罪，申报户口、人口有罪，求医服药打针有罪，执行计划生育、采取各种措施和交纳超生款有罪，修路搭桥、兴修水利和出义务工有罪，看电影、电视有罪，照相办身份证有罪，吃自来水管的水有罪，与反对"恒呢"组织的人来往有罪等多项"罪名"。要求跟随者对其绝对服从，还挑动群众对政府部门不满，抵制和反对诸如教育、婚姻、计划生育及教育等政策，致使该乡有 12 所小学受"恒尼"阻挠无学生入学而关闭。还有，"恒尼"派青年结婚不向民政部门登记，履行婚姻法规定；不执行计划生育政策，超生现象严重。

毋庸讳言，在×××的教唆下，"恒尼"与三自爱国会公开对立，誓不两立。除不接受"两会"的领导，"恒尼"派不许三自会的教牧人员进入其搭建的"教堂"讲经布道，诬骂三自会是政府的"狗腿子"，抵触反对。当三自教会教牧人员在教堂颂经讲道时，毗邻"恒尼"人员却高唱赞美诗，试图干扰，等等行为，不一而足。

更有甚者，对个别过去曾任村干部、入过党的愿意参加该群体者，"恒尼"们则要求他们忏悔，赎罪，让他们从教堂门口跪地爬行到讲台前，口里念着忏悔之词，公然贱踏，藉此羞辱他们起影射的作用。

③对"恒尼"活动的认识

显然，"恒尼"的这些言行不符合圣经，背离了教义，超出了宗教信仰的范围。倘若某"恒尼"成员拒绝救济粮款、不求医打针服药、不看电影电视等，系个人行为，尚能理解。然其以群体形式出现，拒交税收及集体提留，不领取结婚证、履行法律规定、不执行计划生育、不兴修水利、参加义务工等，则违犯了法律或政策，不属于宗教行为，与基督教的信仰及行为毫无相关。

对于"恒尼"这些言行，最初参与调查的干部从教育引导的角度出发，认为这些言行"是宗教恢复和发展阶段上出现的问题，应实事求是的、客观的、科学的进行分析。目前南安甲信仰者出现的情况和问题，多属信仰者文化素质造成的，不能笼统说基督教活动不正常，更不应归咎基督教本身"等[53]，建议开展思想工作，教育劝导，回归主流。然而，教育劝导却被部分"恒尼"成员视为软弱的表现，其态度更张扬、情绪更激烈，行为更极端。于是，在有"恒尼"派活动的地方，集体提留收不齐，学校关门停办，生病不求医而死去的现象时有发生，妇女超生现象相当普遍，村社开会召集不起来，人口申报、户口登记及换届选举等项工作难以正常进行，乡民自治等难以有效实施，农业科普教育无法推广，父子、兄弟、姊妹合不拢，分别到两个教堂过礼拜，母女互不往来，两口子分灶生活，一个村子盖几所教堂……对社会稳定、群众团结、政策执行、生产发展等产生负面的影响。

（三）基督教"两会"认识与抵制

自怒江各地基督教"两会"成立后，针对个别地点的不正常宗教活动或异端邪教的危害，采取措施，教育引导教徒明辨是非，遵纪守法，不参加不正当的活动，以教管教，收到较好的效果。前有叙说，此不重复。

遗憾的是，受某些因素的影响，"恒尼"仍在发展，参与者增加，活动频繁，负面影响也日益恶劣。对于"恒尼"，当地政府部门采取多种措施，耐心细致，开展工作，疏导教育（见后）。其间，怒江州及福贡县基督教"两会"对之多次劝导和教育，指出"恒尼"作法不符合教教规，是错误的、违法的。

针对这些现象，州县"两会"从教义、教规等着手，分析"恒尼"错误行为的根源是：不用神的爱心行事为人；不凭信心行事；不孝敬父母、闹分裂，不用爱心宽容，不爱兄弟；不接受福音传道员的布道，不愿在一起过三大节日；不愿履行一月一次领受餐礼；不愿参加查经培训，不愿在一起领受圣餐礼等等，抓住圣经中禁忌的只言片语，不考虑语境，仅凭想像，胡乱联

---

53 怒江州政府宗教事务局：《情况反映》，第3期，1988年。

系，其行为导致群众分裂，危害社会，也损害基督教的形象。于是，州县基督教"两会"要求信教群众要站稳立场，自觉划清界线，不认同、不掺合，积极抵制：

> 我们一致认为他们不能算为基督徒，他们的组织已不是宗教组织，我们应与他们划清界线，要防他们的诱骗上当。而我们应当追求：一、有了信心，又要加上德行，二、有了德行，又要加上知识，三、有了知识，又要加上节制，四、有了节制，又要加上忍耐，五、有了忍耐，又要加上虔敬，六、有了虔敬，又要加上爱弟兄的心，七、有了爱弟兄的心，又要加上爱众人的心，如果你们充分具备了这些品行，就没有荒废进深认识主耶稣基督的功课，也不至一事无成（提后 1：5—8）。

在呼吁信教群众积极抵制的同时，当地教会积极协助政府部门开展对所谓"恒尼"派群众的思想工作，多次进行教理讲解、是非辨析、劝说引导等，部分"迷途"的群众受到教育，启发觉悟，脱离"恒尼"等，迷途知返，重归教会，开展正常的宗教活动。

> 心（亲）爱的全县信徒们，我们要好客乐善，通情达理，公正严明，心虔意诚，望而庄敬自持，对传给我们确定可靠的真理，必须坚守不移，这样才可以正确地教导会众，也能驳倒争辩的人（提多 1：8—9）。[54]

（四）开展工作及"恒尼"分化

1、展开工作，制止破坏

从 1990 年起，福贡县有关部门认为在"恒尼"工作上，要坚持慎重的态度，从教育出发，对参加不正常活动的群众进行疏导转化，达到团结的目的。于是，他们采取召开座谈会、组织县乡村各级学习班、以及个别交谈等形式，用教规教理相启发，宣传相关政策，进行教育工作，认识错误言行，希望实现思想转化；组织工作队，深入"恒尼"较多村寨，开展社教帮教工作，帮助群众解决困难，发展生产，改善生活；以及组织其成员到昆明等地参观，试图通过现实教育，产生感化，达到消除矛盾，化解对立，回归三自爱国会

---

54 福贡县档案馆藏 1989 年 4 月 25 日福贡县基督教三自爱国会给全县基督徒同道的告诫书。

组织，开展正常的宗教活动。

应该说，在政府有关部门的耐心教育下，以及基督教"两会"成员的帮助或影响下，南安建等村的"恒尼"发生了分化：部分参与者和个别头领放弃了"禁食禁忌"、"显圣灵"等行为，不再独自行动，回归三自爱国会组织中，从事正常的宗教活动。如"恒尼"创始者××，经过工作队员多次苦口婆心、坦诚相待的工作后，道出心声，说我并不是因为他们（注：指正常宗教活动的三自会教牧人员及教徒）信仰不纯，活动不规范才与他们不合，而是与他们有隔阂，难与和他们一起搞宗教活动；表示以后不再搞家庭聚会的"恒尼"活动，并带领跟随他的 17 户分别签写了不搞"恒尼"活动的保证书，带头主动交出超生费；并带头发展生产，接受农村科普技术的推广，在承包地上定向密植，搞水稻薄膜育秧，选择种植优良品种，成为当地积极发展生产的典型户。"恒尼"原头目之一×××的思想认识也发生了改变，放弃抵制行为，回归三自爱国会。1992 年 8 月，×××参加了由州基督教两会举办的教牧人员培训班，受到教育。回村后，他先后两次在教堂向 300 多名信徒群众说：

　　我过去千错万错，就错在对《圣经》一知半解，把旧约犹太教的教规当作今天我们的教规，与政府抵触、与群众抵触，危害了不少群众，请大家给予原谅。

在他的影响下，该村原"恒尼"成员×××等 7 户人家的思想发生转化，放弃"恒尼"的抵制作法，回归主流，并送子女上学等，于是该村已停办的学校得到了恢复，教室中又有学生的朗诵声……

当然，也仍有若干"恒尼"成员顽固坚持错误认识，禁食禁忌，抵制法令及政策规定，反对三自爱国会，频繁活动，企图扩大势力，迷惑群众，声称"这是上帝对我们的考验，也是上帝的旨意，要坚持到底，否则修行就毁于一旦，死后无法复活"等，继续对抗。

2、加大力度，转化明显

1990 年底，福贡县领导班子换届。针对"恒尼"的种种表现及产生恶果，新领导班子成员学习政策，了解基督教教义教规，深入村寨，在广泛调研的基础，多次讨论，明确指出"恒呢"和"斯利匹"不属于基督教，活动是不正常的，必须尽快解散其组织；未经政府批准建盖的活动场所是非法的，谁组织建盖，谁组织群众撤除；按照政策，信教群众不准家庭聚会及露天集会等活动，违者追究责任（人）等，反复开展教育工作。

1991 年 2 月，中共中央、国务院发出《关于进一步做好宗教工作若干问题的通知》〔中发（91）6 号文件〕，强调"正确对待和处理宗教问题，是我国社会主义建设事业中的一个重要课题，是建设有中国特色的社会主义的一个重要内容"，要求各地党政部门全面地、正确地贯彻执行宗教信仰自由政策，依法对宗教事务进行管理，充分发挥爱国宗教团体的作用。同时，要坚决打击利用宗教进行的犯罪活动，"对非法组织，要坚决取缔；从事违法活动的宗教场所，情节轻微的，要批评教育，限期改正；屡教不改或情节严重的要依法处理"。当然，在贯彻执行中，要严格区分和正确处理两类不同性质的矛盾。正确掌握政策，团结和依靠宗教界爱国力量，分化、瓦解敌对势力，孤立首要分子，争取团结受其影响或控制的群众等等[55]

根据该文件的精神，结合当地实际，考虑历史及传统，以及民众的认识程度，1992 年初怒江州政府发出《关于禁止非法宗教活动的通知》（1992 年 19 号文件），明确指出境内少数村寨出现的"恒尼"和"斯利匹"活动属于非法活动，分裂爱国宗教组织，破坏民族团结，公开抵制党和政府在农村中的现行政策，散布不服从基层政权领导的错误观点……后果严重，影响恶劣。决定采取措施，取缔其组织，制止非法活动，减少以至消除危害。

　　一、坚决禁止"恒尼"和"斯利匹"的非法活动。方针是团结教育大多数群众，孤立极少数，坚决打击利用宗教作掩护的违法犯罪分子，对参与"恒尼"和"斯利匹"活动的群众要做好疏导转化工作，应限期脱离关系，停止非法的宗教活动（包括家庭聚会），对自封的宗教人员应责令其停止一切非法的活动，经教育不改，对极少数有严重违法犯罪行为者，公安部门在掌握确凿证据的基础上，根据其违法犯罪的事实，依法严肃进行处理。

　　二、凡是未经县以上政府和宗教事务部门批准，私自建盖的教堂，必须一律拆除。已被拆除的活动场所，不得重新恢复。

　　三、未经县以上宗教团体认可并在县（含县级）以上政府宗教局备案者，不准擅自以宗教人员的身份进行宗教活动，不准跨乡跨县进行宗教活动，违者以破坏正常的社会秩序，由公安部门按有关

55　《中共中央、国务院关于进一步做好宗教工作若干问题的通知》,《新时期宗教工作文献选编》，第 213—221 页。

规定处罚。

……

五、对利用宗教作掩护，进行违法犯罪活动的必须依法坚决打击。[56]

对于"恒尼"的教育转化，当地有关部门采用这些方式：①请州、县三自爱国会牧师、传道员等，针对"恒尼"活动的表现，有的放矢，教育引导，对群众宣讲圣经，阐述教义，从教义教规上予以引导，认识其言行已超出宗教信仰的范畴，不属于宗教活动的内容。②各级各部门的领导进行法律法规及政策的宣传，宣讲各级文件的精神，采取大会、小会、个别座谈会等形式，利用讨论会、电视、电影晚会等，在早晚的休息时间，走访群众，个别谈话，坚持说服教育，分化瓦解的方针，分期分批地座谈，认识提高，转变一个，解脱一个。

在具体作法上，匹河乡制定了这样五条标准，加以要求：①今后不再违反规定，重建教堂；②今后不搞"恒尼"活动；③自觉自愿地交纳集体提留；④主动出各种义务工，参加农村公益事业建设，⑤积极参加中共和人民政府召集的各种会议，接受中共和人民政府的领导以及法律法规、现行政策的宣传教育。从上述要求的内容看，第一项，不再违反规定、重修教堂的规定的要求，是依据于《宗教社会团体登记管理实施办法》等章程，宗教活动场所实施登记制度，不向政府登记而修建是违法的；第二项，不搞"恒尼"活动，在于"恒尼"活动有损群众团结、身体健康、妨碍他人权利（如不许上学读书等），是不当的。至于第三、四、五项规定，是要求"恒尼"成员应该也必须履行公民的义务。

根据这五条规定，福贡县多次开办"恒尼"及"斯利匹"学习班，参加者数百人，针对"恒呢"、"斯利匹"的种种表现，用法律、法令和政策，开展耐心细致的教育；基督教的牧师和传道员等，用教规教义加以引导，讲清道理，分清是非，使得大多数参加者认识到错误，写出了从今以后不搞"恒尼"等活动的保证书。如×××写的保证书：

我在县、乡政府举办的"恒尼"头头学习班里，通过党的宗教政策和法律、法规及圣经理论的学习，特别是××部门的耐心教育

---

56 怒江州档案馆藏 1992 年 1—3 月州府、宗教局等关于禁止非法宗教活动等通知等。

和热情帮助，明确了自己的错误，决心改进错误并向各级政府保证做到如下五条：

一、不再搞"恒尼"活动；

二、不再搞家庭聚会活动；

三、不再建盖"恒尼"教堂；

四、按政策规定，交纳集体提留；

五、积极参加各种政治学习和社会义务活动。

在认识错误、书写保证书后，受教育者便结束学习班的集中，返回所有村寨，从事正常的宗教活动。

与此同时，有关部门执行宗教行政法规，实施管理，清理撤除"恒尼"违法建盖的堂点，解散"恒尼"非法开办的学习班，恢复受"恒尼"阻止其小孩辍学而关闭的学校，动员失学的儿童重返课堂，等等。

当然，拆除"恒尼"非法搭建的场所只是工作的第一步，旨在表明政府贯彻执行宗教信仰自由政策，支持正常的宗教活动，实施管理宗教事务的功能，但不是解决参加非正常宗教活动群众认识问题的根本办法。急者治标，缓者治本。解决受蒙骗群众的思想问题是个长期、细致的工作。福贡县有关部门在此基础上，继续加强对参加"恒尼"、"斯利匹"活动群众的疏导，进行政策宣传和法制教育，认识执行政策、遵纪守法的必要性，做好思想转化；并对"恒尼"、"斯利匹"信教群众在生产生活方面的困难，给予必要的扶持，及时加以解决，使那些受蒙蔽群众在艰难困苦中深切体验到到政府的关心，最终孤立极少数顽固分子，团结广大群众，消除非法"恒尼"等活动。这些措施交替使用、广泛施行、长期坚持，收到了一定的成效。1999年，在纪念福贡县基督教三自爱国会成立十一周年时，三自会领导班子对之总结：

> 从 1982 年以来，我县基督教活动中出现了"恒尼"（傈僳语，意为忌食忌讳）、"斯利匹"（傈僳语，意为悄悄叫）两个异端。他们将进行正常教会活动的信徒说成是"不圣洁"，把遵纪守法的信徒说成有罪，认为只有自己才是"被上帝选中的虔诚信徒，是天国之民"。这样造成了我县教会内部分裂，出现了混乱状况。
>
> 面对这种情况，从 1988 年起县基督教两会紧紧围绕三自方针，深入堂点，进驻村寨，进行用爱心、耐心、细致的工作，一面分解

真道，一面解决具体问题。采取了以教治教的办法，取得了良好的效果。并依《圣经》为依据，制定了26条规章制度，使教会管理工作有章可循，使信徒认识到"两会"真正为教会服务的管理机构，产生了信赖。经过十一年的耐心疏导，爱心引领，目前"恒尼"还有96户、474人信徒逐渐纠正思想之外，其他的大多数与兄弟、姊妹一起过礼拜。如今我县社会安定、信徒团结，彼此和睦。[57]

随着工作的持续开展，教育引导的深入进行，生产的发展，交流的扩大，福贡等地傈僳民众的思想观念发生改变。从90年代中叶后，多数群众思想发生转变，不再参与，"恒尼"的活动有所减少，影响也逐渐下降，危害也逐步消除，不过，仍有少数人不愿改悔，恪守"恒尼"，蒙骗少数无知群众，暗地继续从事不正常的活动。然而，他们目睹其衰败的趋势，无可奈何。

3、对"恒尼"的认识

我们也注意到，"恒尼"等活动的出现及其发展，也对政府管理工作及"两会"疏导劝说等提出新的问题。前面已述，"恒尼"标榜"禁食禁忌"，抱成一团，自封自闭，在其活动表现上，可归纳为三类：一是所谓禁忌。对本人而言，禁忌与否是自我选择的权利，自己以实施所谓的禁忌方式，表示虔诚，无可厚非，也没有必要干涉。但将所谓禁忌施加他人，强制施行，如上学读书学习有罪、看病服药打针有罪等，则有损他人，妨碍其权利等，则非宗教作为，而是违法犯罪。二是抵制法律、政策及规定等，如结婚不向政府民政部门登记，不履行《结婚法》规定；不执行计划生育政策、不办身份证等，这些并非宗教禁忌，而是履不履行公民义务的问题，是遵守法律的基本要求，在一个法制社会里，这些是绝不允许的。三是污蔑、抵制及反对基督教三自爱国会等，对正常的宗教活动进行捣乱等，超出了宗教的界限，等等。

倘若"恒尼"不是个别傈僳群众，也没有披上所谓基督教的外衣，当地政府对之认识或许不同，处理起来便简单得多。然而一旦披上所谓宗教外衣后，受"民族、宗教无小事"等指示的制约，将其不恰当拔高，等同民族或宗教问题，对其处理则棘手难办。起码的讲，投鼠忌器，迟疑难决。因而，

---

57 福贡县档案馆藏1999年福贡县基督教三自爱国会成立十一年的见证。

部分地点这类群体得以发展、产生危害。追究原因，则是对"恒尼"等不当言行的性质及后果，有认识不清，辨析不明，依法管理不到位、执法手段不到位等，也与当地部分干部自身的水平有关。个别干部对这些问题，或管得过宽、管得不当，或不会管、不敢管。前面曾叙，"恒尼"出现的重要原因，缘起福贡县架科底乡南安村银江组某人开展不当的宗教活动。当地干部对此予以批评，指出错误，这是正确的，却未与教会商议，当场撤销其堂点负责人的宗教职务，处理欠妥。某人借宗教信仰自由，借"恒尼"之名，趁势搞不正当的活动，且超越了信仰的范围。地方干部担心产生民族宗教问题，放弃应有管理，致使"恒尼"坐大，产生不应有的后果。因而，在正确贯彻宗教信仰自由的政策下，该如何认识及对待那些披宗教外衣而行非宗教之实的群体呢！必须依法办事，管理宗教事务，维护信教群众的利益，保护正常的宗教活动开展。

站在另一角度上加以认识，"恒尼"等的出现及公开活动，是否也与当今中国社会的宗教生态的宽松有关呢？

虽然，从宗教因素看，基督教是个不断分蘖及死亡派别的宗教团体，所谓"恒尼"、"斯利匹"等的形成，既有个人的原因，也与基督教的某些因素有联系！不过，"恒尼"及"斯利匹"得以持续，以及发展，则有宽容的社会环境。当地政府以争取、团结为出发点，对之持续采取说服教育，促进转化，实现团结。从这个角度上讲，当地社会有容忍其暂时存在及活动的生态环境，否则，早就处理，难以存在。今天，"恒尼"或"斯利匹"逐步萎缩，影响日渐降低，但这些问题提醒我们，如何认识基督教内教派的滋生或分蘖，分析及应对其活动，实施宗教事务的管理，值得深入认识，认真思考，更值得认真对待。

第三节　德宏景颇地区基督教的活动及特点

一、发展概况

从 1979 年起，当宗教信仰自由政策重新恢复，贯彻执行后，云南省德宏傣族景颇族自治州的基督教从隐蔽到公开，积极宣传，传播影响，活动趋于活跃，发展迅速，尤其是盈江县盏西、苏典等傈僳族聚居区，教徒持续增加，影响扩大。我们利用以下 6 个统计表，展现其发展轨迹（参见表 3-6～12）。

表 3-6 1983 年德宏州各县基督教概况表 单位：人、座

	传入时间	基　督　教							传道员
		合　计		傈僳族		景颇族		汉族	
		教徒	教堂	教徒	教堂	教徒	教堂	教徒	
盈江	1915	5658	38	2658	27	3000	11		傈僳族有 9 名布道员，内有牧师 3 名。景颇族有 7 名布道员，内有牧师 2 人。汉族有 1 名布道员。
陇川	1916	806	5	606	4	200	1		
梁河	1915	59	1	17		36	1	6	
潞西	1917	1074		450		324		300	
瑞丽	1916	1012	4			1012	4		
合计		8609	48	3731	31	4572	17	306	

注：据说上报的景颇族教徒数目比较保守，仅报受洗人数。

应该说明，表 3-5 的统计数只是约数，其中景颇族教徒不太可靠，我们且以盈江为例加以说明。据盏西教会某教牧人员统计，1984 年 5 月盏西区景颇族徒已增至 872 户、4377 人[58]。倘若以此为标准，适当扩大，计算盈江全县的景颇族信教群众，数量还可能翻一番[59]。我们承认，虽然表 3-5 的统计数不甚准确，但大体上能反映德宏州基督教的概况。1985 年时，全州约有基督徒 13811 人，牧师 6 人，传道员 15 人，教堂 103 处。各县之中，以盈江县发展最快，有基督徒 1669 户、9228 人[60]。其后，基督教在德宏州各县、尤其是沿边地带持续发展，景颇及傈僳族中信教群众逐年增多（参见表 3-6～表 3-9）。

表 3-7 1988 年德宏州各县基督教统计表 单位：人、座

	基　督　教					
	信教户数	信教人数	受洗人数	教　堂	牧　师	传道员
潞西	280	1400	350	7	1	2
梁河	35	75	6	2		1

---

58 雷宏安：《盈江县盏西区景颇族宗教调查》，云南省民族研究所：《民族调查研究》（专刊），第 2 集（德宏州盈江县盏西景颇族经济社会调查），1984 年。

59 据《盈江县志·宗教》（云南民族出版社，1997 年）记载，1985 年全县有基督教信徒 1669 户、9228 人。

60 张建章：《德宏基督教》，朱发德编：《滇西基督教史》，2008 年，第 679 页。

盈江	2197	12486	2213	110	3	9
陇川	350	3136	600	20	2	4
瑞丽	310	1360	364	9	2	4
畹町						
合计	3172	18457	3533	148	8	20

资料来源：张建章：《德宏州基督教》，朱发德编：《滇西基督教史》，第 680 页。该文言此表系 1989 年统计数，但比较相关资料后，我们认为应为 1988 年德宏州基督徒的统计数。

从 1980 年起，若干曾迁徙缅甸境内的天主教徒返回德宏，在陇川、瑞丽等地沿边景颇族村寨中开展传播，组织活动。因系从境外回归，他们的宗教信仰尚未政府有关部门明确，没有作为宗教徒登记在册，故表 4-1 中缺乏相关数据。1988 年，德宏州及瑞丽等县有关部门在信教群众中宣布"天主教爱国会是合法的宗教组织"[61]，信教群众的信仰受到尊重，允许从事正常的宗教活动，受到法律的保护。之后，相关统计表有了关于天主教情况的记载。

表 3-8 1989～1991 年德宏州各县基督教、天主教统计表 单位：人、座

	基 督 教								
	信教人数			受洗人数			教 堂		
	1989	1990	1991	1989	1990	1991	1989	1990	1991
潞西	1687	1409	1741	382	344	700	7	7	8
梁河	80	80	80	16	7	17			
盈江	12549	13017	13114	2740	2740	2750	115	115	121
陇川	3136	3566	3655	600	680	703	20	20	20
瑞丽	1360	1616	1616	364	364	364	9	9	9
畹町	60	25	25		10	10			
合计	18872	19713	20231	4102	4145	4544	151	151	158

	基 督 教								
	牧 师			传 道 员			长 老		
	1989	1990	1991	1989	1990	1991	1989	1990	1991
潞西	1	1	1	2	2	2			

---

61 编委会：《瑞丽市志》，四川辞书出版社，1996 年，社会，第 704 页。

梁河				1	1	2			
盈江	3	3	3	9	9	9	1	1	1
陇川	2	1	1	4	4	4			
瑞丽	2	2	2	5	5	5	13	13	13
畹町									
合计	8	7	7	21	21	22	14	14	14

	基　督　教			天　主　教					
	礼　拜　长			信教人数			教会负责人		
	1989	1990	1991	1989	1990	1991	1989	1990	1991
潞西	10	10	10						
梁河	1	1	1						
盈江	138	138	159						
陇川	40	40	40	514	514	514	5	4	4
瑞丽		18	18	541	1236	1236	12	21	21
畹町									
合计	189	207	228	1055	1750	1750	17	25	25

注：1990 年，在陇川天主教中，受洗者 20 人；瑞丽受洗者 316 人。

另据《德宏年鉴》（1992 年）反映，1992 年全州有基督教徒 2 万余人、140 个活动点。该年鉴记载的教徒及活动堂点与表 3-8 统计数基本吻合。

需要解释的有，20 世纪 80 年代初，宗教信仰自由政策刚刚恢复，基督教在德宏部分地方一度发展迅猛。之后，教会转入惯行发展的态势，全州年均增加一两千名信徒。当然，在这过程中也存在反复，时多时少。如陇川县，1988 年有基督徒 3366 人，其中景颇族信徒 2062 人，傈僳族 1304 人。到 1993年，该县基督徒有 3554 人，增加 200 人，但景颇族教徒仅有 1038 人，减少近半；反之，傈僳族信徒却增长迅猛[62]。从 1998 年以后，直到目前，德宏州基督教又呈现快速发展的势头。据《德宏年鉴》（2000 年）记载：1999 年，基督教有教堂 209 所，教职人员 294 人，其中牧师 7 人，传道员 39 人，长老

---

62 目前，在陇川县基督徒中，景颇族信徒超过了傈僳族信徒。如 2007 年该县 6400 名基督徒中，景颇族信徒为 3076 人，傈僳族信徒 2822 人，汉族信众 449 人。

31 人，礼拜长及执事 209 人，信教群众 32133 人，入教者（受洗者）17749 人；天主教有教堂 7 处，教职人员 18 人，信教群众 1756 人，受洗 1031 人。两教合计，教徒 33889 人，当中受洗者 18780 人。对照表 3-10 统计数，足能反映其细微之处。

表 3-9　1999 年德宏州各县基督教、天主教概况表　　　　单位：人、座

	宗教活动场所			基督教信徒									天主教信徒
	正式登记		不予登记	96 年新增	合计	受洗人数				慕道友			
	年检	合格				小计	景	傈	汉	小计	景	傈	汉	
畹町	1	1			248	52	52			196	183		3	
盈江	138	137	11	1	23152	5492	3400	2087	4	17660	9898	7738	200	174
陇川	24	24	2		6138	530	200	300	30	5608	2554	2854	217	623
潞西	19	19	2	1	7131	1436	932	360	142	5695	3912	1560	10	
梁河	2	2			96	2	2			94	57	27		
瑞丽	9	9	5	6	1850	850	850			1000	993			833
合计	199	198	20	8	38615	8362	5436	2747	176	30253	17607	12179	450	1630

注：1、在 250 名教职人员中，牧师 7 人，执事 183 人，其中盈江有 161 人，潞西 22 人；至于传道员、长老，各县差别不大。
　　2、天主教徒主要是景颇族群众。

需要解释的是，上述各表相关数据出自于记载在册的教徒数，准确地讲，系官方认可的统计数。应该说，天主教徒的数量出入不大，基本准确；但基督徒数存在差距，估计差额约在百分之二三十，我们据此推论 1999 年德宏全州基督徒（受洗者、慕道友）约 5 万人[63]。

除了保持较快速度增长外，德宏州基督教还有两个鲜明特点：①信仰基督教者基本上是景颇及傈僳族群众。如 1983 年，景颇族、傈僳族教徒分别占全州基督徒的 53.1% 和 43.3%，合计 96.4%；1999 年分别占 59.67% 和 38.65%，合计 98.32%。其他民族群众少有接受，比例有限。②盈江县基督徒最多，超过全州总数一半。关于它们，我们将在下面加以分析。

---

63 据张桥贵《云南跨境民族宗教社会问题研究》（之一，中国社会科学出版社，2008 年）记载，2003 年德宏州登记在册的基督教有 415559 人（第 182 页）。德宏州的实际基督徒是多少？读者不妨自行计算。

二、基督教传播中的特点

（一）主要在景颇族、傈僳族中传播

德宏州是云南西部沿边多民族地区之一，傣族、景颇族、傈僳族、阿昌族、德昂族（崩龙族）和汉族等生活在这里。傣族及德昂族群众信奉小乘佛教，基本上不接受基督宗教，至少目前的情况是如此；在阿昌族及汉族群众中，也没有多少人信仰耶稣。接受基督宗教者，主要是傈僳族和景颇族群众。在他们中间，接受天主教者，全系景颇群众。除表 3-10 相关数据能反映外，我们还制作了以下 3 个表格，进一步说明具体情况：

表 3-10　1983 年德宏州及各县景颇、傈僳基督徒及占本族比例表

单位：人、%

	景　颇　族			傈　僳　族		
	总人口	基督徒	占本族%	总人口	基督徒	占本族%
全州	91367	4572	5	15420	3731	24.2
盈江	26636	3000	11.26	9140	2658	29.1
陇川	32103	200	0.62	2844	606	21.3
瑞丽	7856	1012	12.88			
潞西	20179	324	1.6	1726	450	26.1

资料来源：根据表 3-5 而制作，人口数据取自 1982 年第三次全国人口普查数。

表 3-11　1988 年德宏州及各县景颇、傈僳基督徒及占本族比例表

单位：人、%

	景　颇　族			傈　僳　族		
	总人口	基督徒	占本族%	总人口	基督徒	占本族%
全州	113232	11079	9.78	21102	7437	35.24
盈江	34698	7009	20.2	12767	5477	42.9
陇川	37799	2062	5.46	3198	1304	40.78
瑞丽	10113	1616	15.98			
潞西	24500	392	1.6	2151	656	30.5

资料来源：盈江、陇川、瑞丽、潞西等县志。梁河县缺乏统计数，故未列入。

另外，德宏州及陇川县景颇、傈僳族人口数采取 1990 年第四次全国人口普查材料。

表 3-12　1999 年德宏州及各县景颇、傈僳教徒及占本族比例表

单位：人、%

	景　　颇　　族			傈　　僳　　族		
	总人口	基督徒	占本族%	总人口	基督徒	占本族%
全州	124844	23043	18.46	26267	14926	56.82
盈江	40358	13298	32.95	16589	9825	59.22
陇川	43522	2754	6.32	4541	3154	69.49
瑞丽	12341	1843	14.93	701	——	——
潞西	26941	4844	17.98	3164	1920	60.68
梁河	1660	61	3.67	1272	27	2.12

资料来源：根据表 3-10 而改制。

表 3-11～13 反映，在景颇族、傈僳族群众中，接受基督教信仰者呈现逐年增长的态势，其中景颇族信教群众从占本民族人口 5%（1982 年）增至 18.46%（1999 年）；同期，傈僳族信众所占的比例亦从 24.2%增至 56.8%，而且这样的增幅均超过两族人口的自然增长。

我们知道，傈僳群众中信仰基督教者多，并不奇怪。分析缘由，不胜枚举，但其中重要原因是历史上在傈僳族传播基督教的是中国内地会（China Inland Mission），该会较早实现了自养及自传，教牧人员甚至教徒的传播动力较强劲[64]，乐于在同族民众中积极宣传福音，发展基督教；广泛开兴教牧人员或义工学习班，培训人员，灌输教义教规，扩张影响。这些现象不仅在德宏州傈僳族聚居区表现突出，在怒江、维西及耿马等地傈僳群众中也基本如此。

至于景颇群众接受基督教的原因，确有历史沿革等的影响，如 20 世纪 40 年代末基督教就传入陇川、瑞丽等沿边景颇族村寨，50 年代中叶达到极盛，

---

64 据余文刚译《基督教在德宏传播概况问答》(《潞西市文史资料选辑》，第 3 辑)"如何传授福音"部分介绍，该派传受福音的特点是：义务传授；送礼不记帐，全部算功德；信教人作义务宣传，动员非信教人入教；反对基督教者，一律以乱人相待；自愿入本教者，给予妥善办理入教手续。

延续至今。不过，我们认为潞西、盈江的景颇教徒增多，则是近年之事，原因有待进一步认识。

当前，值得注意的有，在德宏州汉族群众中，接受基督教者有所增加。只因为德宏州的基督徒增加较快，暂时降低了汉族信教群众所占的比例而已。

（二）盈江县的基督徒最多

在德宏州各县，以盈江县基督徒为最多，2002 年已有 25300 余人，占全州基督徒总数一半以上。分析原因，主要有二：

1、盈江县的人口多，该县的基督徒也就相应多，呈正比例关系。2、受地缘及族群关系的影响。部分傈僳民众从怒江等地迁徙南下，途经腾冲等地来到盈江苏典、盏西等地，除部分再继续南徙，仍有若干傈僳民众留驻当地；傈僳族群众多，信教者也较多。盈江毗邻缅甸密支那，该地是基督教在缅北传教的重镇，设立众多的神学院，施加影响大；加上该县西北部接壤缅甸克钦邦[65]，克钦支系多、人数多，接受基督教者也较多。缅甸克钦浸信会以我国景颇等族信教群众为发展对象，并办培训班，招募学员，传播基督教。从 20 世纪七八十年代起，境外教会针对盈江沿边村寨的景颇、傈僳族群众，开展活动，积极传播宗教，试图改变他们的思想观念，成为信徒，扎根当地，逐步扩张，因此特殊的地理位置促成基督教在盈江的迅速传播。

还过，需要解释的也有，陇川、瑞丽也接壤缅甸土地，但因毗邻地不是缅甸基督教的主要传播区，受到的直接影响相对轻一些。

三、对基督教发展的认识

肯定地讲，德宏州基督宗教的恢复及发展，得益于"文革"后的拨乱反正，贯彻执行包括宗教信仰自由在内的各项政策。

20 世纪七八十年代之交，各级政府执行宗教信仰自由的政策，先前一度"消失"的基督教公开表现，结合形势变化、人文环境及族群特点等，调整传教内容，选择方式，影响群众，改变信仰，发展力量。还有，过去信教受

---

65 克钦是缅甸民众对景颇族民众等的称谓，克钦族中包括了景颇、载瓦、浪速和茶山等支系。基督教主要在景颇、载瓦支系中传播。再者，缅甸克钦邦内还居住有众多的傈僳族及怒族，他们中多数是基督徒，是从福贡、泸水等县迁来的，传教愿望迫切、动力强劲。

到压制而外迁缅甸的部分边民返回家乡，组织活动，宣传耶稣。关于这些，多有介绍，不再重复。我们只想结合德宏接壤缅甸，以及景颇及傈僳是跨界民族这两大特点略加分析。

德宏州盈江、陇川、瑞丽和潞西诸县接壤缅甸，景颇、傈僳等族跨境分布，交往密切，语言相通，习俗相同。在缅甸密支那以北广大地区，居民是克钦（景颇、载瓦、茶山及浪速各支系），以及傈僳、怒及独龙等族民众，俗称克钦地区。19 世纪中叶，基督教传入缅甸后，英美传教士以密支那为据点，设立培训点或神学校等，训练人员，创制文字，翻译圣经，编撰赞美诗及传教宣传品等，深入克钦地区传播基督教，持续至今。于是，活跃在缅北的基督教各教会将对我国德宏州景颇、傈僳等族产生影响，以至开展传播活动。

1978 年 12 月，基督教浸礼会（Northern Baptist）在密支那召开万人大会，庆祝基督教传入克钦族 130 周年。会议声称要组织 300 名青年用 3 年时间到各克钦居住区宣传福音，扩张基督教，要求参与者有一定文化水平和文艺才能，能言善辩，懂多种语言，身体健康。自愿报告，经过考试，择优录取[66]。在接受训练后，根据情况，结成小群，巡回传教。

当时，中国政府刚重新贯彻执行宗教信仰自由等政策，包括基督教在内的各种宗教团体得以公开活动，公民信仰权利受到保护。部分宣教队员便抓住这特定时机，利用语言相通、习俗相近等优势，非法入境，巡游德宏沿边景颇村寨，积极传教。"他们擅长歌舞和乐器，很能吸引一般年轻人。群众欢迎他们，向他们送钱、送米等。此外，境外教会常通过专人或回归的边民输入圣经、赞美诗、耶稣画像等宗教出版物。同时，接纳国内信徒到境外教会学校读书和培训数月不等，再回来定居传教"[67]。至今，境外基督教的渗透行为仍在继续，甚至加大，以求施加更大影响，图谋不轨。如 2000 年瑞丽县曾收缴了境外教会企图偷运入境的 2 吨宣教书刊，数量之多，既令人惊叹，亦带来几丝忧愁。

过去，缅甸傈僳基督徒属于克钦（景颇）基督教浸礼会。其后，傈僳信徒逐年增多，力量增强，萌生并发展了独立意识。1976 年，经过协商，傈僳族教徒脱离克钦浸礼会，另行组织傈僳浸礼会。次年，该会又发生了裂变，

---

66 德宏州档案馆藏 1984 年 6 月 1 日州统战部有关民族活动的一些情况反映。

67 蔡家麒：《盈江县宗教信仰概述》，《民族调查研究》（专刊），第 2 集。

部分成员分裂出来，组织缅甸傈僳族教会，采用原内地会的方式开展活动。

傈僳族教会的形成及分蘖，与景颇族教会形成竞争，竞相攀比，积极表现，直接或间接加大对我滇西沿边地区的传播活动。1981 年底，缅甸磨谷举行数千人大会，庆祝基督教传入傈僳族七十五周年，邀请盈江等地傈僳群众出境参加活动。会后，该会派人潜入我境，传播基督教，藉教授傈僳文字为名，教唱赞美诗，识字查经，灌输教义，传教讲经，组织礼拜活动，开展赞美诗比赛等。进入 90 年代，这类活动更加频繁举行。1994 年底，缅甸教会在木姐寨（毗邻瑞丽弄岛）举办基督教传入缅北地区百年庆典；次年底，克钦教会又在缅甸曼德勒举行克钦文创制一百周年庆典，邀请各国基督教会参加，藉同胞盛会，联络感情，积极宣传，鼓吹克钦族大家庭，等等。据说在 1995 年至 2004 年间，缅甸克钦或傈僳族浸信会就举办了七八次大型宗教庆祝活动，积极造势，广泛传播，对来自德宏的参加者提供免费交通及食宿等，方便其活动[68]。

为了配合这些渗透活动，境外各福音无线电台也迅速升级，增大播音功率、增加宣讲内容、延长播音时间等，用傈僳、景颇等语言开展福音宣传等，实施强大的"空中影响"。

除"走进来"，从事宣教活动外，境外教会还采取"请出来"方式，诱惑、动员及影响部分景颇、傈僳青年进入缅甸，在密支那、腊戊等地神学院学习，提供免费餐饮、住宿及书本学杂费等优惠条件，还用车辆接送，随到随接，学习时间数周或两三年。据保守估计，20 世纪八九十年代，每年德宏州个别县份擅自出境到缅甸接受神学培训的景颇、傈僳青年在数十人以上，多时达百余人[69]。如 1992—2003 年间，仅盈江县到境外学习或接受培训者有 370 余人。据统计，近年德宏州已有 120 余人由缅北各教会学校毕业返国，但仍有 110 余人在境外学习[70]。这些受训者返回后，部分人又成为当地宗教活动的传播者或组织者，积极宣传，轮番推动了基督教在当地的传播。

当然，境外教会的活动刺激了国内部分教牧人员，力谋有所表现，予以回应。他们也擅自组织各类培训班等，培养教牧人员等。如盈江基督教，"在境外教会的影响下，80—82 年 8 月，境内教会先后举办了 7 次基督教训练班，

68　张桥贵主编：《云南跨境民族宗教社会问题研究》（之一），中国社会科学出版社，2008 年，第 67—68 页。

69　德宏州档案馆藏 1998 年州民宗局德宏州宗教工作基本情况汇报。

70　张桥贵主编：《云南跨境民族宗教社会问题研究》（之一），第 66 页。

参加人数有 345 人次，学习内容主要是翻译讲解圣经，学唱赞美诗及洗礼、传教仪式等"[71]。这些行为还继续坚持，持续至今。其他各县的情况，大同小异，恕不赘言。

除传统的浸礼会、内地会外，缅甸克钦族神召会（Pentevostal Assemblies of the World）也传入德宏部分地点，有排斥甚至替代浸礼会的势头。神召会传教士采取多种手段，包括以恐吓语言等，竭力宣传信教的好处，"耶稣现死去一千多年了，到二千年地球要毁灭，耶稣复活，要上天，大家赶快去信仰神召会，不然到时候死了，耶稣不能拉你上天堂去了"；"牛马不必看了，耶稣替我们看着，它们不会吃庄稼"；"地球快毁灭了，耶稣给我们信教的人盖好房子了了，到地球毁灭时，我们就到耶稣盖的房子去住；信我们这种教的人，有病也不用吃药打针"等等。的确，这些恐吓的话语及包治百病的说教，在某些特定场合，影响甚至诱惑少数群众，接受其宣传。不过，因该会信徒礼拜时，"圣灵充满"，全身发抖，难以自己，呈现神灵附体等现象，"信徒是自由祷告，祈祷中抖和哭，表示对耶稣的忠诚，心不虔诚的人，不会哭抖……"[72]部分群众对此难以理解，表示忧虑，有意远离。

因为这些教派与族群相联系，教派的演变则又拉大了族群距离，无形之中呈现两个教会的面貌。"神召会（原注，浸信会）、内地会在这段时间里，在全县的景颇族和傈僳族村寨中各自发展自己的教派势力，有争取本教区教会领导权的迹象……由于两派信徒杂居其间，每个村寨都建有两个教堂，信徒们各去自己所属的教派教堂进行宗教活动"[73]等，致使统一的三自会出现了裂隙。

境外教会的渗透，国内个别教牧人员擅自办班培训人员，以及三派教会争抢竞争，形成互动，加快了基督教的发展，其中在德宏傈僳族群众中，基督徒占该族人口比例之高，超过了怒江、维西、丽江等傈僳地区，这种现象值得深思！

近年来，景颇族群众中接受基督教者明显增多，分析原因，与抵制缅甸毒品危害有些关联。20 世纪 50 年代中叶，在中共和人民政府的领导下，德宏各地基本禁绝了鸦片等毒品危害。但从 80 年代初起，境外毒品非法流入德宏，

71 蔡家麒：《盈江县宗教信仰概述》，《民族调查研究》（专刊），第 2 集。

72 县政协、宣传部：《关于护国公社基督教活动的一些情况》，德宏州《统一战线工作情况》，第 4 期，1981 年。

73 蔡家麒：《盈江县宗教信仰概述》，《民族调查研究》（专刊），第 2 集。

少数群众受到诱惑，吸食毒品，成为瘾君子，危害日益严重。在德宏等地禁毒行动中，基督教会开展福音戒毒曾起到有益的协助作用，借助宣传教义、依靠戒律约束及集体的心理抚慰等使一些受害者戒除毒瘾，回归正常的生活状态；部分信教群众（主要是妇女）组成护村队，禁止毒贩进村，诱惑村民，并规劝受害家人，要求戒毒等。在榜样的影响下，一些景颇群众加入基督教，从宗教活动求得安慰，依靠教规的约束实施戒毒。他们在戒毒的同时，扩张了基督教的影响，加快其传播。

四、主动调适，适应社会

20 世纪七八十年代，基督教恢复了活动，宣讲传播，发展信徒。其间，境外教会积极渗透，影响到境内教会，突出派别，划分界限，搞不团结。个别擅自出境学习神学的青年学成归国，跃跃欲试，积极活动。为了端正教会活动的方向，消除境外教会的影响，适应形势，接受政府的要求，与社会主义相协调，从 80 年代起，德宏教会主动请求内地基督教三自爱国会予以协助，接立牧师，任命人员，指导活动等。

鉴于德宏基督教发展迅速，但普遍缺乏引领者，活动不规范，教派存在，与境外教会有联系等。1981 年，经有关部门的牵线搭桥，云南省基督教三自爱国会牧师张现州等人再来瑞丽、陇川、盈江等地，按立滚汤干、窦乔福等人为牧师，主持宗教活动，领导教会，掌握旗帜；各牧师也任命了传教员、礼拜长等，管理信徒，领导平常礼拜等活动[74]。

接着，各地教会以堂点为单位，建立三自爱国小组，制定了守则，规范活动。如陇川基督教会规定："1、拥护共产党的领导，走社会主义道路，服从人民政府的管理；2、遵守党和政府的政策、法令，宗教活动不能妨碍生产、工作和社会秩序，不能干预国家"等[75]。拒绝境外人员传教行为，"有了我们自己的牧师，我们搞宗教活动，就可以坚持'三自'的方针，按照我们订的守则，开展正常的宗教活动，外国教牧人员就不需要"[76]，婉言谢绝，坚持了独立自主，自办教会。

---

74 如当时规定牧师的职责有主持圣诞等节日的活动，施洗教徒，发给圣餐等；礼拜长的职责，除日常引领教徒开展宗教活动外，还信教群众建新房、吃新谷及丧葬等时主持与之有关的宗教活动。

75 陇川县民宗局存 1982 年 11 月 25 日陇川县基督教会守则。

76 陇川县档案馆藏 1983 年 7 月统战部关于召开两教扩大会议的情况。

1982 年，全国基督教三自会爱国会牧师沈承恩、金陵神学院牧师赵志恩等人来德宏，巡回讲道，宣传爱国爱教，协助当地教会组织活动、培训人员，开展教育，抵制渗透。

经过广泛协商，充分讨论，在有关部门的协助下，到 1984 年，德宏各县均先后成立基督教三自爱国会[77]，选举了领导成员负责领导，制定了章程，规范活动，掌握旗帜，抵制境外的渗透。随后，部分各县建立起基督教协会，完成了"两会"的建制。德宏州及各县两级三自爱国会的成立，暂时消除了过去内地会、浸礼会及神召会等遗留的派系界限，举行联合礼拜，由爱国会的成员统一主持及管理。

各堂点在爱国会或协会的领导下，建立妇女、青年及儿童会等，开展相关活动，如妇女会负责调解教徒家庭纠纷，打扫堂点，清洁卫生，开展接待及后勤工作，以及帮助病人祈祷（勉励会）等；青年组织帮助困难户开展生产劳动，传承道德，调解纠纷，组织唱诗班及识字班，传授民族语文，开展传教活动；儿童组织则开展学习文化，教育孝敬父母、尊重师长、看望病人，教唱赞美诗，等等。各地教会的经费则以自养为主。一般来说，在每次礼拜后，教徒自发奉献，藉此解决堂点及教牧人员的日常开支；诸如圣诞等节日活动，则视其规模采取摊派方式加以解。据调查，各教徒用于宗教的经济支出（主要是奉献），年均三五十元。当然，个别堂点、个别宗教活动的开支除外。

其间，州、县"两会"继续开办培训班，培训教牧人员，提高素质，并在省"两会"的帮助下，考核及按立教牧人员；扩大培训对象，举办信徒培训班，传授圣经知识、教规教仪及乐理知识，讲解怎样做一个基督徒，介绍农牧科技、卫生保健等知识，宣传宗教政策及法规等；还根据具体的情况，分别举办妇女培训班、青年歌谱等培训班等。从语种来说，培训班分有汉语、傈僳语或景颇语班。每期培训班开办之初，教会特别聘请有关部门干部向受训者宣传"三自爱国"方针，讲解相关政策，介绍邪教的特点及危害，以及境外渗透等，提高受训者的觉悟，有所抵制；还针对当地的典型问题，开展"禁毒戒毒"或预防艾滋病等知识等的宣传，服务社会。为了抵制渗透，州、县"两会"还选派青年信徒到昆明、保山、大理等地神学院接受系统教育，

---

77 陇川基督教三自爱国会于 1982 年 11 月建立，12 月底瑞丽三自会成立；盈江及潞西县三自会分别于 1983 年 6 月及 1984 年 1 月成立。

培养爱国爱教的青年教牧人员，学成返乡后，为当地教会服务，甚至担任教会的领导。这样作法积极抵制了境外教会的渗透，实现了成功的替代。

90 年代以后，各地教会响应当地政府发展特色生产，参与商品经济、搞活流通，勤劳致富等号召，在开展正常宗教活动的同时，鼓励信徒发展生产，搞活流通，增加收入，改善生活。部分信徒，尤其是景颇族青年，发展生产，办公司、搞贩运，学科技，从事特色农林及畜牧生产等，拓展市场，成为脱贫致富的带头人。

五、从积极引导到依法管理

（一）组织参观，增强内向，抵制渗透

当德宏州基督教活动得到恢复后，受地理等因素的影响，境外教会实施渗透，试图影响以至控制境内教会，于是开展爱国主义教育，制止渗透、增强内向、引导活动等显得必要与重要。当地政府部门组织教牧人员或信徒群众到昆明等地参观[78]，目睹改革开放以来内地的发展变化，增强内向观念；选送部分教牧人员到省三自会接受培训，正确认识及掌握教义教规，主持活动，管好教会；发放傈僳、景颇文圣经；联系全国及省三自会牧师来德宏州及部分县份讲道授法，考核及按立牧师、长老等，协助建设教牧队伍，掌握宗教活动的旗帜，等等。

其间，各地有关部门还召开教牧人员和教徒代表座谈会，针对个别人请外国牧师入境主持圣事，在青少年中发展教徒；对教徒违反政策、法令的言行等予以批评；开展爱国主义教育，要求各教职人员及教徒坚持三自革新精神，抵制外国教会渗透，自己办教会，自己主持圣诞节活动，以及正确处理宗教活动和生产关系；指出信教必须爱国，宗教活动必须服从党的领导，遵守国家政策法令，执行党的宗教政策，等等。

各地政府还出台相关规定，切实贯彻执行宗教信仰自由的政策，团结、教育宗教上层，培养进步分子，加强对宗教事务的管理，抵御渗透，打击非法活动。早在 1980 年初，盈江县有关部门针对基督教活动存在的问题，明确规定：

1、未经申请批准，任何地方、任何教会不得重建、新建、扩

---

78 在 1985 年前，因我国边疆地区实行严格的边境通行证，边民要来内地，需要办证件，颇不容易。内地民众要进边疆地区，也是如此。

建教堂。

2、对各种正常的宗教活动不予干涉，但在活动中要有利于集体生产的发展，不得搞大的。集会仅限于以教堂范围内活动[79]。

3、任何教会和宗教职业者，必须遵守国家的政策法令，不准擅自建立非法组织，不得干涉社队行政事务，干涉文化教育和群众的生产生活。

4、宗教职业者不得强迫群众信教，特别是不准诱骗青少年入教，不准干涉青年的婚姻自由，不得歧视和打击、陷害反对宗教的干部和群众。

5、要坚持自传、自信、自养的三自爱国运动原则，不允许内外勾结，禁止国外教会对国内教会的支持和指挥。

6、不准利用宗教进行非法摊派和封建资本主义剥削，对有违法活动的任何人员一律按国家法律处理。

7、任何人不准动用国家和集体财物搞宗教迷信活动，生产队不维给宗教宗教活动的任何人记算工分报酬。

8、宗教活动只能在教堂内进行，不准到无宗教地区传教，发展教徒，扩大影响。[80]

其后，在有关部门的支持下，陇川，潞西、瑞丽、盈江等县教会先后召开基督教代表会议，成立了三自爱国会，制定了章程，选举了领导人，教会实现了统一，规范了言行，约束以至抑制了自由传教等不正常的活动；以及协助基督教会搞好自身的思想建设及组织建设，增强凝聚力，正常运行，制定约章，管理宗教活动，在政府与信教群众间起到桥梁作用，宣传法令或政策，传达政府的要求，反映群众的要求，等等。

（二）执行法规，依法管理

1990 年，中共中央提出宗教要与社会主义相适应，依法开展活动，宗教事务要依法管理等要求。根据中央的要求，1991 年 5 月国务院宗教事务局和民政部制定《宗教社会团体登记管理实施办法》，建立了宗教团体必须登记备

---

79 最初，有关部门规定开展宗教活动的范围是严格限于教堂等宗教活动场所内，即"定点"。其后，该规定根据形势而有所变化，有一定的弹性。如 2004 年，国务院《宗教事务条例》第 12 条规定"信教公民的集体宗教活动，一般应当在经登记的宗教活动场所内举行……"

80 盈江县档案馆藏 1980 年 3 月县政府对宗教活动的调查及认识。

案的制度，制定了登记备案的等级、条件、手续和文件，以及年检报告与相关材料等规定。1994 年 1 月，国务院颁布了《宗教活动场所管理条例》，以审批、登记及检查宗教活动场所为中轴，用行政法规的形式，对宗教事务实施有效管理，确保宗教信仰自由政策的贯彻执行。

1995 年，德宏州有关部门依据这项行政法规，普查及登记包括基督教在内的各宗教活动场所，对符合条件者进行登记，发放了合格证、法人证、土地权属证；对条件不成熟的，予以缓登；对不符合条件，属于乱搭乱建者的不予登记，限期拆除。

地方政府在登记验收过程中，督促教会建立或健全教务管理小组，制订规章制度，依法对宗教事务的管理，保护合法、正常的宗教活动，制止和取缔非法活动。协助教会开办各种培训班，积极培训教牧人员，加强爱国守法及独立自主、自办教会等教育，提高其思想觉悟、神学知识及管理教务的能力，增强民族自尊心及责任感。推荐部分青年到昆明、保山、四川，或南京神学院等院校学习，接受系统的神学等教育，培养新型的教牧人员，继续掌好旗帜，独立自主自办教会，抵制渗透；对境外接受培训的人员，加强教育，作好思想工作等。

（三）严格考评，明确责任

除州、县建立宗教事务管理机构外，相关各乡配备了宗教助理员，将宗教管理工作纳入州、县民族团结目标管理责任制的考核范围，层层签订责任书，明确各自的目标及责任，加强指导监督和检查，保证对宗教事务的管理，层层有人抓、有人管。

与此同时，各政府部门还注重对宗教干部队伍进行培训，加大力度，贯彻执行《宗教事务条例》等行政法规，提高宗教事务管理干部的政治水平及执法能力等，效果明显。

六、当前活动中值得注意的问题

德宏州是滇西沿边民族聚居区，与缅甸接壤，景颇、傈僳等族是跨界民族，与境外同族有密切联系，交往频繁。今天，当地基督教、天主教主要是从境外渗透而逐步发展，扩张开的[81]。尽管，在政府部门的管理下[82]，在当地

81　王绍华：《基督教、天主教在陇川传播情况录》，《陇川县文史资料选辑》，第 1 辑；

教牧人员的抵制下，降低了渗透的影响，缩小以至消除了渗透的危害，但是来自境外的渗透将继续存在，必须保持警惕，继续予以抵制，积极应对。不过，与之比较，我们认为，以族划教、裂变三自会等是目前德宏州基督教会面临的最大问题。

由于历史及认知等因素的影响，清末中英两国政府代表在划分中缅边界德宏段时[83]，出现一地分两国、田坎水沟作边界等现象。缺乏必要的地理屏障，德宏等地有边无防，人员流动、物资进出等基本上不受限制，界线难以起到阻拦作用。五六十年代，地方社会经济还处于恢复期，发展缓慢，群众收入不高，当时境外多少还对我国边民产生"诱惑"，甚至有少数边民外迁，等等。

80 年代后，我国政府积极改革，对外开放，发展生产，搞活经济，景颇、傈僳等民族聚居区生产发展，群众收入增加，生活改善，解决了温饱，逐步建设小康，社会稳定和谐。反观缅甸边地，政局不稳，秩序混乱，经济落后，人心惶惶，部分外迁边民又返回故乡，安居乐业。毋庸讳言，在这些人中间，不乏基督徒，甚至是教牧人员。当他们返乡后往往向同族传播基督教，组织活动等。再者，形势的改变，政府部门的管理及教会的约束，多数在外接受培训者返回后得顺应环境，服从管理，爱国爱教，服待教[84]，荣神益人。

令人感到担忧的是，20 世纪七八十年代民族主义思潮也不同程度影响了缅甸克钦、傈僳等族群，产生相应的诉求及行动。于是，反映在基督教内，傈僳族信众独立于克钦浸信教会；接着，神召会从克钦浸信会裂变，傈僳族浸信中则分裂内地会……透视这些分裂或嬗变现象，固然有教理教规差别的因素，但族群意识等在其中起到重要的作用。如缅甸克钦族要求实现独立，部分傈僳族何尝不是这样！尽管，境外部分克钦、傈僳传教人员进入德宏境内，从事活动，主要目的是传播基督教、征服群众的思想、改变信仰，实现替代。然而，在极个别人的言行中，也有煽动族群情绪、谋求"独立"的成

吕志潮：《耶稣基督教在潞西》，《潞西县文史资料选辑》，第 2 辑。

82 如某地有关部门对私自出境接受培训者规定是"国内信徒未经批准私自出境参加宗教学习培训的，回来后其宗教学位不予承认，不得讲经布道。否则，视为非法传教，由公安等部门依法处理"。

83 当时缅甸属于英属印度殖民地，因而划分边界由英国殖民地官员负责。

84 如陇川基督教培训中心校长欧×××、牧师李××，潞西木城坡传道员余××等人。参见朱发德主编《滇西基督教史》相关部分。

份作祟。

为了挫败阴谋，掌握宗教旗帜，爱国爱教。1984 年，德宏相关各县成立了基督教三自爱国会，组建统一的领导集体，制定共同遵守的章程，采取同一方式施洗，开展联合礼拜等活动，从形式上消除了教派的隔阂，挫败了渗透分子的图谋，收到了积极的成效。"通过加强宣传培训，打击抵制境外宗教渗透，目前已基本上不出现明显地传教渗透活动，宗教主动权始终掌握在爱国爱教骨干手中"[85]，保持稳定、坚持内向。

但是，境外教会对此并不甘心，力谋继续渗透，妄图分化及掌握。于是，它们除继续诱惑青少年出境接受培训，施加影响，培养明天的教牧人员；偷运宗教书籍，占领阵地，传播观念；还采取资助修建教堂、培训人员等方式，有意识地凸显族群差异，以族划群、以族分教，"在境外宗教势力的影响下，一些乡镇的基督教堂，避开县三自爱国会的管理，企图另立教派，兴办一些未经'两会'及有关部门的批准的教会活动和培训活动"[86]，试图达到控制我方教会、影响信徒的思想、进而影响基层社会。

多年来，德宏州及各县有关部门采取积极的措施，抵御渗透。消除危害；州及相关各县基督教三自会也不断努力，站稳立场，拒绝诱惑，爱国爱教。仍有个别堂点却不履行三自爱国会等的规定，另行一套，"避开县三自爱国会的管理，举办一些未经'两会'及有关部门批准的教会活动"[87]，试图造成既成事实，扩大影响。

前面已述，历史上基督教内地会在傈僳族、浸信会在景颇族中开展活动，直在 80 年代初德宏州各地基督教仍有教派之痕迹。其间，神召会又从缅甸入境，秘密传播。尽管同为基督教，受教派等因素的影响，傈僳与景颇信众在信仰等方面的表现有所不同。概括言之，傈僳教徒的态度虔诚，信仰纯正，恪守教规，约束严格；部分景颇群众信仰淡漠，从众心理强烈，"似乎信仰基督教和天主教是大势所趋，信鬼则是不合时间的、是落后的表现。由于入教者并非完全真心虔诚而只是随大流，真正能够恪守教规的也就很少……大部分信徒只是把教堂当做一处娱乐和聚会的场所而已"[88]。其中一些青年人，

85 密秉兴：《盈江基督教概况》，朱发德编：《滇西基督教史》，第 725 页。

86 密秉兴：《盈江基督教概况》，朱发德编：《滇西基督教史》，第 728 页。

87 县政协调研组：《盈江县宗教反渗透情况的调查报告》，《盈江县文史资料选辑》，第 4 辑。

88 王皎主编：《云南民族村寨调查·景颇族》，云南大学出版社，2001 年，第 227 页。

尤其是那些曾出境接受培训的人，在追求宗教信仰的同时，更注重经济及教育等因素，利用掌握的知识、了解的信息及建立的人脉，从事商贸、加工制造及特色产业等。针对这些现象，为了规范活动，统一言行，抵御渗透，州及各县基督教三自会及协会先后建立，暂时消除了派系，开展同一形式的宗教等活动。然而，境外渗透仍在进行，派别潜在，对圣经认识差别，以及经济状况不平衡等，部分地点教会仍存在以族划教、分裂三自爱国会的苗头，值得重视：

> 教派纷争，有分裂为各自民族教会的苗头，主要是基督教表现比较明显。卡六朋（新派）、木东明（旧派）、NC 朋（神召派）三派暗中争夺，发展各自教徒。目前，卡六朋人多势众，在教会班子中占有优势，但经济实力弱。木东明势力较小，但经济实力较强。NC 朋活动诡密，属异端邪说，虽经整治，但仍未改邪归正，仍有活动。由于教派纷争的影响和民族心理因素、习俗差异，出现意见分歧，有了划分及单独成立景颇族、傈僳族会的苗头。其中以陇川县反映较突出。[89]

如 1999 年，陇川县某教牧人员积极努力筹集经费、寻找场所、物色人员，请求政府资助，要单独开办××族基督教培训班，表面理由是因语言文字不同、习俗差别等，尊重民族心理，但实则寓有撕裂三自会的因素。当然，德宏各有关部门对此明确拒绝，要求各地基督教爱国爱教，抵御渗透，淡化影响，共同礼拜，加大培训，提高教牧人员及广大信教群众的思想觉悟，坚持三自办教、团结办教等，再次制止了这不正当的要求。

尽管以族群名义裂变基督教三自会的言行被再次制止。因宗教渗透继续存在，教会内部存在对教理、教规认识差别等，个别人还有可能借族群等名义，分裂基督教三自教会。加上德宏接壤缅甸北部，克钦、傈僳等族中有部分人要求独立，有所行动[90]。在这些势力中间，确有宗教的因素作祟，试图藉

---

89 德宏州档案馆藏 1999 年 10 月 10 日州政协德宏州宗教调查报告。所谓卡六朋（新派）指传播于傈僳群众中的内地会，木东明（旧派）指传播于景颇族群众中的浸信会，NC 朋指在景颇群众中传播的神召会。

90 1988 年元月怒江州边民胡××（傈僳族）在盈江活动时，被该县××局拘役。据胡××供述：怒江州出境人员在缅甸密支那干拉村等地接受宗教训练，一切经费由密支那教会供给。密支那教会之所以这样做……他们企图以信仰基督教的傈僳族教徒为主，把密支那、盈江、腾冲、怒江等地联为一体，建立傈僳国，进行宗

基督教来凝聚、动员或组织民众[91]，表现诉求，以达到某特殊的目的。这些将是德宏州基督教继续面对的重要问题，因此坚持走三自道路、爱国爱教、抵制渗透不仅必需，而且必要。

第四节 澜沧拉祜族地区基督教的演变及发展[92]

一、基督教恢复活动

1976 年 10 月，党中央粉碎了江青反党集团，终结了十年"文化大革命"，拨乱反正，调整政策，安定团结。1978 年底，中共中央召开十一届三中全会。会议恢复实事求是的思想路线，停止以阶级斗争为纲，确定以经济建设为中心，改革开放，建设现代化，从此中国步入建设发展的新时代。其间，宗教信仰自由政策得到了恢复，贯彻执行。

澜沧虽然地处滇西边地，接壤缅甸，距离北京、昆明等较远，在当时的环境中，受资讯"出口转内销"作法等影响，当地干部及群众了解及认识中共恢复及贯彻宗教信仰自由等政策则往往早于内地。缅甸各派基督教会鉴于中国形势的变化，欲趁此时机，跃跃欲试，利用同族等关系，确定对象及范围，积极传播。如腊戍各教会针对佤族群众，派遣人员、散发圣经等书刊，潜入安康、文东、上允等地开展活动；景栋等地教会则以拉祜族为对象，向东回、糯福等地拉祜族村寨施加影响。

教统治。载怒江州《情况反映》，1988 年 2 月 25 日。

91 早在 1985 年云南省民族研究所雷宏安在盈江县盏西区开展调研时，目睹当地基督教的活跃情况，认为"到 84 年 5 月 7 日，盏西区景颇族徒已增加到 872 户、4377 人……难怪有的教徒狂妄地说：以盏西为突破口，占领德宏、昆明，几年内把十字架插到北京城。照这样的速度发展下去，今后三年之内（到 1987 年）盏西的基督教徒势必会从现在的 4377 人增加到 9000 人左右。这么多的教徒，又处在国境线上，确定是支不可小看的势力，而且，国境线那边就是缅甸'克钦邦'。该邦 70 余万人口中，景颇族（大山支）就有 36 万多，占了 50% 以上。克钦邦景颇族拥有自己的武装力量（山兵），正在闹'独立'。一旦它们取得了政治上的'独立'，势必对我国景颇族各方面都带来更大影响。"（雷宏安：《盈江盏西区景颇族宗教调查》，《民族调查研究》专刊，第 2 辑）。对于该文作者的担扰心情，我并不完全认同。之所以将这番言语特意抄录在此，只想说明情况而已。

92 澜沧县虽是全国唯一的拉祜族自治县，亦有众多的汉、傣、佤及哈尼等族民众生活在此。接受基督教者，除部分拉祜族外，还有佤族，因此本节内容中也包含了佤族教徒的情况。

1979 年夏季，文东、上允等的部分佤族村寨公开恢复了基督教活动。他们杀猪宰牛，出力修建教堂，推选或默认撒拉、波管等，领导宗教活动，"信教群众不分性别及年龄大小，听到信号，就自觉到教堂"，每周举行七次礼拜（当地称"挡佛"），每次约一小时；周三及周六，早晚两次；周日上、中及下午三次，全天休息，不劳动等。最初，曾有少数干部对之视若洪水猛兽，忧心忡忡。但当宗教活动公开恢复后，也视为正常，消除戒备。"从目前观察后情况看，宗教活动中确有某些违反宗教管理的地方，但对社会秩序、生产秩序是无不良影响。有些信教群众说：这个规矩恢复起来，该劳动就劳动，该休息就休息"[93]，表示欢迎。

环境的宽松，宗教信仰自由，基督教的影响持续发酵，更多佤族村寨参与其间。年底圣诞节，文东乡东瓦寨教堂组织信教群众开展集体活动，还邀请附近 13 个寨子近 600 人参加，"动用集体粮食大米 664 斤、猪 4 头，牛 3 头；收群众大米 695 斤、人民币 196 元"等，唱歌跳舞、祈祷诉求，热闹数日。上允淘金河寨教会亦利用圣诞节，积极开展集体活动，敲锣打鼓邀请公社领导参加，领导到来时还夹道欢迎，表示尊敬及热情[94]，等等。由于当时澜沧佤区的基督教活动已基本上自发恢复，故东瓦、淘金河教会的相关活动并非典型，只是其他村寨的缩影而已。

与佤族比较，拉祜族部分村寨基督教公开恢复活动相对晚一些。据有关部门的调查，1980 年底，该县除文东、上允等地佤族村寨已恢复基督教活动外，那些原信教的拉祜族村寨尚未发现举行公开的宗教活动，但存在这样的现象：

第一种类型，指基督教活动处于隐蔽或半公开状况，如糯福公社邦角大队的老迈，东回公社的邦利大队等。其特点是："经过入教洗礼的教徒多，撒拉、波管神职人员还在，宗教感情深厚，国外宗教的广播宣传，国内外宗教上层互相往来联系，间接或直接受到影响，恢复宗教的反映强烈。但我们在这些地方又没有认真深入宣传宗教信仰自由政策，某些基层干部对正常的宗教活动缺乏正确的理解，一提起宗教问题就认为是'复辟'、'复旧'，怕挨批评，怕不好管理，因此，该表的态不敢表，该说的话不敢说。另一方

---

93 思茅地区档案馆藏 1981 年 8 月澜沧县统战部关于我县基督教情况的报告。
94 每逢节庆之时，组织群众向所在政府敬拜、献礼，以及领导莅临时，众人夹道欢迎等，系建国以来澜沧等地的传统，至今仍保留，成为当地的重要民俗之一。

面，教堂被占用被拆毁，无活动场所，这就导致这些地方宗教生活的隐蔽或半公开状况"。虽说隐蔽活动，其实也基本公开，如某家某处唱起赞美诗时，村寨内大人小孩会自发集中，聆听跟唱；群众暗中议论，要求政府退还没收的宗教用品及教堂等，拟进行维修，再聚信徒，重新活动。当然，这类村寨拉祜族民众公开从事基督教活动只是时间的问题。

第二种类型，指尚处于平静状态的村寨，如糯福公社糯福大队等。在这类村寨中，群众的宗教诉求表现不突出，没有恢复宗教生活的要求，也不没有发现宗教的地下活动和国外教会的往来。分析原因，大致是："①大部宗教骨干和信教群众外逃，基本上丧失了宗教活动的群众基础。②现有一个撒拉和一个波管，都是（19）63年调整宗教关系时加封的，没有威信，缺乏宗教知识，丧失宗教活动能力。③建国后，边疆生产建设的发展，以及爱国主义、社会主义、无神论的教育，促进了宗教感的逐步削弱。④由于极左路线的影响，基督教多次被冲击动乱，至今一部分信教群众还有恐惧心理"，[95]等等。

不管是哪一类型，这些拉祜族村寨还处于"平静"状况，宗教活动不甚活跃，但不等于部分群众无此要求，若环境合适，自发组织，重新活动，亦有可能。于是，地方政府部门按照规定，贯彻执行宗教信仰自由政策，对宗教界的冤假错案及时纠正，赔礼道歉，落实政策；退赔被占的教堂或宗教用品，对具有代表性的教牧人员予以适当安置；尊重教徒群众的信仰权利，引导宗教活动告别"隐蔽"，公开正常，保护其正当的宗教活动等。

二、恢复三自会，主动管理

（一）恢复三自会，指导活动

1981年11月，澜沧县基督教召开第二次代表大会，与会代表80余人。会上，县有关部门领导传达了宗教信仰自由等政策及相关要求，各代表交流了各地教会活动的情况，交换了相关看法，拟定了11条规章（草案），规范行为，引导活动，选举产生基督教第二届三自爱国会，田大任主任，徐永福、陈光里等任副主任，陈云光任秘书长。根据形势的发展，与时俱进，这次代表会对县三自会的工作职责有所规定，内容是：①协助各级政府贯彻宗教信

---

95 思茅地区档案馆藏1981年8月澜沧县统战部关于我县基督教情况的报告。

仰自由政策。②开展爱国主义、社会主义教育，鼓励基督教徒爱国守法，积极投入社会主义两个文明建设。③维护基督教徒的合法权益，自办教会。

据统计，这一年澜沧有 33 个村寨（佤族 31 个、拉祜族 2 个）恢复了基督教活动，有教堂 34 个，多数教堂有撒拉 1 人，波管数人，他们负责该堂点的宗教活动及相关事务；全县有信教群众 1677 户，9433 人。

接着，在县三自爱委会的协助下，各教堂先后建立管理小组，明确职责，健全管理方式，如每组有撒拉一两名，负责讲授圣经，对外联络，传授民族文字以及政策等；波管数名，负责召集及组织群众开展相关活动。会计或保管一两名，负责堂点的帐目及收支等。此外，部分教堂还设有妇女管事（或称妇女联络），针对女信徒的特点，负责开展相关工作，以及教唱赞美诗、跳舞蹈的人。管理人员除撒拉外，均系信教群众提名，选举产生，义务服务。

由于基层堂点组织的建立健全，便利了活动的开展，满足了信教群众的宗教需要，扩张了基督教的影响，促进发展。1983 年 7 月，基督教从 33 个寨发展到 41 个寨，其中拉祜族寨由 2 个增到 7 个，信教群众增至 2311 户，13329 人。

在各寨教会开展积极活动的同时，境外教会的渗透行为仍在进行，送圣经、赞美诗等，暗中传教，攻击三自会，搞分裂活动。境内个别人受到影响，自由传教，自行其是，声称"现在上帝开门了，天亮了，我撒拉尼保基督教耶稣要传到四大洲五大洋"，随意施洗，胡言乱语，自称"皇帝"，提供"仙水"，搞封建迷信，坑蒙拐骗，"到时在犁板山放两棵大树，两棵大树一倒，震动全世界，所有的人都要帮助我们，我们要每户准备好口缸、毛巾、累了给他们喝水、擦汗。到那时不需要做田做地，吃的穿的都有，水库变煤油"等，引诱群众，上当受编[96]。尤其感到忧虑的是，50 年代初外迁缅甸的"扎谍"（佤语"祖先"）组织派人入境，利用同族血缘关系，编造谎言，欺骗群众，图谋不轨……

于是，制定规章，明确限制，规范言行，培养或认定教徒人员等，健全组织，抵御渗透，就显理必要与迫切。

---

[96] 思茅地区档案馆藏 1982 年澜沧县安康公社南栅大队南贷寨子封建迷信破坏活动的情况反映。据统计，撒拉尼保（卫岩翁）等在安康个别村寨骗得群众财物，折价 1250 余元，造成群众误工 1000 多个，还杀耕牛两头等。

（二）制定决议，规范行为

1983 年 12 月中旬，澜沧县基督教召开第三次代表会议，与会代表认真学习了《关于我国社会主义时期宗教问题的基本观点和基本政策》〔中发 82（19）文件〕等文件，一致表示，拥护及贯彻执行宗教信仰自由政策，坚持"自治、自养、自传"方针，独立自主，自办教会，在党和人民政府的领导下，把宗教活动不断地引向正常轨道。当时，该县佛教（汉传佛教、南传上座佛教）代表会议也同地召开。期间，各教代表同堂协商，愿意积极管理，作出以下决议，引导宗教活动，约束教牧人员及教徒，爱国爱教。

一、拥护中国共产党的领导，热爱党、热爱祖国、热爱社会主义，坚持四项基本原则，加强民族团结，维护社会安定，促进工农业生产的发展，为建设我县的社会主义的精神文明和物质文明作出贡献。

二、全面贯彻执行党的宗教信仰自由政策，公民有信仰宗教的自由，也有不信仰宗教的自由，不强迫他人信教或不信教，信教和不信教的人都不得互相歧视。

三、遵守政府的法令，宗教活动不干预政府的政策法令，不干预司法、教育、卫生、婚姻及计划生育，不妨碍社会秩序、生产秩序、工作秩序，不得以宗教名义收藏、传递、宣传反动书刊，散布反动言论。

四、坚持"自治、自养、自传"的三自爱国方针，独立自主，自办教会，维护国家民族尊严和正当的宗教声誉；不准接受任何外国教会的指令、经援、捐赠和津贴，不允许国外教牧人员入境传教，不购买国外输入的圣经、佛教、佛象、刊物、录音磁带等宗教宣传品；坚持抵制国外宗教的渗透活动，反对一切打着宗教旗号进行违法犯罪的反革命的破坏活动。

五、圣职人员的讲经传教活动，只能在本教堂、佛寺内进行，不要搞跨地区的串连活动，不接待和安排外来人员在本教堂、佛寺主持宗教活动；祈祷时不要大声呼喊。

六、圣职人员要按圣经、佛教宣讲主道，言和行要做到爱国爱教，反对借传福音进行异端邪说，影射攻击，妖言惑众；不许阻止病人应医服药搞赶鬼驱病，危害人身健康，不能以宗教活动为名，进行招摇撞骗、诈骗钱财等违法活动，反对一切歪风邪气和宗教范畴以外的精神污染，维护宗教的正常声誉。

七、圣职人员本身在做到信仰纯正、为人正派、遵纪守法，不吸食贩卖烟毒，有宗教学识，为信教群众所信赖。

八、不在 18 岁以下青少年中发展教徒；成年人入教时必须经过"望友"、慕道友和"考信德"合格后，始得接纳受洗入教；和尚升佛爷、佛爷升长老经过一定审查批准手续，方能举行仪式。

九、宗教节日，修建教堂、佛寺，升和尚、佛爷，都坚持勤俭办教原则，不要向信教群众硬性平均摊派，不得动用集体财产；按照教规以自愿捐献乐助为主，已废除了的宗教特权、宗教压迫剥削制度，不得恢复。

十、分清正当的宗教活动和封建迷信活动的界限，对于利用封建迷信欺骗群众，诈骗钱财、危害人身健康的不法行为，要予以取缔，触犯刑律的，要依法惩办。

十一、高举爱国反霸旗帜，拥护我国政府关于台湾归回祖国统一的方针、原则、立场，拥护我国政府关于 1997 年到期收回香港主权的严正声明，动员宗教界的爱国力量，为祖国统一大业作出积极贡献。[97]

的确，恢复三自爱国会，健全堂点管理，代表会制定决议等，有助于组织及指导教会开展正常的活动，引导及制止不当的言行，促进基督教适应社会主义社会，抵御渗透，预防破坏等。

1986 年 3 月，受省基督教三自会的委托，谷怀空牧师等人再来澜沧等地开展活动。经过考察，他按立徐永福、田大两人为牧师，任命长老 1 人。其后，省基督教协会罗德顺牧师来到澜沧，先后在淘金河、班利教会，接立了若干长老、执事和传道员，从而完成澜沧教牧人员管理层次的构建，改变了先前浸会的组织建制，纳入中国基督教协会的教牧体制。

其间，县基督三自会还选派人员，到昆明、成都等神学院接受系统神学知识及教礼教规教育，经过实地锻炼，培养新型的教职人员；在淘金河寨（佤族）、班利寨（拉祜族）建筑钢混结构的培训点，就地教学，培训撒拉、波管等基层教牧人员；健全各堂点规章，约束教牧人员的言行，接受政府检查、

---

97 思茅地区档案馆藏 1983 年 12 月 15 日澜沧县第三次基督教、佛教代表会议加强管理宗教活动的决议。

验收，教堂申请登记，按照规定，民主管理；在省基督教协会的帮助下，整理修订及出版了佤文、拉祜文圣经，满足了信教群众的要求，也便利了基督教的传播。

三、基督教的发展及特点

（一）发展及特点

自 1979 年夏季，少数村寨恢复宗教活动后，在宽松的外界环境下，基督教得到持续地发展，到 1990 年，澜沧有教堂 62 个，信教群众 3234 户、17000 余人（内受洗教徒 4396 人），有牧师 2 人，执事 1 人，撒拉 65 人，波管 269 人[98]。

1994 年，国务院颁布《宗教活动场所管理条例》，对包括基督教堂在内的宗教活动场所的审批、登记及检查等提出了明确规定，形成以对合法宗教活动场所的管理达到管理宗教事务的模式。根据国务院行政法规的要求，1996 年澜沧有关部门执行条例，对全县基督教活动场所逐一检查，根据法规要求，全面检查，验收合格者，予以登记。通过登记，摸清情况，全县有教堂 82 处，信教群众 4696 户，21309 人。之后，澜沧基督教的发展也有反复，有升有降，2000 年底，全县有教堂 85 处，牧师 2 人，长老 3 人，传道员 27 人，执事 11 人，信教群众 4526 户，18030 人[99]。不过，进入 21 世纪后，澜沧基督教则呈现快速发展的态势，主要表现是在拉祜族中信教群众增多。2004 年 9 月统计，全县有教堂 102 座，信教群众 5701 户、22415 人。

表 3-13　澜沧县基督教徒族别概况表　　　　　单位：个人、座

年　份	信教群众户数、人数						基督教堂		
	全县教徒数		拉祜　族		佤　族		合计	拉祜族教堂	佤族教堂
	户数	人数	户数	人数	户数	人数			
1981	1677	9433	不详	不详	不详	不详	33	2	31

---

98 编委会：《澜沧拉祜族自治县志》，云南人民出版社，1996 年，第 5 编，第 10 章，第 2 节，第 154 页。

99 地方志编委会：《澜沧县情》（1991—2000），云南科技出版社，2003 年，第 1 篇，第 3 节，第 25 页。但据另份材料说，这年全县基督教信教群众 4750 户，21380 人。与之比较，则多了 3000 余人。

1983.7	2311	13329	527	3037	1784	10292	41	7	34
1996.7	4696	21309	2299	10068	2397	11241	82	—	—
2000.12	4526	18030	1989	7592	2537	10438	85	42	43
2004.9	5701	22415	3164	11977	2537	10438	102	60	42

阅读此表数据，结合前文内容，可以看出：①80 年代初，信教群众主要是佤族民众，从 80 年代后期起，尽管存在反复，但拉祜信教群众逐年增多，持续发展。目前，无论信教群众，还是教堂，拉祜族超过了佤族。至于佤族地区中，基督教发展已进入常态，围绕教徒总数的中位线上下波动，变化不大。②教堂及信教户数增多，但教徒并未呈现同步增长。在澜沧县，一个教堂基本上指一个村寨，教堂增多意味信教的村寨增多。在拉祜族、佤族的聚居村寨或其家庭中，过去它（他）们在宗教信仰上表现是：要信教，大家都听；要不信教，大家都不信教，信仰同一，"插花"现象较少发生。此表反映，尽管近年该县教堂及信教群众的户数增多、但教徒的人数并未发生同步递增的现象，说明村寨或家庭"集体意志"的压迫松弛，"共同行动"难以奏效，宗教信仰基本上成为群众的个人选择，在一般情况下能够自我决定，同一屋檐下有不同的信仰，不同宗教徒能和谐相处。关于这点，我们将在下面部分加以阐述。

（二）拉祜教徒增多及原因

尽管，早在 1979 年夏季，基督教在澜沧部分村寨重新活动，教徒及教堂迅速增长，但主要反映于佤族地方，拉祜族原信教村寨仍处于"平静"状态，前有表述，此不重复。部分拉祜族群众之所以如此表现，与其民族性格有关。如果用"水"、"火"两字来形容拉祜族、佤族，虽不太贴切，但亦能反映其特点：佤族民众的性格犹如"烈火"，炽烈、简洁、直接及猛烈；拉祜族犹如"江河"，缓慢、平静、渗透及渐进。在恢复或接受基督教信仰上，部分拉祜民众呈现出"慢热"面相，但一旦有人（寨）恢复或接受，起到表率作用，其他人（寨）往往仿效，户看户、村看村、寨看寨，别人寨里有，自己寨里也想有，产生连带的效应，后来居上。倘若外界环境宽松，这些行为将持续"发酵"，扩大影响，因而近年来拉祜群众中信仰基督教者增多，除性格特点外，当然也与当地政府贯彻执行宗教信仰自由政策、构建和谐社会等密切关连。

　　值得提出的还有，澜沧拉祜族教徒增多，还与该族教会的结构变化及经济资助，即教会的调适行为有关。

　　糯福在历史上曾是澜沧拉祜族信教群众的总堂，各信教村寨的撒拉在此培养、由此派出，单线联系，定期汇报或接受培训等。1957 年，县三自会成立后，糯佛的总堂地位丧失；再因撒拉等外迁境外，无人领导，该地的宗教活动也就不复存在，仅留驻下了历史的记忆。反之，东回区班利等寨因有撒拉领导，仍坚持宗教活动，拉祜族青年徐永福被地方政府选送南京神学院学习，培养成新型的教牧人员。

　　80 年代初，班利寨拉祜族群众最早恢复基督教活动，该寨徐永福牧师长期担任县三自会的负责人，主持拉祜族地区的传教等事务，班利寨在事实上成为拉祜族教区的总堂所在地，这样澜沧基督教在无形中分为佤族、拉祜族两个教区，独立活动[100]。1997 年 3 月，拉祜族教区进行调整，成立常务会，设正副主任及常委，划分了东回、糯福和木戛 3 个管理区，各将附近拉祜族信教村寨置入其间，统领起来，管理区设有管委会（拉祜语"务嘎塔"），成员 5—7 人，分别任正副组长、出纳及监察员，处理负责日常事务。每间隔 3 个月，管理区负责人召集区内各村寨撒拉及教徒代表集中开会，反映情况，交流意见，筹商事宜，检查任务，解决矛盾，制定目标[101]。其间，拉祜族教区还组织各管理区教牧人员，观摩学习，相互交流，等等。由于拉祜族教区单独存在，有常委会，还有管委会，以及管理小组，从两级管理变为三级管理，其中管理区、管委会起联结作用，承上启下，协调关系积极管理，解决问题，敦促评比，克服总堂与支堂间沟通欠缺、信息交流不畅等，有效组织起宗教活动，增大宣传的效果，扩张了基督教的影响，促进了传播。

　　除建立管理区等外，教会实施的经济扶助也不可小觑。在民主改革中，部分沿边拉祜族部分村寨采取"直接过渡"方式，建立新型的合作制，从而进入社会主义社会。当时，有关部门考虑到部分村寨的存在基督教会，以及撒拉的生活供养等，划有少量土地作为集体田，解决教会的自养等[102]。80 年

---

100 佤族教区在上允镇淘金河寨，目前负责人是田大牧师、田爱民传道员（撒拉）。

101 《澜沧县情》，第 26 页；苏翠薇：《基督教与拉祜族社区发展——澜沧县两个拉祜族村寨个案调查》，载杨学政等编：《云南基督教传播及现状调查研究》，宣道出版社，2004 年。

102 按照政策规定，民主改革时必须保护少数民族群众的宗教信仰，对教会的土地、财产及债务不予触动。

代初，农村经济体制实施改革，传统的集体田地得到了确认，作为教会的公产，收获物供信教群众等使用。当宗教活动恢复后，所在村寨的信教群众自发组织，无偿耕种教会的集体田，所得收成归入教会，统一管理；加上信教群众的奉献（当地称"纳佛"），以及当撒拉、波管等多为义工，因而各教会有了一定的经济收入，特别设立会计或出纳，专人管理，开支于日常活动等，或免息贷放粮食给教徒，或资助困难信教群众等，帮助其渡过难关。

由于教会拥有教产，掌握了资源，既不增加信教群众的负担，还会资助教友等，无形中产生吸引力，影响村寨民众的观念，加入教会，从而带来基督教在拉祜族地区的发展。据说"至今，边远山区的很多村寨正不断向民宗局申请，要求信仰基督教，建盖教堂。基督教在拉祜族人民生产生活中的地位愈来愈重要，有积极向前健康发展趋势"[103]。可以预计，在今后一段时间内，基督教在拉祜族群众中仍会发展，甚至快速发展。

（三）适应社会，自觉调适

前面曾述，过去，大凡拉祜、佤族村寨，接受基督教与否，往往受制于集体意识，表现为同一行动：要信，全寨民众都信；要不信，全寨都不信。单个的家庭没有选择的自由。同样，在每个家庭的内部，要信，全家都信；要不信，全家都不信。同一屋檐下难容两种宗教！反映在外，信教村寨与非信教村寨的界线分明，一目了然，于是当地人习惯以村寨为单位来计算教堂及信教群众的数量。

80 年代初，当宗教信仰自由政策得到贯彻，基督教重新恢复，公开活动。受传统观念、习惯势力等的影响，集体意识在群众选择宗教信仰时仍有重要影响，甚至施加无形的压力，强迫接受。如文东树新寨"有些信教的人说，不信教的人不能和他们在一起，礼拜天他们搞生产，影响我们休息。有一生产队长说：要信教，大家都信；要不信，大家都不信。一些人信了，一些人不信，我不好管理"。

不久，澜沧等地进行农村经济体制的改革，实施联产承包制，生产与否成为农民个人的私事，有了选择的自由，劳动影响祈祷不再成为借口，教徒难以藉此再干涉非教徒；反之亦然！教育的普及，经济的发展，人们外出贸易、打工等，接触交往增多，观念改变，自主意识增强，传统观念受到冲击，

---

103 苏翠薇：《基督教与拉祜族社区发展——澜沧县两个拉祜族村寨个案调查》，《云南基督教传播及现状调查研究》，第 381—382 页。

村寨或家庭"集体意志"的力度减弱，约束力逐渐丧失。这样，反映在接受与否宗教信仰上，群众有了选择的自由，成为个人的私事，互不干涉，宽容尊重。如糯佛老迈村罗某，自幼信教，洗礼受诫。长大成年后，娶非信教为妻，"开始时，两种教派在家庭里相安无事，但岳父大病一次，便改变了罗大的信仰。事缘岳父病重，花了许多钱到处求医治病，最后到了澜沧县医院，还是看不好。无奈时，到缅甸南莫村求助拉祜西巫师。巫师要求罗大改信拉祜西'佛教'，并配制了几服药。不久，岳父病痛痊愈。为此，罗某向撒拉、波管说明了改信传统宗教的思想，征得他们的同意后，自觉交纳了三元退会费，正式退出基督教。现在罗大与教会的关系颇为融洽，虽然他已没有参加教堂做礼拜，但有什么事情都相互协商进行，甚至帮助教会出义务工"[104]，等等。

其实，罗某改变信仰的行为在当地并不典型，接受基督教固然有信仰的追求，但不也排除部分人抱着利益的意图，希望有求必应，信仰获利！如果有求无应时，就会怀疑信仰的对象，减少甚至放弃相关的信仰追求。当集体意识"压迫"感消失后，这些想法往往转化为行动，退出或加入便顺理成章。

由于信仰成为个人的私事，因而在拉祜族群众中，拉祜纳接受基督教，拉祜西信仰佛教的传统格局被冲破，基督教也被部分拉祜西群众接受，消融了以教分族群的"界线"，促进了族群的团结。

20 世纪初，基督教传入澜沧时，针对某些社会问题，严厉戒烟戒酒，作为十诫的内容[105]，要求执行。当时的"烟"指鸦片烟，今天仍是基督教严格禁止之物，对酒的戒条则有所变化。毕竟进入市场经济社会，人与人间要交往，请客吃饭，人之常情，请客可能会喝酒。倘若继续恪守"不喝酒"的诫条，显示教徒的"边界"，可能不利于融合交流，进而影响产品交换、参与市场、人员外出务工等。部分教牧人员与时俱进，淡化这项规定，只是在礼拜及宗教节日时继续限制，容忍信教群众平常在特殊场合不过量饮酒而

104　同上。拉祜族内有拉祜纳（黑拉祜）、拉祜西（黄拉祜）和拉祜普（白拉祜）等支系。过去，接受基督教信仰者，主要是拉祜纳。老迈村原是拉祜纳聚居村，后因环境等原因搬迁新址，与其他两村合并，故与拉祜西群众杂居。

105　当时，澜沧基督教的十诫是：听父母话，不信鬼，一夫一妻制，不偷人，不饮酒、不吸大烟，要亲爱、不杀人，不嫖，不赌钱，服从基督教。杨树谷：《澜沧县外来宗教概况》，《云南民族情况汇集》，下册，第 168 页。。

已[106]。

在历史上，基督教被澜沧各族民众视为洋教，加入教会称为"投洋"。毋庸讳言，当时基督教与拉祜、佤族等族的传统文化之间泾渭分明，难以逾越！

中华人民共和国成立后，澜沧成为全国唯一的拉祜族自治县，传承及弘扬拉祜等族文化是该县的重要工作，依据民族区域自治法的规定，葫芦节（拉祜语，阿朋阿龙尼）、尝新节、新米节等被当地政府确定成全县的法定节日，全民共庆。于是，基督教会接受相关法规的约束，认同及欢庆这些节日，组织信众，载歌载舞，积极庆祝，融入其中。除传统的圣诞节、感恩节、复活节及圣灵驾节外，各族教会也积极参加葫芦节、尝新节或新米节等民族节目，举行盛大而隆重的庆祝活动，以及响应政府的号召，实践男女平等、权利一致等，还特别在教堂内举行"三·八国际妇女节"活动，等等。

四、积极调适，适应社会主义社会

概括而言，澜沧基督教结合形势的变化，积极调适自身，参与各项活动，与社会主义社会相适应等，撇开部分重复外，有以下主要表现：

（一）坚持独立自主，自办教会

澜沧接壤缅甸，从历史上看，基督教是从缅甸景栋传入，受其指挥。中华人民共和国建立后，经过革新运动，当地基督教实现了"三自"，与境外教会割断联系。原在澜沧等地活动的永文生等人撤到景栋，收容部分外迁教徒及教牧人员，积极建设，作为据点，不断对澜沧等地实施渗透。前有叙述，此不重复。

1979 年夏季，我国政府恢复宗教信仰自由等政策，开放边境，允许边民自由流动。其间，境外教会伺机活动，向拉祜族地区隔界喊话，"张××在景栋当了主教牧师，不能回来，如果糯福、东回没有撒拉，他可派其兄弟××回来传教，还可派一些撒拉、牧师；没有经书、赞美诗、打字机，可派人到景栋教会去拿，他们赠送"等，还派人入境，秘密活动，讲经布道，输送圣经、赞美诗等，赠送收录机、录音带、光盘或经费，诱惑青少年出境学

---

106 苏翠薇：《基督教与拉祜族社区发展——澜沧县两个拉祜族村寨个案调查》，《云南基督教传播及现状调查研究》。

习神学等。有的藉宗教为幌子，挑拨民族关系，妄图制造民族分裂，等等。澜沧因地处边疆，接壤缅甸，直接遭受境外教会的持续渗透，其中景栋教会及泰国清迈教会主要针对拉祜族，腊戌及勐冒教会则面向佤族地区。

在这些渗透活动中，以缅甸勐冒地区"扎谍"组织魏××最具典型。所谓"扎谍"本是沧源佤民，姓名岩保，学名魏尼那，其建立的教会组织因之称"扎谍"。20世纪40年代末，他被美国基督教组织任命为"召得"官，在缅甸绍帕设立据点，从事分裂活动[107]。当宗教信仰自由政策得到恢复贯彻后，"扎谍"组织派人入境活动，或拉拢边民，持续对澜沧部分佤族地区进行渗透，图谋破坏，在极个别地点一度造成恶劣的危害，产生严重影响。因此，抵御渗透，独立自主自办教会就显得必要和重要。1983年12月，澜沧基督教第三次代表会特别作出决议，重申遵循三自爱国的方针，坚持独立自主，自办教会，坚决抵制国外宗教的渗透，不准接受任何外国教会的指令、经援、捐赠和津贴，不允许国外教牧人员入境传教，不购买国外输入的圣经、录音磁带等；要求教牧人员及教徒协助政府有关部门开展相关工作，阻止渗透，消除境外教会的恶劣影响。如淘金河寨牧师田大等人，多次深入"扎谍"组织渗透较严重的地区，揭露"扎谍"组织的阴谋及活动的实质所在，强调中国基督教由中国人自己来办，反对境外教会越俎代庖、干涉澜沧等地教务，图谋不轨。同时，澜沧有关部门也采取积极措施，制止以至打击"扎谍"组织的分裂活动[108]

为了坚持独立自主，自办教会，筑起反渗透、反破坏的堤防，澜沧基督教三自会还从加强教牧人员的教育入手，先后在班利、淘金河两地修建教职人员培训中心，定期培训撒拉、管事等基层教牧人员，开展爱国爱教的教育，长期实践自立、自传、自养的方针，办好拉祜族、佤族教会。田大牧师曾强调"搞宗教不能违反三自原则，国家是保护宗教活动的，违反则违反了宪法，违反了教规，自然国家的法律不能保护"等等[109]，将坚持三自方针，反对渗透提高到法律的高度，依法开展活动。

（二）抵御毒品危害，开展福音戒毒

澜沧地处西南边地，接壤缅甸，边民来往密切，境外一些不健康习俗等

107　《云南跨境民族宗教社会问题研究》（之一），第55页。
108　《澜沧县情》，第309页。
109　1985年11月23日澜沧县淘金河寨田大牧师接受访问的谈话。

也渗透进入，对澜沧部分地方造成危害，尤其是七八十年代以来，境外大量种制鸦片、海洛因等毒品，澜沧沿边地带因毗邻毒区成为境外毒品的受害地，边民中吸毒者持续上升。毒品不仅戕害瘾民身体，衰败家业，妻离子散，更败坏了社会风气，传播艾滋病等恶性疾病……

当基督教恢复活动后，教牧人员响应政府的号召，宣传毒品危害，将戒毒纳入教会戒律中，借助教义宣传及教规约束，辅以心理治疗，抵御毒害，因而大凡信教村寨，基本上没有吸毒者、贩毒者。如：

> 澜沧县东回乡班利村、竹塘乡募乃村蒿枝坝社，以前村里打架斗殴的多，偷鸡摸狗的多，吸毒的多，环境卫生差，人民生活十分贫困。自从宗教活动正常、规范后，人们自觉遵守村规民约，遵纪守法，劳动致富，安居乐业，生产发展了，生活改善了，环境卫生好转；身体健康，吸毒、偷盗、打架斗殴等丑恶现象减少了。[110]

除服务本村本寨外，基督教还对外宣传，提供义工，倡导福音戒毒，帮助吸毒者戒除毒瘾，重新做人，恢复正常的生活状态，回归到主流社会。如澜沧与西盟交界地，有一个新建的村寨，名叫永不落村，该村由十余家、四五十人被各村寨撵出寨子的流窜吸毒者自发形成，抱团取暖，自我封闭[111]。最初，该村寨内部肮脏不堪，治安混乱，影响周围村寨。地方政府数次取缔，这些人与之捉迷藏，你来我躲，你走我回……当他们接受福音戒毒后，逐渐根治了毒瘾，恢复到正常生活状态，从事农业生产，养了鸡鸭，喂起猪只，村容村貌根本改观，与附近村寨搞好关系，接受政府的领导，愿意执行政策，等等[112]。

（三）学习科技知识，发展生产，脱贫致富

解放以来，尽管党和政府积极扶持，实施优惠政策，采取多项措施，拉祜、佤等民族地区社会经济有了很大程度的发展，甚至发生"质"的改变，解决了历朝历代不能解决的温饱问题，但还应看到，与其他民族、其他地区

---

110 思茅地区档案馆藏1999年9月24日地区政协工委关于澜沧、孟连、西盟三县宗教工作情况调查报告。

111 若村寨内有人吸毒，不仅影响家庭，还将影响其他村民。按照村规民约，对吸毒者驱赶出村，不能损害本村村民。需要指出的是，在澜沧吸毒者中，以吸食鸦片为多，戒毒虽有难度，但能够基本成功。

112 该资料由云南民族大学韩军学先生提供。

相比较，拉祜族及佤族的社会经济、民众的物质生活水平还有差距，于是中共和人民政府将拉祜族、佤族等 6 个少数民族列入特困民族，加大扶持的力度，实施更优惠的政策，争取尽快致富奔小康。

回顾历史，尽管处于贫困之下，与非信教群众相比较，拉祜及佤族等信教群众生活相对好一点。需要解释的是，"好一点"并非全是增加生产、提高效率所得，而是因为他们信仰基督教缘故，不吸烟、不喝酒、不因生病而祭鬼等，减少部分开支所至。

建国后，人民政府积极向拉祜族、佤族民众宣传医疗卫生知识，派遣医务人员深入村寨，免费治疗；引进优良作物品种及先进农具，传授先进的耕种技术等，提高单位产量等，社会经济得到较快的发展，信教群众以节支来增收的传统作法已不占优势。如何发展农林牧业生产，特别是专业化生产，搞活流通，参与市场经济，增加收入，迅速脱贫致富，成为当地政府部门的工作要点，也是基督教适应社会、荣神益人的要求[113]。

我们也注意到，当宗教活动恢复后，教会也在不同场合，鼓励信教群众学习及掌握科技知识，努力生产，增加收入。还采取多种方式，接受地方政府开展宣传，或提供场所等，配合政府开办培训班，传授教育，方便教友学习及掌握，等等。因此，在多数信教群众身上，有向外界学习先进事物、改善贫困生活状况的要求，愿意本人或子女上学读书，接受现代教育，乐意使用杂交稻等优良品种，使用化肥、复合肥及除草剂等，增人劳动效本，提高单位产量；主动适应市场，专业生产，发展种养殖业或特色产业，参与商品交换，增加收入；开设商店等，方便群众，促进流通等。近年来，个别村寨教会还利用当地特殊的民俗及宗教文化氛围，借助组织加农户的思路，采取"农家乐"等形式，生产旅游产品，提供民族文化服务，发展特色的旅游业，促进地方经济的发展，等等。仅我们接触所见，信教的拉祜、佤族村寨除了精神面貌、社会治安、环境卫生、计划生育等外均强于不信教的村寨，而且在经济发展、收入状况及群众的生活质量等，亦基本如此。听天由命、甘愿贫困决非基督徒的行为，响应政府的号召，发展经济，改善生活，致富奔小康等则是目前澜沧基督教会及信教群众的自觉行动。

---

113 如 1985 年 11 月 16 日淘金河寨田大牧师与我交谈时，说"宗教也要对生产起促进作用，在坝区可以种甘蔗，山区可以种茶树、紫胶等。计划生育与圣经不矛盾，目前英美这些信教的国家也都在搞计划生育嘛"等，清楚地表明这些意愿。

五、当前某些问题的认识

从 80 年代中共恢复及贯彻宗教信仰自由政策，澜沧基督教从事正常、公开的活动后，在接受政府对宗教事务的领导，教牧人员及教徒也不断调适自身言行，与社会主义社会相适应。在这个过程中，基督教采取了相应的行动，取得了突出的成绩。但我们也注意到，在当前的社会中，澜沧基督教也面临若干问题，急待解决，更好适应。

第一，县基督教三自爱国会的领导作用。1957 年，澜沧县基督教成立三自爱国会组织的，是当时云南民族地区唯一的县级基督教三自团体；1981 年，澜沧县在云南省率先恢复基督教三自爱国会组织的县级组织。我们注意到，在恢复、引导、规范及管理全县基督教活动中，在抵制境外的宗教渗透上，澜沧县基督教三自爱国会曾起到积极的作用，影响良好。

在 20 世纪 90 年代中叶前，澜沧县基督教代表会的召开及爱国会领导班子的换届比较正常，之后则陷入停顿。

由于较长时间没有进行组织换届，推陈出新，根据形势的发展、政策的要求，及时调整，因而县基督教三自爱国会难以发挥应有的作用。虽不能说名存实亡，但没有产生应有的领导作用则是不争的事实。尽管在这期间，该县拉祜族教区、佤族教区在组织各堂点开展正常的宗教活动中，均起到积极的作用；并且坚持独立自主、自办教会，继续抵御渗透或破坏，开展正常的宗教活动，保持教会的增长等等，成绩突出。但是，宗教活动缺乏全县性三自爱国会组织的指导，未能召开县属代表会议，开展交流思想，总结经验、研究问题，探讨解决，促进团结等。这现象若继续存在下去，恐怕会对澜沧基督教活动产生不利之后果。

第二，撒拉等基层教牧人员的培养及任用。历史上澜沧基督教会撒拉的培养，完全掌握在美国浸信会传教士手中，他们以景栋为基地，严格训练，决定其毕业与否。撒拉的派遣亦由糯佛美籍教士决定，撒拉的生活来源，除接受所在村寨信教群众的奉献外，还有糯佛总堂外籍教士的资助，视其传教成绩，予以不同等级的奖励，他们只是外国传教士的"雇佣者"，依教谋生。

解放后，在人民政府的支持下，澜沧等地基督教摆脱了境外教会的支配，独立自主，自办教会。在内地教会的支持下，构建并完成了包括撒拉弄（牧师）在内各级传教及管理人员的培养程序，实现了教牧人员培养的成功替代。

近年来，无论班利拉祜族教会，还是淘金河佤族教会，都非常注意对撒拉等基层教牧人员的培养，建立培训点，编写讲义，担任或聘请教师，认真培训，使之成为合格的教牧人员。

我们也注意到，在三自方针的指导下，撒拉的选择及培养使用等也发生了变化。今天澜沧教会的撒拉基本上由所在村寨信教群众推荐产生，重视的标准除具备必要的宗教知识外，还要求有知识、有能力、有经济头脑者，并要为教会义务服役。

的确，采取群众推荐、民主选举的方式，代表了村寨的民意，撒拉等具备了相应的威信，能够组织群众，开展宗教等活动。但在个别地方，受某些因素的影响，撒拉等基层教职人员转为世袭相承。虽说"打虎父子将，上阵子弟兵"，血缘关系或准血缘关系能因亲和而产生或增强集体合力，克服困难，然而血缘内传承、缺乏系统的学习等，恐怕会妨碍撒拉等教职人员的眼光，影响其成长，不利于其管理。

事实上，随着市场经济的发展、人员流动的加快，观念的更新等，拉祜族、佤族的村寨也在变化，血亲关系淡化，地域或经济等因素突显，宗教信仰成为个人的私事，又该如何顺应呢？

第三，自由传道人或邪教等影响。澜沧接壤缅甸，长期以来，抵御境外宗教的渗透是当地基督教会的重要工作。当改革开放后，澜沧社会经济得到很大发展，各族群众解决了温饱，生活质量有了提高。与之比较，境外民众的收入状况、生活水平等，则相形见绌。影响所至，境外宗教渗透的影响及力度则有所减弱。

由于教育的普及，接触的增多，汉语文成为澜沧各族民众交流的公共语文，阻碍边疆与内地交流的历史"屏障"逐步消失，内地民众来到澜沧沿边的增多及频繁，少数自由传教人也夹杂其间，积极活动，试图拉人入教。兹引传道人传唱的"我得去传福音"歌曲与之反映：

> 我得去传福音，在城镇、各乡村、各地方，都需要主救恩，迷路羊千万人，主慈爱似海深，我得去传福音，救灵魂；
>
> 主差我到各地，虽艰难，我必往，顾不得讲安舒、享平康，世上人虽看我太执迷，过愚妄，只得主喜悦，是我往；
>
> 众圣徒莫自欺，求世福、享安逸、耗岁月、花钱财，有何益？要警惕，要克己，罪中乐，全抛弃，为耶稣作见证，在各地；

另外，有迷路羊，主耶稣来找寻，快去报好信息，莫迟疑，主

差我到各地，把他们全招集，领各人都回父家里。[114]

更令人担忧的还有，近年来诸如"门徒会"等邪教组织成员也来澜沧个别地点秘密传播，图谋不轨，如 1995 年门徒会成员龚××等窜到澜沧雅口乡响水河村等地秘密活动，设立小分会、聚会点，"发展'办事'、'会长' 27 个，委任了一部分'执事'和'小会长'，曾一度使当地社会秩序造成混乱，生产生活受到严重影响"。接着，1996 年、1997 年及 2000 年，又有门徒会成员窜至惠民、东回、谦六等地秘密活动，散布谣言，诱骗群众，筹建组织，图谋不轨[115]。虽然这些非法活动被澜沧有关部门予以制止，门徒会一些成员也受到有力的处理。树欲静而风不止，邪教威胁并未消除，可能卷土重来，澜沧县基督教三自爱国会应予以高度重视，未雨绸缪，及早应对！

在此方面，团结起来、消除族群界限，实现交流，产生合力，以及培养及使用新型教牧人员、掌握活动的"旗帜"等显得尤其重要。其中的当务之急是召开县基督教三自会，选举产生新的领导人，实现换届，建立并健全新的领导班子，领导信教群众开展正常的宗教活动，抵制异端邪教的侵噬。

第五节　佤族地区基督教的活动与发展[116]

一、基督教恢复活动

（一）耿马基督教的恢复与发展

肯定地讲，80 年代以来临沧佤族地区基督教能够恢复，开展正常的宗教活动，得到持续的发展，得益于中国共产党恢复及贯彻宗教信仰自由政策。关于这个决定的环节，我们在前面各章中均已表述，此暂不论证，只就临沧地区的具体情况详加介绍。

---

114 《教会歌声》，缺印刷年月及单位，第 477 页。本人因条件限制，未录入简谱。再者，该歌的副歌歌词是"我得去传福音，在城镇、各乡村、各地方，众罪人，都得知主救恩。"

115 《澜沧县情》，第 29 页、309 页。

116 佤族主要聚居于云南临沧地区沧源、耿马和双江，以及思茅地区西盟、澜沧等地。因西盟佤族自治县基本上没有基督教活动，信仰基督教的佤族群众多聚居沧源、耿马和双江，因此本节主要介绍临沧佤区情况，内以沧源为主。但因拉祜族、傈僳族及傣族等与佤族杂居，因此本节将涉及拉祜族及傈僳族的信教群众。

在临沧地区，佤族集中分布耿马、双江及沧源三县，其中以沧源的佤族人数最多、比例最高，在阐述佤区基督教的调整及发展时，势必以该县为重点。不过，以基督教恢复公开活动而言，耿马最早、双江其次，沧源最后。因而，我们以时间为线索，先从耿马县的相关情况谈起。

1979 年下半年，环境有所宽松，耿马福荣区部分村寨的信教群众开始了宗教活动，但仍在暗中秘密进行，较之以前，其规模有所扩大，次数明显增多。为了贯彻执行宗教信仰自由政策，1980 年耿马有关部门开放了 6 个教堂，允许信教群众进堂祈祷，从事礼拜活动，于是基督教返回"地上"，重新开展公开的、正常的活动。接着，贺派等地部分群众恢复信仰，更多的教堂逐步开放，信教群众也日渐增多。1984 年 4 月，教会在枯老河及贺回沟分别举行复活节，参加的信教群众达 1200 余人，颇具规模。据 1986 年 5 月统计，耿马已有基督教堂 24 个，信教群众 1969 人（受洗教徒 769 人，慕道友 1200 人），教牧人员 100 人（传教师 4 人，礼拜长 26 人，执事 70 人），其中福荣等地宗教活动由胡玉堂、披里管理；贺派等地则由李老大、扎起八负责[117]。之后，耿马基督教有了较快的发展，到 1990 年时，教堂已有 37 所、教牧人员约 140 人，信教群众 4600 余人，以佤族、拉祜族群众为多。

前面已述，当基督教恢复活动后，正值中国积极改革开放之机，打开国门，招商引资，促进发展。境外教会伺机渗透，力谋施加影响；国内个别人做生意为名，来到耿马边地，自由传道，影响视听。加之历史上耿马基督教曾有内地会、浸信会活动，两会的教规教义有所不同，对教牧人员及教徒均有影响。为了规范行为，加以约束。1983 年 6 月，部分教牧人员通过协商，制定了以下活动守则：

　　一、发扬爱国主义精神，接受党和政府的领导。教内主要事务要通过宗教管理小组向区（镇）报告，也可直接向县上有关部门反映情况。

　　二、遵守政府的政策法令，不干涉行政、教育、婚姻和家庭，不搞赶鬼治病，诈骗财物及滥用圣经章节，含沙射影地攻击党和政府的方针政策。

　　三、遵守三自爱国制度的爱国守法公约，发现有非法违法活动

---

117 编委会：《耿马傣族佤族自治县志》，云南民族出版社，1995 年，第 26 篇，第 2 章，第 838 页。

时，及时检举揭发。

四、必须在教堂和定点进行宗教活动（礼拜），不接受外来教徒参加宗教活动。

五、不在教堂以外的地方宣传宗教，不吸收 18 岁以下青少年入教。

六、宗教活动要服从生产，在农忙季节，根据实际情况暂停活动，搞好生产，支持四化建设。

七、未经区（镇）宗教管理小组研究许可，任何人不得发展教徒，不得任意给教徒授职和搞其他宗教方面的事务。

八、坚持反对恢复已废除的宗教封建特权和压迫制度。

九、提高警惕，严防坏人利用宗教进行破坏活动，协助政府打击披着宗教外衣的阶级敌人，反对国外宗教渗透。[118]

1991 年 12 月，在有关部门的协助下，耿马县召开基督教代表会，成立县三自委员会和基督教协会，选举亚比斯任两会主席，领导县属基督教活动[119]。接着，亚比斯、余汝荣经过考核，接受省三自会按立，成为牧师。1993 年 11 月初，临沧地委统战部在福荣乡姑老河教堂举办全区基督教教职人员培训班，来自 8 个县的 100 余名教职人员参加培训。培训期间，省三自爱国会和基督教协会副主席龙约翰牧师、常委张泽民牧师亲临培训班，给予指导，考核并按立了牧师 1 人，教师 2 人，长老 10 人，传道员 36 人，会计 49 人[120]。这次培训为耿马教会按立了部分传道员，部分缓解了教牧人员青黄不接的矛盾。重要的还有，耿马基督教通过帮办培训班等事宜，直接受益，提高了教牧人员的宗教知识水平，传授了正规的教规教仪，有助于"两会"的管理工作。

其后，按照相关规定，有关部门登记宗教活动场所，办理了场所登记证和法人登记证，制定了管理制度，建立了管理小组，规范行为，教会开展正常的宗教活动，并根据形势的发展，以及宗教活动特点等，对活动章程适时调整，增加新内容，表现新要求。

"两会"成立后，亚比斯等教牧人员接受省"两会"的领导，采取措施，

---

118 临沧地区档案馆藏 1986 年（？）佚名关于耿马县宗教管理情况。

119 亚必斯口述，文史委整理：《回顾爱国爱教历程》，《耿马文史资料》第 6 辑。

120 临沧市统战部编：《临沧市统战史》，2007 年印刷，第 128 页。

利用教堂等场所，开办培训班，培养教牧人员及教徒骨干，提高水平，增强对教规教义的认识；以及学习及执行党和政府的相关政策，带领信徒群众积极努力，发展生产，改善生活。他们还开办相关培训班，从事扫盲工作，传授科学知识，宣传科学种田，发展专业生产，搞活流通等。

尽管耿马接壤缅甸，毗邻腊戌等地，境外人员经常入境，采取各种手段开展活动，实施渗透；以及提供优惠条件，诱惑我边民出境学习神学，妄图培养自己的人，掌握教会。当地教牧人员对之予以抵制，坚持独立自主、自办教会。如1985年复活节期间，缅甸传教师××到富荣，低价售兜圣经、赞美诗等，影响信教群众的观念，披里等人见此挺身而出，予以制止，强调"外国人不许干预插手中国的宗教活动，你经济上有困难，教会可以帮助你解决"[121]，制止了外国教职人员的不正当言行，坚持了自治及自传的原则。

从1980年恢复活动以来，耿马基督教持续得到发展，受洗者明显增加。如1990年信教群众有4613人，教堂（含聚会处）37所[122]。1998年，耿马基督徒增至9956人，其中受洗教徒8756人；教堂50处，其中登记教堂36处，暂缓登记16处。到2006年，全县基督徒10303人，其中受洗者9803人，教堂58处。这些只是教会的登记数，实际情况可能超过。基督教之所以在耿马得到迅速发展，除得益于宗教信仰自由政策得到全面贯彻执行外，还与当地教会的分布及活动的特点有关。

从教会的分布看，耿马县基督徒相对集中在两个区域：①福荣乡及孟定镇；②贺派乡及县城（耿马镇）。前者曾是内地会的活动区，信教群众是傈僳族、拉祜族民众；后者曾是浸信会的传教区，信教群众主要是拉祜族、佤族群众。20世纪90年代中叶前，福荣等地基督教发展较快，比较活跃；之后，则是贺派及县城等地教会，还迅速扩至四排山乡，影响沧源勐省及双江部分地方，反映在近年来当地信教群众的族群构成上，在傈僳群众中，基督徒比例较大，难以继续发展（参见下表），佤族、拉祜族教徒持续增加。从我们了解的情况看，今后耿马基督教的发展主要表现在佤族、拉祜族群众中。

---

121 临沧地区档案馆藏1986年（？）佚名关于耿马县宗教管理情况。

122 《耿马傣族佤族自治县志》，第26篇，第2章，第838页。该县志在记载时，注明此数据指同工（慕道友），并未反映受洗教徒人数。若加上他们，其数量将有所增加。然而，马清宝《耿马的宗教信仰及图腾崇拜》，（《耿马文史资料》第2辑）则言是年耿马有基督徒2610人（其中受洗者709人），教堂34处。

表 3-14　耿马县各民族基督徒及占该族人口比例表　　　单位：人、%

	教徒总数	傈僳族		拉祜族		佤　族		景颇族		汉族及其他民族	
		人数	%	人数	%	人数	%	人数	%	人数	%
1986 年	1969	707	41.3	1123	8.4	—	—	60	10.1	82	0.09
1998 年	8756	1938	67.2	4499	23.9	1820	4.3	310	34.4	189	0.15
2006 年	10303	2424	84	4840	25.7	2370	5.6	310	34.4	359	0.29

注：1、教徒总数包括受洗教徒及慕道友，但主要是受洗教徒；
　　2、各族信教群众的比例指占本族群人口的比例；
　　3、1986 年该县各族群人口依据 1982 年第三次人口普查数及 2000 年第五次人口普查数。

　　再者，在近年来耿马发展的信徒群众中，受洗者数量大增。受洗者的增加，意味着教会的发展活力增强，我们可以预见，在今后一段时间内，耿马基督教还将继续增加。

　　从教会的活动特点看，原内地会的教会在戒律及受洗条件等严于原浸信会，约束较多，要求严格。浸信会对信教群众抽烟、饮酒及打歌等规定的执行上，较宽松与灵活，较能适应市场经济的要求、青年人特点，以及与民族习俗的顶撞不强，有助于信教群众的对外交往，融入社会，因而部分民族群众、尤其是青年人能够接受，愿意加入。

　　值得提出的还有，近年来在耿马镇教会集中了若干各族青年教牧人员，他们从各地神学校毕业，熟悉经典，长于讲演，年青好动，能歌善舞，传教热情高涨，发展愿望强烈，相互激励，利用农闲时节，奔走耿马、双江及沧源等部分佤族、拉祜族地区，深入底层，巡回布道，扩张了基督教影响。可以预见，在今后一段时间内，基督教在耿马佤族、拉祜族地区将呈现较快的增长。

（二）双江基督教的恢复与发展

　　与耿马相比较，双江的基督教恢复稍晚一些。1982 年，南榔公社回晓寨有百余名佤族群众、贺六公社蒙化（后改名彝家）生产队等数十名彝族群众、拉扎及大吉生产队 60 余名拉祜族群众等恢复礼拜活动，公开了基督教信仰。粗略统计，当时全县约 200 余名信教群众，6 个活动场所。对于这沉寂多年而重新恢复的宗教活动，少数基层干部视若洪水猛兽，力图打压；部分人则放手不管，容忍自由开展活动。

　　鉴于这种情况，有关部门认为恢复及贯彻宗教信仰自由政策，是争取团结宗教上层爱国人士和信教人民群众、增强民族团结、有利于发展安定团结的政治局面。于是，他们要求广泛宣传党的宗教信仰自由政策，进一步提高信教群众的爱国主义和社会主义觉悟，保持社会稳定，促进经济发展。要注意管得过死或不敢管这两种倾向，对宗教事务要大胆管理，发现问题，及时处理，作好疏导工作，使宗教活动正常开展[123]；以及召集撒拉、波管（执事）等开会，交代政策，了解情况，明确其在宗教活动中的权限，无权发展教徒，如要施洗，必须由省上派牧师下来主持等等。同时，考虑到信仰基督教、开展礼拜活动的地方多是高寒山区，经济落后，要采取措施，发展山区经济，兴修水利，种植茶叶、紫胶等，增加群众的收入，希望降低宗教的影响[124]。

但是，该发生的事还是会发生。基督教在双江部分村寨得到逐步恢复，到 1985 年 9 月，已有教堂 9 处，佤、拉祜及彝族信教群众 310 余人，活动区域有回晓、蒙化、大吉及细些等地。

进入 90 年代，双江基督教有了较快发展，影响扩大。据统计，1999 年有教堂 20 所，教牧人员 34 人，内牧师及副牧师各一人，其余均为撒拉（传道员）；信教群众近 7000 人，除佤族群众外，以拉祜族群众为主。

基督教之所以在双江得到较快发展，主要得益于中共的宗教信仰自由贯彻执行，信教群众的权利得到保障，宗教信仰受到尊重，得以开展正常的宗教活动。再者，县基督教三自会负责人带头勤劳致富，起到良好的榜样，多数信教群众响应政府的号召，学习科技知识，调整产业结构，多种经营，发展生产，其家庭经济收入高于周围非教徒，产生吸引效应。部分人愿意为增加收入而加入基督教，成为信徒。此外，教会在经济活动中，或承包集体土地，或开垦荒地，发展生产，收入归教会，实现自养。平时贷款（粮）给信教群众，资助购买化肥等，解决困难，发展生产；秋后，借贷农民出卖粮食等后，再还钱教会。这些作法，教会满足群众的宗教信仰外，注入了经济资助或引导等因素，信教群众增加了收入、改善了生活，反过来，他们又回馈教会，增强了教会内部凝聚力，扩张教会对外的影响。近年来，双江基督徒增多，恐怕与之有一定关系。

还有，在双江基督教中，突出表现是信教群众自建教堂、自封或群众自发认可的传道员（撒拉）等问题较突出，形象地讲，是无证的宗教活动场所

---

123 双江县档案馆藏 1982 年 8 月 4 日双江县宗教工作情况的反映。
124 1985 年 11 月 11 日访问双江县统战部徐部长谈话。

多、未按立或认定的撒拉多。除此之外，其言行并不乱来，活动不违法。为了解决这些，在有关部门的支持下，双江基督教会重视教牧人员的培养及锻炼等问题，选派人员到北京等地参观学习，到省及地区等接受培训，提高素质、宗教知识水平及管理能力，爱国爱教。

（三）沧源基督教的恢复与发展

1、恢复活动与有关部门态度

与耿马、双江等地比较，沧源基督教活动的恢复相对晚一些。1983 年，永和及勐角糯掌部分村寨一些群众恢复了基督教活动，自发组织，开展祈祷等活动。"我县强烈要求恢复耶稣教，已进行公开活动、礼拜天全寨休息和唱赞美诗的有永和、糯掌两乡。永和共有 11 个社，355 户、1768 人，其中 6 个社、207 户、938 人完全恢复了耶稣教……糯掌，140 户 830 人于 1983 年盖了耶稣堂，闲时礼拜天休息念圣经，忙时也不搞"[125]。可是，有关部门却认为，全县原信仰基督教群众中有 80% 已放弃信仰，约 15% 的人要求过圣诞节，仅有 4% 的老人及信仰程度深的人仍开展礼拜活动，"不集中在教堂唱赞美诗，其中有个别人在吃饭时、睡觉前祷告。全县只有糯掌一个教堂 20 多人活动了"[126]，恢复宗教的要求并不突出。

尽管少数村寨恢复了基督教活动，但基本上是信教群众的自发行动，能否承认基督教的合法地位、尊重信教群众的信仰、公开活动且受到法律的保护等，还取决于当地政府对之的认识及相关的态度。

有关部门经过研究后认为，基督教在沧源县"不予恢复"。需要的解释，这项"不予恢复"指不予宗教团体的"组织"恢复，并非禁止信教群众的宗教信仰及礼拜等行为。当时，之所以作出"不予恢复"的原因是多方面的，除少数干部对宗教信仰自由政策的内涵认识不够、当时公开要求恢复基督教活动的人数较少外，还受到这两个因素的影响：1、该县原有宗教职业者（撒拉）或死或迁，现存者中多数人表示坚决不搞宗教活动；原民族上层人士也主张不恢复基督教。当时，他们的这些表态是否真实，暂且毋论，但公开态度是如此。2、认为这些年来佤族民众因收入增加、生活改善，习俗有较大变化，饮酒成为习俗，"基督教的规举要求不能饮酒，而佤族男女老少均喜欢

---

125 沧源县档案馆藏 1985 年 9 月 23 日关于耶稣教问题的报告。
126 临沧地区档案馆藏 1986 年 7 月 4 日沧源县基督教情况。

饮酒，特别是佤族水酒成为必不可少的最佳饮料，这也是促使大部分人不愿信基督教的一个方面"[127]。从历史上看，基督教的确禁止教徒饮酒，作为戒律，普遍遵守。但时代在变化，教规也会发生变化。

十一届三中全会后，贯彻执行宗教信仰自由政策是各级党政部门必须履行的职责，是拨乱反正、恢复及落实党的政策的要求。尽管，有关部门征求了各阶层、各部门及个别原教职人员的意见，经过数次会议讨论，决议不予恢复，"根据我县原来信仰耶稣教的多数地区，多数教徒、撒拉，多年来已经不信，目前也较为稳定，不是绝大多数要求恢复耶稣的情况，应继续坚持止面教育，不要公开提出恢复耶稣教，以保障过去信现在不信人的自由"。然而，鉴于基督教在沧源"名亡实存"的事实，即使有少数人信仰，还得承认其的存在，不能压制。于是，决定对那些已建盖教堂、恢复活动的村寨，"在其自治、自传、自养和不干涉政治、教育、婚姻、司法，不破坏生产、社会秩序，不与境外勾结往来的前提下，不要强行硬性阻挡，听其自便，以免宗教感情深、受外影响大的人，对我宗教政策的误解"[128]，等等。

其实，在当时的社会环境中，这种的措施是否得当？且不言其与改革开放的形势不尽吻合；即就周边县区执行政策的影响，以及对佛教（南传佛教）的开放程度，沧源地方要依靠"属地管理"态度对待基督教"组织"的方式是不能持续多久？[129]事实上，对于公开的宗教活动及宗教徒而言，有组织的引导或管理远比没有组织要强，尤其在边疆民族地区。进入90年代后，基督教在沧源部分地方快速传播、信教群众急剧增加、活动区域扩大，影响也明显增大（参见下表）：

表3-15　　1981～2002年沧源县基督教概况表　　　　　　单位：人、座

	81年	83年	89年	90年	94年	95年	96年	97年	99年	01年	02年
教堂	1	3	12	14	31	36	38	43	53	53	55
教徒	15	250	512	850	6850	5928	7900	8152	7495	12614	13300

注：上述相关数据只是概数，因统计口径不一，相关数据有所变化。

---

127 临沧地区档案馆藏1986年7月4日沧源县基督教情况。

128 沧源县档案馆藏1985年9月23日关于耶稣教问题的报告。

129 当时，有群众就说"共产党政策两个样，只准恢复佛教，不给恢复基督教"，对之表示意见。见临沧地区档案馆藏1986年7月4日沧源县基督教情况。

面对这样的发展态势，有关部门当然也不再坚持己见，承认现状，改变作法，允许建立县三自爱国会（2004 年 12 月），各堂点也建立或健全民主管理小组，培训及培养教牧人员，爱国爱教，协助政府做好信教群众的工作。简言之，恢复了组织活动。

2、基督教发展及特点

进入 90 年代，基督教在沧源部分地方得到快速发展，探究原因，主要有以下几个方面。一是境外及周围县份的影响。沧源接壤缅甸佤邦，与缅甸其他地方比较，虽然佤邦等地基督教力量有限，但对境内佤族地区的渗透及影响仍然存在，不能忽视。如永和原撒拉××外迁缅甸，1989 年后数次返乡探亲，召集部分信教群众座谈，宣传基督，激发他们的信教热情。于是，永和等地参加宗教活动的群众增多，教堂从 6 处增至 18 处。再如从 1996 年以来，腊戌某拉祜族牧师曾两次入境，在岩帅中贺勐、班奈村拉祜族寨活动后，接着该两村群众擅自盖起教堂，开展活动，等等。

除境外传教人员开展渗透外，周围地区的基督教活动对沧源也无不产生影响。前面曾叙，耿马、双江，以及澜沧等地恢复基督教活动较早，它们接壤沧源，是佤族、拉祜族群众的聚居地。尽管各地政府作出不能异地宣教的规定，但底层部分民众并没有接受其约束。毕竟血缘浓于水，超过地缘限制，况且基督教还具有积极、自发传教的激情。

沧源虽是佤族自治县，但也不乏拉祜等族民众，因而耿马、双江等地的拉祜族信教群众不可避免地会影响沧源同族民众，仿效跟进。如沧源单甲永武社永缅等拉祜族村寨，最初相邻的勐角拉祜族信教群众来此宣传基督教。"后来，耿马县、澜沧县也有信徒来过，并且来的这些信徒都是拉祜族同胞，他们有的自带乐器，并在该村举行群众性的打歌活动。打歌完后，还进行讲道，宣传神的有关知识，叫当地的拉祜族群众与他们联系"[130]。受此影响，永缅等地拉祜群众接受了基督教信仰，自发活动，定期举行礼拜、唱赞美诗等，还要求建立教堂，开展正式的宗教活动，等等。

受境内外基督教的影响，从 90 年代初以来，沧源县原有基督徒活动的地区，信教群众持续增长，教堂也不断修建；原没有基督教活动的地区，或自发组织起来，开展活动，或向当地政府申请，要求加入基督教，建立教堂，

---

130 沧源县档案馆藏 2000 年 10 月 13 日关于单甲乡永武村永缅九社群众要求入教建教堂调查情况的报告。

开展活动等。兹以团结乡××村为例，加以说明。1995 年 9 月 27 日，该村赵
××向乡支部、村公所提出书面申请，要求加入基督教。

（基）督教申请书

我们愿意加入宗教，有 4 户，九社赵××，六社李××，三社
李××和李××，人口 33 名，我们接代（替？）老一辈的风俗习惯。
这个风俗也不会反对党，也不反（对）社会主义，不反对人民政府，
我们敬畏党、敬畏政府，我们在党和人民政府的领导下，还要听党
的安排，虽然人到宗教，还遵（尊）敬党、政府，做我们的社会基
督。

请乡政府党支部、村支部给于（予）办理

1995 年 9 月 27 日

同日，村支部、村公所以基督教不符合本村社会实际为名，没有同意赵
××等的要求。10 月初，赵××等人又通过××村向团结乡党委、政府提出
相同内容的申请，要求加入基督教。13 日，乡党委及政府转批××村支部、
村公所，也不同意恢复，明确拒绝。赵××等人不服村公所的这道批复，于
11 月 3 日向具政府、统战部提出书面申请书，要求参加基督教：

（基）督教申请书

我××村要求加入宗教信仰有 7 户，赵××九社，六社李××、
李××，七社赵××，三社赵（李）××和赵（李）××，有总人
口 33 人。

我们要恢复老一代宗教信仰，风俗习惯，还是服从党安非
（排），服从人民政府、党支部安非（排），在于党的领导下，要做
我们的社会主义宗教。

请县政府、统战部给宇（予）办理。[131]

关于赵××等人这次提出的加入基督教申请，沧源县有关部门将给以什
么样的回复，我们不得而知？但从事后该教堂负责人的公示栏中，我们找到
了赵××姓名[132]。应该说地方政府允许恢复基督教活动，允许修建教堂，赵
××的宗教信仰要求得到满足。

131 沧源县档案馆藏 1995 年 9 月 27 日、10 月 13 日及 11 月 6 日团结乡团结村赵××
加入基督教申请及批复。

132 我们在 2007 年沧源县宗教活动场所登记表负责人栏目中找到了团结乡永作贯教
堂原负责人（汉名）正是带头申请加入基督教的赵××。

从表面上观察，赵××信仰基督教还要基层政权递交申请书、请求批准。这种作法似乎难以理解，然而这行动道出了云南边疆民族地区社会的特殊实情：

一、提出申请寓意深刻，反映佤族民众拥护政府的心声。如申请书说"服从党安非（排），服从人民政府、党支部安非（排），在于党的领导下，要做我们的社会主义宗教"，表现他们衷心拥护中共、愿意接受政府的管理，这是难得的、可贵的，揭示中共和人民政府在边疆民族群众心中的崇高威望。

二、受教育程度等影响，这些民众对自身权利的选择认识不足。申请加入基督教事实上是选择宗教信仰，按照宪法的规定，人民群众有宗教信仰自由。选择信仰那一种宗教是自己的私事，没有必要向基层政权写出书面申请，而且还用汉文。可见其追求强烈，心地纯朴，"虽然人到宗教，还遵（尊）敬党、政府，做我们的社会基督"。说明佤区基督徒既是教徒，更是公民，爱教也爱国。

三、基层政权作法有所欠缺。如果说 80 年代初对基督教团体"不予恢复"，考虑当时干部的认识程度及执政能力，以及地处边疆，处于紧张态势的氛围中，作出了这项决定虽不妥当，尚能理解。但到 90 年代中叶，思想解放早已完成，改革开放纵深发展，以不符合实际为借口来拒绝群众的要求，无论从法律的角度，还是从政策的层面，加以评判，均欠妥当！因而，对基层干部，还是有必要开展政策教育，认识及执行中共的民族宗教政策，依法管理宗教事务等，

部分佤族群众为什么要选择信仰基督教，而放弃鬼怪等传统信仰？或许有自境外的渗透，改变观念；或受周围信教民众的影响，主动仿效，愿意接受。此外，当地群众接受基督教还有道德伦理等层面的因素。

尽管，从历史上看，永伟里、永文生等人向佤族、拉祜族民众在传播基督教中包含某些政治的意图，但亦有宗教的因素，要改变观念，希望佤、拉祜族群众"归主"。在传播过程中，他们既强调基督教的信仰，也针对当地的社会实际，突出道德伦理的元素。如当地教会规定的十诫是：听父母的话，不信鬼，一夫一妻制，不偷人，不饮酒，不吸大烟，要亲爱、不杀人，不嫖，不赌钱，服从基督教。

改革开放以来，佤族地区生产进步、经济发展、生活提高，成绩卓著，但受某些因素的影响，社会的治安状况、道德伦理等不尽如人意。"近年来

在党的富民政策的指引下，人们的生活水平逐步提高，但是一些丑恶的社会风气，如酗酒闹事、打架斗殴、小偷小摸，男女生活作风等时有发生。而基督教的教义教规为："1、尊敬老人，听父母的话，2、不搞封建迷信，迷信鬼神；3、一夫一妻制，不乱搞两性关系；4、不酗酒；5、不偷不摸，不打架斗殴；6、不赌钱；7、不吸烟；8、要听耶稣的话"，教规约束教徒，其言行产生出较好的舆论、广泛的影响。于是，部分群众认为"信仰耶稣基督教就可以减少违法犯罪行为，社会风气也就会逐步得到好转"，从现实利益考虑，他们选择并加入了基督教，希望藉教理教规约束部分人，减少以至消除犯罪行为，净化环境，调整人际关系等，至于宗教信仰则为其次。当地干部深入基层，走访座谈，实地调查，听取意见，接触反映后，也承认"现在农村中酗酒闹事、打架斗殴、偷偷摸摸、男女两性关系等现象较严重，社会风气不如从前，这也成为信教群众要求恢复宗教活动的借口"[133]等等。

　　当然，除道德伦理等层面的因素外，部分民众选择基督教还有借助宗教信仰，开展宗教活动，通过祈祷或交流，产生及增强精神力量，治疗或抵御疾病，祛病强身，所谓"信教，不用打针吃药，病自然好"等。部分教徒（包括自由传教者）清楚认识少数群众的这要求，竭力鼓吹信仰基督教在治愈疾病等方面的神奇大能，"耶稣基督救苦难，治病赶鬼他有权，他是天国的大医生，救死扶伤的大医院"，编造种种"神迹"，用所谓现身说法，"我才信了几礼拜，浑身上下病好完，有人说我是迷信，我的病好是证件"[134]，借"见证"之说，竭力宣传，影响群众，改变信仰，接受基督教。

　　受此影响，少数群众将基督教视为治疗疾病的"廉价药方"，信仰则灵，礼拜有效。个别人甚至主动寻找，虔诚接受。典型者如勐角班奈某村村民赵××，其女儿经常生病，多方医治，用去不少费用，仍无效果，"后听一些人称信教可以驱病防（健）身，带来好运，有病就会愈好。于是，1999年6月他带着他家女儿到澜沧县洗礼。洗礼之后，认为女儿病情有所好转，全家则认为这是上帝的力量、神送来的福音，这就坚定了他家信神信主的信心，便开始信奉基督教"。他在外出学教，观摩及参与礼拜活动等之后，拟在本地建盖教堂，在两次申请未获答复的情况下，就购买材料，动员全家，搭建

133　沧源县档案馆藏1997年6月3日县民宗局关于对岩帅镇中贺勐办事处、团结乡班奈村公所两村（办）基督教问题的调查情况及处理意见的请示。

134　《灵歌百篇》（和合本），第1册，第21页。

简陋教堂，组织全家礼拜[135]。赵某某这行为并非个别，在沧源有相当的反映。有关部门曾总结：

> 90 年以来，信教地区的信教群众迫切要求恢复基督教活动，部分地方的信徒还写了建盖教堂的申请或派代表上访要求。由于管理跟不上，没能及时答复，久拖不决，使得信教群众极为不满，造成"请示与不请示一个样，反正政府不得批"的心理，擅自建盖教堂。问题一旦出现，既成了事实，我们不得不承认，才去进行管理，工作相当被动。[136]

这番总结说明政府部门对宗教事务管理是必须的，否则会无秩、混乱，甚至发生异端等危害；管理要主动、积极，不能等发生"问题"才去管理；还说明群众有宗教信仰的追求，信仰问题也是群众问题，其追求往往受到环境的影响，并非改革开放后，经济发展、生活改善等而不信仰，甚至人还因收入增加而有信仰的要求。

尽管，作为信教群众而言，选择及接受基督教有多方面的原因。但我们也应看到，基督教的宣传、活动等还具有较强的适应性，"比较适应于商品社会，加之它的活动方式和文艺形式对各年龄层次的人们都比较有吸引力，其神化（话？）故事近于现代，明白如话，通俗易懂，所以能吸引较广泛的信徒"[137]。的确，在坚持教义的原则下，基督教能够根据不同的环境及群体等，积极调整，适应需要。"就基督教本身来说，适应性较强，它所宣扬的'博爱'精神的教义教规又十分接近现实生活，其宗教仪式又十分简单，易为人们所接受。现永安村的物质生活和精神生活还不发展，特别是农村的文化生活又十分枯燥单调，为此信教群众只有在每周进行五次的宗教活动中寻求精神安慰"[138]等等，导致基督教在部分佤族村寨得到迅速的传播。

就有关部门而言，对基督教团体"不予恢复"的作法不可能持续多久。1994 年国务院颁布了《宗教活动场所管理条例》（国务院令第 145 号），再次

135 沧源县档案馆 2000 年 7 月 27 日关于勐角镇强行拆除班奈办事处七社赵××私建教堂调查情况的报告。但在 2007 年沧源县宗教活动场所登记表负责人栏目中注明勐省班奈教堂的负责人，正是这赵××，而且还是撒拉（传教员）。

136 沧源县档案馆藏 1997 年 7 月 22 日县民宗局关于处理好基督教趋问题的意见和对策。

137 临沧地区档案馆馆藏 1996 年 10 月 20 日民宗局等临沧地区宗教调研报告。

138 沧源县档案馆藏 1999 年 12 月 31 日县民宗局关于勐来乡永安村基督教问题的调查情况及处理意见的请示。

从"组织"层面承认宗教团体的合法性，规定各地政府有关部门对宗教活动场所进行审批、登记及检查，建立及健全各项规章制度，实行民主管理等，逐步将宗教事务管理纳入法律的管理之中[139]。按照要求，沧源等地必须执行国务院这项行政法规，对辖区内宗教活动场所进行检查验收，接受登记，标注编号。检查验收，接受登记，意味承认其合法性。基督教既然合法，"隐性"成为"显性"，所谓"不予恢复"丧失理由。随之而来，1995 年以来该县的教堂及基督徒人数猛然增加。需要解释的是，表 3-16 的数据指已予登记的教堂及信徒，不包括暂缓或不予登记者。为便于引导及管理，县基督教三自爱国会也着手筹建。

在"不予恢复"决定的指导下，该县缺乏前期的引导及管理，以及对教牧人员的认可及培训教育等工作。当 90 年代中叶，要求执行国务院及宗教事务局的相关条例，开展检查、登记基督教堂、颁发合格证时。按照规定，每个宗教活动场所要求有三至五人组成的管理小组，以及制定相关的规章制度，因而涉及到撒拉、弄宗（长老）、波管（执事，今汉译为泵管）等教牧人员。此后，沧源县不仅认定、登记及开放了一定数量的教堂，由此也出现一定数量的教牧人员，其中大部分系该教堂所在村寨群众自发推举的。如 1998 年在沧源县各教堂 116 人教牧人员中（内副牧师 2 人，长老 23 人，撒拉 66 人，执事 33 人），除副牧师 2 人，长老（弄宗）1 人、传道员（撒拉）12 人、执事（波管）1 人是经教会按立外，其他 100 人均为所在村寨的群众推选。据说他们中的"大都是原文革前的宗教职业人员或后一代子女，为此造成世袭现象突出，这些人年龄偏大，汉文知识一窍不通，宗教学识肤浅，理解圣经能力差，造成在传道中与圣经相背离的现象，在一定程度上阻碍了'积极引导宗教与社会主义相适应'的进程"[140]。于是，与周边县份基督教相比较，沧源县教会多数教牧人员系所在村寨的群众推荐而产生，年龄偏大，文化程度低，缺乏系统的宗教知识教育，教义教规掌握不够全面，多采用记忆中的

---

139 据《临沧市统战史》记载（第 123 页），早在 1993 年临沧地区便颁布《临沧地区宗教活动场所的管理办法》、《临沧地区宗教教职人员管理办法》等三个文件，对本地区宗教事务加以管理。

140 临沧地区档案馆藏 1998 年 9 月 28 日沧源县统战部宗教教职人员情况调查。据永和教堂县三自会会议室张贴的墙报反映：2008 年（？），沧源有教堂 65 个，信徒约近万人，教牧人员 206 人，正式按立 40 人，内有牧师 2 人，长老 5 人，传道员 26 人，执事 7 人；文化程度构成是，中专 1 人，高中 1 人，初中 17 人，小学及以下 21 人。剩余的 166 名教牧人员均未按立，系推选产生。

程式组织礼拜等活动[141]。

还有，因较长时期当地有关部门对基督教采取"不予恢复"的作法，而受多方向的影响，部分群众又有这项要求，产生对立。一俟形势变化，部分人便自发组织或参与宗教活动，修建教堂等，地方政府又急于做工作，撤毁或默认等，容易造成不良后果，产生恶劣影响。

1995 年以后，沧源政府部门为执行国务院《宗教活动场所管理条例》等法规，通过开展对登记教堂等工作，开放基督教的活动场所，督促教会建立管理小组，制或及健全规章制度等；选派人员参加地区举办的教牧义工培训班等，提高教牧人员的素质，爱国爱教，开展正常的宗教活动。与此同时，县、乡、村逐级建立由干部、民族人士及宗教人士组成的宗教工作领导小组，逐步规范了宗教活动，约束了不良的言行，确立及实现了对宗教事务的管理，于是"不但在管理上争取了工作的主动，同时也改变了过去'大闹'大解决、'小闹'小解决，'不闹'不解决的被动局面"[142]，宗教事务管理逐步制度化。基督教活动等也逐步正常化、规范化。

二、当前基督教概况

（一）爱国爱教，适应社会主义社会

80 年代初耿马、双江、沧源等县部分地方的基督教不同程度恢复公开的活动，信教群众持续增长，活动堂点不断增加，影响也日渐扩大。然而，受各种因素的影响，各县基督教三自爱国会及基督教协会的建立则相对迟缓，直到 1991 年 12 月，耿马县召开基督教代表会，成立三自爱国会，建立领导班子，亚必斯任主席。之后，双江县建立基督教教务领导小组。最后，沧源县也建立了基督教三自爱国会和基督教协会。尽管，"两会"及管理小组的建立及健全，形成及提高自我管理的能力，对于规范基督教的活动，抵制渗透或邪教的侵袭等，与社会相协调，成为政府联系、教育信教群众的纽带等，

---

141 据我在下永和教堂观察，礼拜活动时，撒拉坐在前台十字架下方，面对信徒。先指挥唱赞美诗，然后简单讲几句，然后分别指定男女信徒各一人祈祷、诵经及见证，中间穿插唱几首赞美诗，最后简单总结后便结束，时间不超过 1 小时。据说，礼拜活动每周要开展五次，周三、周六晚各一次，周日早上、中午及下午三次，不劳动，守安息日。

142 沧源县档案馆藏 1997 年 7 月 22 日县民宗局关于处理好基督教趋热问题的意见和对策。

都能起到积极的作用。但是，"两会"的成立与否，并不取决教会的单方面要求，一厢情愿，却受制于多方面的因素。具体原因，不再罗列了。

当地基督教三自爱国会及基督教协会建立后，接受全国、省"两会"的指导，建立相关的机构，专人负责，落实责任，认真管理教务等，独立自主自办教会，与社会主义社会相适应。如沧源县"两会"确定的工作目标是"为了更好地顺利开展沧源县基督教务工作，逐步提高基督教信徒素质能力，提倡三治（自？原注：即自立、自传、自养）方针，办好基督教会，自觉抵御各种邪教的渗透，协助党和政府宣传并落实宗教政策、法律法规，培养年轻的后继人才，为沧源构建和谐社会、民族团结、社会稳定，尽职尽责为教会服务，从而使沧源基督教管理科学化、制度化、规范化，并与社会主义相适应"。该县"两会"设有正副会长、总干事、秘书长等，分别承担不同的责任，还制定了公章管理办法、财务管理制度，以及学习制度等，争取做到管理的规范化等。

按照相关行政法规的规定，基督教堂除接受政府有关部门的检查，验收合格后予以登记，发给注明编号的宗教活动场所登记证外，以及办理教堂的法人登记证，组织3—5人的管理小组，制定相关的规章制度，明确目标及职责，接受有关部门的检查及群众的监督。如沧源县下永和（办事处）教堂确定的目标是：

> 蒙神的眷顾和和祝福，在永和社区党支部和村组干部的正确指导下，永和社区基督教信徒爱国爱教，荣神益人，在信仰坚定不移的厚（原）则下，依照国家的宗教政策、法律法规，进行着正常的宗教活动，提倡三自（即自立、自传、自养）方针，办好基督教会，依照基督教的教规教义、圣经真理的教导，抵制异端，反对邪教，结合永和社区，实践活动，为永和社区基督教教务、社会稳定、经济发展尽职尽责，服务社会，使社区全体信徒也能构建和谐社会，真正让基督教信徒的信仰生活与社会主义社会相适应。[143]

以上反映，佤区基督教"两会"及各堂点管理小组的工作目标是：坚持"三自"办教的方针，规定宗教活动的原则，明确宗教活动的内容，组织信

---

143 2009 年 12 月 22 日，连同上面县三自会的工作目标，抄于沧源下永和办事处教堂。括号内的字系我录入时改正的。另外，对上两个工作目标的标点也作了调整。

教群众进行正常的宗教活动，服务社会，促进发展，爱国爱教，与社会主义社会相协调。

（二）注重培训，培养教牧人员

不可否认，基督教恢复活动之初，教牧人员少，神学知识欠缺，对教义教规等认识不足。如何教育培训、提高教牧人员及教徒骨干的素质，认识圣经，正确讲道，规范活动，成为教会和政府有关部门的措施。因两者的工作对象不同，要求有异，教会通过培训教牧人员等，提高素质，扩张影响，发展教徒；政府则利用培训工作，灌输政策或法制理念，借助按立，促进教牧人员接受管理，适应社会主义社会。虽然，着眼点不同，但亦有共同之处，就是爱国爱教。因而基督教会在培训内容中，能接受政府的要求，增加新内容。

前面曾述，历史上在临沧佤族、拉祜族地区传播基督教是内地会、浸信会两个派别。尽管两派都注重对教牧人员等的培训及灵性修养，但培训方式上则明显不同。内地会往往是各教会自发组织而开展，并演化成基层教会利用农闲季节的自觉行动，如怒江教会的"雨季圣经学校"就是典型。

同样现象在临沧也会出现，80 年代初，耿马原内地会系统的福荣乡芒艾教会就率先启动培训事务。该地教会利用每年八九月农闲时节，在老枯河教堂举办教牧人员及教徒骨干的学习班，每班学习时间约 10 天，人数数十人以至百余人，接受当地政府的要求，藉此扫盲及传授农业科学知识等，将学圣经知识、学教牧学等与学文化、学时事、学政策及学法律等相结合起来，"解决了三个问题：首先学文化，分别办了拉祜文、佤文、傈僳文、汉文文化班，解决了扫盲问题；其次，是学习圣经知识，解决了年轻教职人员的圣经知识水平低的问题；再次，是学习了党和政府的有关政策和规定，提高了信教群众对党和政府的政策规定的了解，得到贯彻执行"[144]。这些培训，受到教牧人员及信教群众的欢迎，"通过培训，提高了教职人员和信教群众的综合素质，使宗教管理水平有了新的提高"，等等[145]。

耿马老枯河教堂的培训方式、培训内容等，受到地方政府的肯定，予以必要协助或支持。通过培训，部分教牧人员或教徒骨干不仅带头发展生产，

---

144 临沧地区档案馆藏 1998 年（？）关于中青年宗教人员现状的调查。

145 李明富、赵明生：《双江、沧源、耿马三个自治县宗教工作调研报告》，《临沧民族研究》，第 10 期。

搞活流通，还成为了村、组干部开展农村工作的得力助手[146]。接着。耿马镇等地教会也相继开办类似学习班，培训相关人员。其后，沧源、双江等地基督教会也开办类似的培训班，逐步进入常态化。

开兴教牧人员的培训班，既是教会自身建设的事情，更是当地政府管理宗教事务、传播科技知识、开展法律政策教育、促进教牧人员爱国爱教、引导宗教适应社会的有效途径。

当然，各培训班也有名额的限制，入学者是当地教会负责从或教徒骨干，要求热爱祖国，能接受党和政府的领导，遵纪守法，坚持三自方针，坚持走社会主义道路，拥护祖国统一和民族团结；又有宗教学识，并能联系信教群众的代表性人物。要经教会推荐，各乡镇政府同意，并报县或地区民宗局备案后，他们才能入学。政府有关部门利用培训班，协助教会选拔及按立教牧人员，培养了宗教活动的主持人，更通过考核及接立等方式，物色及使用爱国爱教的教牧人员，掌握旗帜，引导宗教活动正常开展。

1989 年，当边疆各县基督教活动恢复不久，省三自会牧师谷怀空牧师来临沧慰问地震受灾信教群众，有关部门通过谷牧师的训道活动等，对部分信教群众及教牧人员开展教育。为解决教牧人员青黄不接的问题，培养新型的教牧人员，临沧有关部门除协助教会选举部分人员到昆明、成都等地神学院学习外，还于 1992 年 3 月召开地区第二次教牧培训班，按立部分教牧人员。1993 年 11 月初，有关部门义在耿马福荣乡姑老河教堂举办全区基督教教职人员培训班，来自 8 个县的 109 名教职人员参加了培训。培训期间，省"两会"副主席龙约翰牧师、常委张泽民牧师亲临培训班，给予指导，帮助临沧基督教会考核及按立了牧师 1 人、副牧师 2 人、长老 10 人、传道员 36 人、会计 49 人，占当时临沧基督教教职人员总数（276 人）的 17.82%。"这是我区解放 40 多年来基督教界的第一次按立和派立，解决了临沧地区基督教多年来一直要求正式按立教职人员及自身建设的问题，在广大教职人员和信教群众中产生了较好的影响，他们表示要爱国爱教，用自己的双手致富，改变边疆的贫穷落后面貌"[147]等等。稍后，鉴于教会的发展及引导管理宗教活动的需要，1997 年 3 月临沧地区有关部门再次开办义工培训班，从培训人员中选择、考

146　李明富、赵明生：《双江、沧源、耿马三个自治县宗教工作调研报告》,《临沧民族研究》, 第 10 期。

147　《临沧市统战史》, 第 126 页。

核及按立了圣职 31 人，内有牧师 3 人、副牧师 6 人、长老 4 人、传道员 6 人和执事 8 人[148]。

十余年来，通过开办各类培训班，选拔、考核及按立了一定数量的新型教牧人员，逐步缓解了教职人员短缺的矛盾，通过正统的教义教育，提高受教育者的神学水平，以及加强了管理能力，基本上消除了宗教活动中的自发、无序或混乱等现象，做到了正常、规范、有序地开展活动。

（三）根据需要，扩大培训范围

过去，基督教会开办培训班，意在提高教牧人员及教徒骨干对教义教规等的理解，正确认识圣经等，纯正宗教活动的言行，选拔、考核及按立教牧人员。随着社会的发展，教会也面临着更多的问题，必须正视和解决。

首先，通过灌输，要求广大信教群众对教义有正确认识，对教规有基本掌握。不可否认，20 世纪七八十年代，临沧部分佤族、拉祜族地区基督教的恢复存在"一窝蜂而上"等现象，部分信教群众接受基督教并非自我选择，却带有较大的盲目性，跟"风"走。

> 基督教分布在经济文化比较落后的边沿高寒山区村寨，多数属于特困村寨。基督教与原始宗教相融合，信仰的盲目性大，这些信教群众历史上都曾信仰过原始宗教，其传入我国（县）后，与当地原始宗教相融合，在基督教信仰中注入了原始宗教成份，呈现出信仰虔诚、宗教感情深和信教群众信仰的盲目性大。[149]

虽然，这些信教群众信仰虔诚、宗教感情深等，但对教义教规等缺乏应有的认识，他们之所以加入教会活动，除村寨的集体意识等外，还希望从教会中得到宽慰、团结、交流，以及娱乐等，参加及分享集体的快乐。表现出来是唱歌跳舞多、祈祷神灵多、参与"打歌"等集体娱乐多，学习掌握圣经少、讲道论经少等。形象地讲，是"娱悦"性基督教。

其次，应该也必须防御邪教的危害。倘若这些地区还处在静态的社会，信仰"娱悦"基督教倒没有什么。然而，当前边疆民族地区与全国各地一样，坚持及扩大改革开放，从发展、流通中求得进步、求得发展。随之而来的是，流动人口的猛增及频繁加快，对于边疆民族地区社会经济的发展产生了积极作用。其间，有少数自由传道人甚至"门徒会"、"全范围教会"及"三班

---

148 《临沧年鉴》（1998 年），第 224 页。
149 沧源县档案馆藏 1996 年 3 月 2 日白光灿在县政协八届四次会议上发言。

仆人派"等成员也来到边疆地区，散布"有病不吃病，信教自然好；煮饭称米吃，米会自然生"等谎言，蛊惑群众，影响人心[150]。由于信仰的盲目性，对教义缺乏应该的认识，难辨是非，少数群众，包括一些信教群众容易受到蛊惑，上当受骗，参与其间。这些事实给当地基督教三自会提个醒，警惕侵噬，防止"偷羊"，应该也必须对信教群众开展宣传，认识教义教规，了解法律法规，告别盲目，分清正误，抵制邪说等等。于是，近年来部分教会将培训范围扩大到了信教群众，通过对他们进行政统的教育，认识及掌握基本教义，抵制自由传道人甚至邪教的迷惑，纯正信仰，做名副其实的基督徒，爱国爱教[151]。

此外，各地教会还配合政府有关部门，采取多种形式对佤族、拉祜族信教群众进行科技知识、市场经济，以及法律知识等宣传，以及针对某些特殊的社会危害，开展毒品危害、禁毒常识，以及艾滋病危害、防御措施等宣传，启发、教育及引导信教群众，紧跟党和政府的号召，科学种田，发展生产，搞活经济，拒绝毒品，预防艾滋病危害，等等。

（四）发展经济，解决自养

有关部门根据社会的需要，结合地方社会发展规划，在培训教牧人员及教徒骨干中，将带领信教群众发展经济也纳入其中，提出"一个教牧人员在那个村寨传教，就要带领群众发展生产，奔小康"等要求。希望教牧人员及教徒骨干能按照这项要求，因地制宜，带领信教群众发展生产，搞活经济，增加收入。当然，更需要提出的是，积极努力，发展经济、脱离贫困、改善生活、致富奔小康，也是时代对全国各族群众的希望、党和政府带领各族人民积极实践的道路，信教群众应该也必须遵从这些号召，努力实践，脱贫致富。作为教牧人员在管理教务之外，应该也必须带好这个头，作出榜样。

中华人民共和国建立后，特别是改革开放以来，边疆民族地区的社会经

150　张建华：《论新时期境外宗教渗透的主要方式及应采取的对策》，《临沧民族研究》，
第 10 期。

值得注意的是，近年有"邪教"意图渗透佤区活动，它针对贫富分化等现象，调整了宣传内容，关注穷人，吸引参加。如一份"邪教"宣传品声称，"必须顾念穷人，其一，竭力为穷人，祈求赐福；第二，抓好彼此相爱工作，解决好为穷人根本的问题，其三，念中设法解决燃眉之急，本次安排摸底春荒……"

151　2009 年 12 月 25 日耿马基督教会牧师李德学的谈话。

济有较快发展。然因多种因素的影响，佤区经济仍不够富裕，信教群众的收入还有限，对教会的奉献数量不多，教堂的自养能力差。加之修缮宗教活动场所及开展宗教节日活动等，需要较多的经济开支，部分信教群众负担过重。为了解决自养，有必要通过促进信教群众积极发展农副业生产，增加收入而增大奉献，增强教会的自养能力。

应该说，临沧地区多数教牧人员响应了政府的号召，接受要求，愿意带领信教群众发展生产。如耿马福荣老枯河教会副牧师亚比斯说：

> 1968 年因受冲击，我外出到缅甸、泰国，经受了多少的磨难，在了十多年，实在无法在下去。想来想去，还是祖国好，又带着妻子儿女回来了，回来后党还落实了我们生活补助。相比之下，出去是磨难，回来受到党和政府的关心，我决心按党的政策带领信教群众发展生产，如圣经中说用我们的双手创造财富，学习党的十五大精神，带领群众发展经济，奔小康。[152]

在亚比斯等教牧人员的带领下，当地信教群众在保持粮食生产的同时，利用区位的自然优势，种植橡胶、木薯、砂仁、草果、胡椒等经济作物，逐步走向专业化、规模化生产，落后贫穷面貌得到了改变，群众收入持续增加，逐步走向富裕，"这个乡有信教的地方，粮食入库任务没有拖欠现象，没有超计划生育，没有偷盗，没有吸毒，人们之间相处和睦，民族团结"[153]。沧源勐角赛松教堂副牧师扎朵带领信教群众发展生产，多种经营，创造收入。这些收入除解决教会的自养外，还资助若干群众购买籽种、化肥，解决困难，脱贫致富；或建盖小学，普及教育等。再如双江贺派乡芒尾拉祜族组，过去有 70% 的男人抽烟、酗酒，生产方式落后，群众生活困难。近年来，信教群众按照教义教规的要求，戒烟戒酒，致力于发展生产，实行粮蔗并举，经济快速发展，家家盖起了瓦房，家家有了电视机，有的人家还安装了有线电话。与邻近村寨相比，该寨群众的生产及生活水平优势比较明显[154]。

此外，部分堂点教牧人员除带头发展生产外，还带领信教群众开垦荒地，义务种植、管理及收割粮食或经济作物，将这些收入作为教会的公产，资助相关活动的开展或津贴教职人员等，藉此实现经济上的自养，等等。

---

152 亚必斯口述、文史委整理：《回顾爱国爱教历程》，《耿马文史资料》，第 6 辑。

153 临沧地区档案馆藏 1998 年（？）关于（耿马）中青年教职人员现状的调查。

154 李明富、赵明生：《双江、沧源、耿马三个自治县宗教工作调研报告》，《临沧民族研究》，第 10 期。

三、基督教活动中值得重视的问题

当前，在临沧佤区基督教的活动中，有这样两个问题值得重视：

一、沧源教会教牧人员，由群众自发认可多，他们的文化程度低、年龄大，没有接受系统的教理等训练，神学知识差，教会缺乏更多的后继者。

无论过去，还是现在，沧源都是临沧地区基督教的重要活动区，信教群众主要是佤族群众。佤族民众性格直率，行动快，群体意识强。虽然，该县基督教活动恢复的时间较早，却只是部分村寨信教群众的自发行动。作为"组织"（团体）恢复较为迟缓，直到 2004 年 12 月底县三自会及基督教协会才建立。

由于缺乏三自爱国会等团体的管理或统率，教牧人员的培养、考核或按立等未及时进行，供需间缺口较大。当地基督教活动的恢复或发展，固然存在外界的影响，甚至境外渗透，但群众接受信仰基督教多出于自我选择，相互影响，容易演变成村寨的集体行动[155]。一旦某村寨的多数人接受基督教，有力出力，有料出料，自行搭建活动场所开展活动，推荐或自封长老、传道员、管事等教牧人员，领导活动，造成"事实"。

关于个别村寨自行搭建的教堂，按照国务院《宗教事务条例》规定，筹设宗教活动场所须先向县级政府宗教事务部门提出申请，得到同意以后，再报设区的市级政府宗教事务部门审批。那些未申请得到批准的宗教活动场所属于"非法"建筑，应该拆毁。但在边疆民族地区，稳定压倒一切。为了安定民心、稳定社会，当地政府不能不予以正视，采取某些变通方式适当解决，暂缓登记等，避免在民族、宗教上出大事。

然而，对于那些由群众推选的教牧人员，当地政府有关部门则表现很无奈。这些由群众推选或自封的"传道员素质低、处于文盲、半文盲状态，他的思想理论水平低，对圣经教义理解含糊，往往背离圣经来讲解，特别是对党的宗教信仰自由政策理解不透，断章取义，造成宗教活动的一定混乱"[156]。按照《宗教事务条例》规定，教职人员由宗教团体认定，只在县级以上人民政府宗教事务部门备案而已。遵照该项规定，无论这些人员的素质如何，对

---

155 反之，某些信教群众较少村寨的多数人也认为一个村寨的信仰应统一，不然难以管理，于是歧视、排斥信教群众，甚至采取罚款、收回田地等。张建华：《论述社会转型时期宗教信仰自由的保护》，《临沧民族研究》，第 11 期。

156 沧源县档案馆藏 1998 年 9 月 28 日县统战部宗教教职人员情况调查。

其认定系宗教团体内部的事，政府有关部门不能越俎代庖，决定废立！

我们知道，教牧人员组织引导教徒开展活动，在一定程度上能影响甚至决定宗教活动的内容、方式及后果，因而某地宗教活动正常与否、能否爱国爱教、抵御渗透、阻止邪教等，与教牧人员有密切关系。于是，通过三自爱国会和基督教协会，重视和加强对现有教牧人员的培训，有意识培养、考核及按立年青的、文化程度较高、具备必须宗教学识的教牧人员，逐步替代，管好教会。

与之相反的是，耿马县基督教的"组织"建立较早，当地积极开办培训班，选拔人员外出学习，因而造成当地（主要是耿马镇教会）接受系统学习的青年教牧人员较多，相当活跃，巡回传教，近年来四排山等佤区基督教发展较快，并还对沧源勐省勐省、团结等地部分佤族、拉祜族群众产生较大的影响，带动了当地基督教的发展。我们认为，若无发生其他意外事件的话，基督教在永和等佤区基本上维持原状，在勐省及团结等地将继续发展，甚至更快发展。因其毗邻耿马，受该县教会的影响较大，但按照属地管理的原则，该地教会归沧源"两会"管理，该如何协调这些关系呢？

二、福荣教会与耿马镇教会的团结

目前，基督教在耿马县集中分布于孟定镇芒艾、枯老河与耿马镇、贺派等地。前者曾是内地会的传教区，信教群众主要是傈僳族、拉祜族；后者曾是浸信会的传教区，信教群众主要是拉祜族、佤族，两地教徒数量基本平衡。建国以后，经过教牧人员及信教群众的积极努力，传统的派别基本消除，爱国爱教成为共识，同堂礼拜，共同活动。

1991 年底，耿马县基督教三自会成立，组织及指导各族基督徒开展正常的宗教活动等，但受历史缘故等的影响，孟定镇教会与耿马镇教会间似乎产生裂痕，影响到团结。可是，近年来有个别人又试图利用这些，造成不和，扩大裂痕，撕裂统一的基督教三自会，又该如何应对呢？

第六节　滇北民族地区基督教活动与演变[157]

1978 年底，发生滇北部分民族地区的"两打六次战役"制造的错案得到

157　本节的滇北指昆明市以北地区，以禄劝、武定两县为重点，当地信教群众除苗族、彝族外，还有傈僳族、汉族等群众，因其人数少，故以苗族、彝族为名，兼涉及傈僳、汉等族信教群众。

纠正，基督教在禄劝、武定等地重新开展公开活动。在与社会主义社会相适应过程中，基督教作出了积极调适，荣神益人，活动积极，发展迅速，影响广泛。当然，我们也不否认，在爱国爱教、遵守法律、服从管理等上，教会曾经发生裂变，出现所谓"大众教"、"小众教"等，有不同的活动表现。

一、建立组织，正常活动

（一）成立三自爱国会

在恢复宗教信仰自由政策之初，禄劝、武定等地的基督教表现异常活跃。由于过去受到压制以至打击，而今得以公开活动，且受法律的保护，教牧人员及教徒迸发出强烈的热情，各类活动不分白昼、不考虑场所，没完没了，大张旗鼓，喧哗张闹，吸引眼球。个别人自封教牧人员，招摇过市，积极宣传，劝人甚至拉人入教；教会裂变，有大众教、小众教等，不一而足。因而，在保障宗教信仰自由的条件下，规范宣教行为，端正教理宣讲，引导宗教活动，注意活动方向。

1980 年 9 月，禄劝县基督教召开部分教牧人员座谈会，与会代表学习中共的宗教信仰自由及其他政策，认识基督教的活动情况，分析及研究存在的问题，拟出以下八条约章，要求各地教会贯彻执行：1、不强迫他人信教；2、不得利用宗教搞非法活动；3、不得干涉行政事务；4、不得在青少年中宣传宗教，发展教徒；5、教牧人员一般不要跨公社、大队去宣传，6、活动点要求方便管理，方便群众；7、不妨碍生产，不破坏民族团结，做到礼拜不出大队，圣诞节不出公社；8、礼拜时间只能安排在星期日。

其间，部分教会与所在公社、大队等商议，确定其活动堂点，选出教牧人员，组织宗教活动，以期做到规范、正常[158]。

1981 年 11 月，禄劝县召开第一届基督教代表会议，参会代表 89 人，代表全县彝、苗、傈僳、汉及彝族（密朗）5 个民族万余名信徒群众，李发献发表了开幕词。他代表该县教牧人员，表示通过这次会议，团结全县各民族信徒，继续高举爱国主义旗帜，扩大发展三自爱国运动，爱国爱教，遵循党的政策法令，做良好的信徒、良好的公民等[159]。

---

158 楚雄州统战部：《统一战线情况》，1980 年 9 月 25 日。1983 年 10 月前禄劝县隶属楚雄州，之后归昆明市管辖，改名禄劝彝族自治县。
159 李发献：《禄劝县三自爱国会第一次代表会议开幕词》，1984 年 11 月 11 日。

与会代表经过充分讨论，广泛协调，会议选举产生禄劝县基督教第一届代表会议常务委员，李发献任主席，张文忠等任副主席，一致通过会议的相关决议，明确表示：

> 我们应当继续高举爱国主义旗帜，坚持四项基本原则，拥护党的领导，拥护社会主义道路，带领广大信徒与全县各族人民一道，为维护国家安定团结，发展生产，为祖国实现四个现代化，进一步稳定边疆，为实现台湾回归祖国，完成统一大业，为反对霸权主义，维护世界和平作出应有的贡献。
>
> 我们要继续坚持爱国守法，做一个好公民、好信徒，不允许任何人借基督教的名义进行违法活动，危害人民身心健康，扰乱社会治安，羞辱主名。我们还要加强政治时事和文化科学知识的学习，协助政府全面贯彻宗教信仰自由和不信仰的自由政策。……要十分警惕和防止某些外国人以"传福音"为名，对我教会制造分裂，进行反华和渗透活动。[160]

武定县基督教会亦于同年 10 月中旬召开第一届代表会议，到会代表 76 人，成立三自爱国运动委员会，选举产生领导班子，李世忠任主席，熊加礼任秘书长。

禄劝、武定等县基督教三自爱国会成立后，先后加入省、全国基督教三自爱国会，成为其中一员。按照约定，每隔四年各县三自爱国会原则上召开一次代表大会，商议及决定教会活动的内容，改选新的领导班子。其间，三自会领导班子可依据特殊情况，召开会议，商议及解决相关问题。如 1983 年 7 月，武定县基督教三自会针对当时教务活动中出现的一些重点问题，提出在今后一段时间内，三自教会应该继续深入宣传贯彻三自再教育，认真贯彻中发（82）19 号文件，认真学习新宪法，继续协助政府宣传执行好计划生育，协助政府落实好教会房产，以及积极地帮助教徒解决圣经和颂主圣歌，等等[161]。

（二）制定章程，规定责任

县三自爱国会的成立，是当地基督教实践独立自主、自办教会的重要一步，随之而来地从事堂点建设，明确职责，规范行为，开展正常的宗教活动。

---

160 《禄劝县基督教第一届代表会议决议》，1981 年 11 月 14 日。
161 《武定县基督教三自爱国会一届二次委员会议的工作报告》，1983 年 3 月 17 日。

如禄劝县基督教三自爱国会根据宗教活动的要求，制定出各堂点的活动规则，要求如下：

一、各聚会点在政府宗教政策的保护下，进行正当的宗教活动。1、礼拜聚会要在教堂内进行，宗教活动要做到不影响社会秩序、工作、生产秩序和安定团结。2、施洗要严格按圣礼规定进行，新信徒须经过望友、慕道友、学道班等阶段的培养、考核，视其确有坚定纯正的信仰，才能定期替其施洗，成为正式教友。洗礼，每年在圣诞节和复活节各举行一次。

二、各聚会点的宗教活动，要遵守政府的各项政策法令，不能干预政治、教育、司法、婚姻等，要服从当地基层党政机关的领导和遵守当地的各项规章制度。遇特殊情况时，一切宗教活动必须服从政府的号召；同时要求当地基层党政机关和干部不要干涉教会的正当宗教活动。

三、各聚会点负责人要忠实于主的托付，做爱国爱教的模范，要按圣经宣讲宣道，带领羊群，走上正道。言和行都要做到荣神益人。要爱国爱教，做好本聚会点工作，不吸收未成年的青少年入教。应坚守岗位，做好牧养工作，使信徒家庭和睦，并与教外同胞相互尊重，友好相处。

聚会点经费只能乐意捐献，不能摊派，并做到民主管理，帐目公开。不要四出干预其他聚会点的工作，以免影响团结和造成混乱。在县三自爱国会领导下，坚决按三自方针办好教会。

四、提高警惕，防止和抵制外来流窜人员到本地区传教。对那些假借基督教之名，进行离开圣经与宣道相违背的乱讲乱传，甚至造谣惑众，诈骗钱财者，一经发现，要主动报告当地政府处理，以维护教会声誉和社会安定。

五、四化建设是使我国民富国强的根本大事，我们禄劝县的基督徒应在主的引领下，同全国主内兄弟姐妹、全国各族人民一道，在中国共产党的领导下，为四化建设积极生产劳动，努力贡献出自己的一切力量。[162]

与各活动堂点规定配套的是，禄劝、武定等县教会构建起牧师、长老、

---

162 《禄劝县基督教会各聚点公约》，1983 年。

传道员、执事及礼拜长的组织体制，统归基督教协会管辖，属于宗教活动的范围，履行宗教职责。如协会对长老等职责规定是，1、长老：①在牧师的委托下，可以替年满 18 岁以上的新信徒施洗，②每月为信徒为一次圣餐，③领礼拜、讲道，④访问信徒，牧养小羊，爱国爱教。2、传道员：①领礼拜，讲道，②访问信徒，牧养小羊，爱国爱教，③协助长老施洗，发圣餐。3、执事：①管理聚会点财务收支，做到经济民主，②信徒的乐意捐献，要用在神的教会上。4、礼拜长：①负责管理聚会点用物，如椁凳、用品等，用过后要收拾保管，不要遗失；②负责礼拜堂或聚会点的清洁卫生。随后，基督教协会取消了礼拜长，将其职责并入执事的职责中，避免叠床架屋，责任不清。

在禄劝、武定等基督教会中，与协会平行、甚至交叉的还有三自爱国会管理系统。县设三自爱国会委员会，由正副主席、正副秘书长、常委及委员等组成；乡镇设教务组，有正副组长、会计、出纳等，一般有 7 人；各堂设堂务组，一般是 5 人，亦设有正副组长、会计及出纳，从而形成较完整的管理体制。

二、培养人员，爱国爱教

（一）培养人员，掌握旗帜

当基督教活动重新恢复后，尽管是宗教团体，传播宗教信仰，开展宗教活动，但是走什么路、掌什么旗、从事什么样活动便显得重要！毕竟信仰存留于人的脑内，反映在其举止言行等上；而宗教活动既能表现个人或群体的信仰诉求，也是其举止言行的重要表现。

基督教是宗教团体，教理教规需要传授，活动要求引导，在这方面，教牧人员的作用非同小可，选择及培养教牧人员尤其重要。

1982 年，当宗教活动恢复之后，在地方政府的协助下，全国及云南省基督教三自爱国会牧师数次来到禄劝、武定等地，遵照教会规定，先后按立李发献、沙玉廉、李世忠、龙约翰、王忠林及龙圣忠等人为牧师，主持所在地方教会工作，领导开展相关的宗教活动等，构建当地教会的管理体制。

同年 2 月，禄劝有关部门支持县三自爱国会开展义工短训班，对基层传教人员进行教理教规及爱国爱教等的培训工作，各堂点有 220 名彝、苗、傈僳及汉族学员，其中 30 岁以下青年人占 46%，由省基督教协会谷怀空牧师讲授爱国爱教的道理，三自会主席张现洲讲授教规教义等。经过学习讨论，书写总结等，考试合格，结合平时表现，从中选择 35 名学员分别授予长老或传道员，充实了基层堂点的教务管理，以及相关的管理工作。

通过这次培训，受训者提高对神学知识及教规教仪等的掌握，还受到一次较有成效的爱国主义教育。受训学员一致感到做一个传道人，起码应当是一个爱国者，要传正道，不传偏道，否则就会把信徒引上邪路。进而认识到"要有国，才会有家，才会有教会"，因此一个基督徒必须首先爱国，否则爱教也就无从谈起了，爱教要求爱国，"爱国是神的旨意"[163]，应该遵从，等等。

由于及时培养及选拔基层传教人员，配合相关章程的制定，当地教会实现了定片、定点及定人的管理，划分了区域，确定了人员，落实了责任，规范了活动。

1984 年 2 月，禄劝县三自爱国会在具宗教科同志的带领下，对全县 100 多个聚会点进行教务检查，针对存在问题，及时解决。通过对各堂的实地检查，爱国会成员切身认识，"培养一批具有一定文化水平，爱国守法的中青年信徒担任各聚合点的传道工作，势在必行，宗教工作只能以教管教，才能纠止教会内部的不正之风，才能把党的宗教政策变为他们自己的实际行动"，决定开办第二期义工短训班，加大培养的力度，提高教牧人员的质量，增强主持宗教活动等的能力。

与第一期短训班不同的是，这次训练班设置了入学的"门坎"，规定学员要信仰纯正，为人正派，在教内外有好名声，有高小文化程度水平，自愿报名，经各聚会点评选推荐入学。在培训班开办之前，三自爱国会领导成员认为：

> 要把教会办成适应于当今社会风貌的新型教会。不解放思想、革故鼎新，老是按照外国洋人遗留下来的那套老办法来办教，就会脱离现实，就要遭到教外朋友的强烈反对，就会与当今的现行政策格格不入，就要背离广大群众的政治利益和经济利益，就会成为阻碍社会发展的逆流。[164]

于是，这次培训班根据这些要求对授课内容作出了调整，除开设"专题查经"、"教牧学"、"基本要道"等传统课程外，还专门开设了"教会与

---

163 《禄劝县基督教基层传教人员培训班总结》，1982 年 2 月 15 日。
164 《禄劝县基督教第二期义工培训班情况总结》，1984 年 8 月 1 日。

三自"等新课程，在传授必要的教理教规等外，还结合中国基督教三自历程及发展变化，开展爱国爱教及政策教育，收到了较好成效。在结业时，根据其学习情况，结合日常表现，新授权长老11人，传道员14人[165]。

从此之后，禄劝、武定等地三自会对基层传教人员的培养工作进入常态，每隔一段时间，由三自会出面，举办各类短训班，传授相关知识，学习交流，锻炼提高，选择对象，重点考核，然后分别授予不同的教职。

当然，培养教职人员仅依靠短训班等速成教育方式是不够的，对于牧师等教职人员，还得进入神学院等接受规范的、长期的培养。于是，禄劝、武定等教会每年选择数名具有一定文化知识，愿意为教会奉献，要求上进的青年人进入昆明、成都等神学院学习，培养新型的青年牧师，掌握教会的旗帜，坚持三自爱国的道路，独立自主，自办教会。

（二）基督教的发展

从1978年底，宗教信仰自由政策贯彻执行后，基督教在禄劝、武定为代表的滇北地区得到了快速发展，其中以禄劝县的发展速度最快（参见下表）。

表3-16　1974～2004年禄劝县基督教（三自会）概况表　　单位：人、个

		1978年	1980年	1984年	1987年	1990年	1991年	2000年	2004年
教徒人数		4008	11684	23330	32668	40875	33000	42193	40227
教堂	教堂	未开放，缺统计			200	207	207	207	203
	聚会点				100	170	180	260	260
	合计		90	125	300	377	387	467	463
教牧人员	牧师	—		2	2	2	2	4	15
	长老	48		21	49	42	78	78	141
	传道员	67		11	90	65	86	106	153
	执事	45		8	180	121	235	257	376
	合计	160	273	42	321	230	401	445	685

注：① 1978年统计数中，有会长1员，并入长老中，礼拜长10人，并入执事中；
　　② 聚会点的全称是早晚聚会点，指未经政府批准开放的堂点，临时开展宗教活动；
　　③ 1984年该县教职人员只统计接受立者。

---

165 《禄劝县基督教第二期义工培训班情况总结》，1984年8月1日。

　　此表反映，1987—2004 年间，禄劝基督徒虽有变化，甚至呈现较大幅度的变动，但基本上围绕 4 万名教徒这中位线作上下波动。不过，略有不同的是，教牧人员从 20 世纪 90 年代以来持续增加，尤其是进入 2000 年，牧师持续增长，年青一辈牧师、长老、执事等逐步成长，担任各堂点领导，组织开展相关宗教活动等，表现禄劝县基督教（三自教会）进入可持续发展的态势中。至于武定等地教会的情况，大同小异，恕不赘述。

　　禄劝、武定两县系民族地区，在基督教会中，彝、苗、傈僳族信教群众为数不少，根据掌握的有限资料，我们特制作以下两表，反映各族信教群众在教会中的比例。

表 3-17　禄劝县各民族基督徒数及比例表　　　　　　单位：人、%

	全县教徒		彝族教徒		苗族教徒		傈僳族教徒		汉族教徒		其他民族教徒	
	总人数	%	人数	%	人数	%	人数	%	人数	%	人数	%
1977 年	3897	100	2681	68.8	580	14.9	336	8.6	299	7.7	1	—
1884 年	23330	100	14587	62.5	1400	6	2062	8.8	5257	22.5	24	0.1
1987 年	32668	100	14812	45.3	1400	4.3	2062	6.3	14339	43.9	55	0.17
1991 年	33000	100	17822	54	1920	5.82	2756	8.35	9600	29.1	902	2.73
1993 年	40343	100	23432	58.1	1977	4.9	2813	7	11969	29.7	243	0.6

表 3-18　武定县各民族基督徒数及比例表　　　　　　单位：人、%

	全县教徒		彝族教徒		苗族教徒		傈僳族教徒		汉族教徒		其他民族教徒	
	总人数	%	人数	%	人数	%	人数	%	人数	%	人数	%
1980 年	8348	100	1215	14.6	4793	57.4	1444	17.3	896	10.7	—	—
1981 年	9173	100	1202	13.1	4700	51.2	1900	20.7	1346	14.7	25	0.27
1982 年	13155	100	3884	29.5	5883	44.7	2474	18.8	914	6.9	—	—
1993 年	17390	100	4160	23.9	6000	34.5	4210	24.2	2540	14.6	480	2.8

　　以上两表记载数据虽系概数，但大致能反映禄劝、武定两县信教群众中的民族构成。大致而言，在禄劝县基督徒中，彝族教徒占有较高的比例；反之，在武定基督教徒中，苗族教徒占有较高比例，只因近年来其他民族群众的加入，致使两族教徒在所在县份基督徒中的比例有所下降。

（三）快速增长，管理必要

作为教职人员而言，教徒越多越好，这不仅表现追求耶稣的人数多，也反映教会力量大、影响广。然而，基督教并非在真空中开展活动，其宣传及发展将会受到各种因素的制约，难以随心所欲！

20 世纪 50 年代初，基督教在滇北地区传播 40 余年，教徒约 3 万人，其中武定、禄劝两县教徒各有一万二三千人，合计两万五六千，占了教徒总数的 80%。在这些教徒中，有不少人是在 1950—1951 年才入教的。除开他们，暂不计算，真正在民国年间加入教会的教徒估计不超过 2 万人，因此我们认为在旧中国，虽然基督教在滇北民族地区频繁开展活动，但其发展并非迅速，是有限的。分析原因：①政局动乱，治安丧失，安全无法保障，在一定程度上妨碍了宣教活动的开展；②旧政府虽然不直接过问教会活动，却在暗中设有"障碍"，让教会活动不顺畅；③斯时民族对立存在，关系僵硬，在多数地方，教徒是"孤立"少数，不仅难显力量，反遭歧视或压制。

解放以后，尤其在 1951 年至 1958 年，尽管存在这样或那样的问题，但社会安定，秩序正常、治安保证，交通便利等，禄劝、武定等地基督教得到了较快增长，只是在"大跃进"运动及之后"文化革命"时期，宗教信仰自由政策受到践踏，遭到破坏。影响所至，基督教等宗教受到打压，公开变隐蔽，暗地活动，反却加快基督教在底层社会的发展。

1、快速发展与原因认识

从 1978 年后，滇北民族地区基督教再次得到迅猛发展。这之中，既有正常的发展反映，亦有非正常因素作祟，从不正常的发展中，认识管理的必须与必要。我们仍以禄劝为例，略加说明。

表 3-19　1977～2004 年禄劝县基督教徒（三自会）统计表　　单位：人

年份	1977	1978	1980	1983	1984	1987	1988	1989	1990	1991	1993	2000	2004
人数	3897	4008	11684	24306	23398	32668	35000	64429	40875	33000	40343	42193	40227

此表反映，20 世纪八九十年代禄劝县基督教发展有两大"高峰"：①1977 年至 1983 年之间，信徒从 3800 余人增至 24000 余人；②1987 年到 1989 年间，教徒由 32000 余人猛增 64000 余人。对这两次增长"高峰"，探究原因，则明显不同。

第一次快速增长的主要原因，得益于宽松的社会环境，中共和人民政府恢复并贯彻执行宗教信仰自由政策，包括基督教在内的各种宗教得以公开从事正常的活动，受到法律的保护。

过去，在"左"的思想的指导下，宗教曾被视为剥削阶级的思想，欺骗及麻痹民众，服务于旧的统治阶级和旧政权等缘故而受到压迫，在"文革"期间，宗教根本不能开展活动，"消失"于群众的视野中。十一届三中全会，拨乱反正，贯彻执行宗教信仰自由政策，压迫一旦消释，多年积聚的能量猛烈喷发，促成宗教的迅速发展。

除了时代的因素外，在禄劝、武定等地，基督教的迅猛发展还有这特殊的原因，即"两打第六次战役"产生的后遗症。1978 年五六月间，禄劝、武定等地开展了"两打第六次战役"，以大规模的群众运动配合专政力量打击基督教等，阻击其"复辟"活动。由于该项战役是在"错误"时间开展的错误行动，理所当然地被迅速纠正。年底，有关部门着手纠正六次战役的"错误"，向受迫害的信教群众赔礼道歉外，无条件释放逮捕入狱的教职人员或教徒，承认错案，公开宣布无罪，予以赔偿等。前有论述，此略！

由于形势的变化太突然，前"辱"此"荣"，前"屈"此"伸"，激发并增强部分逮捕而释放的教职人员的激情，愿意以身殉教，要拼命传"福音"、结"果实"、求发展，"认为这是'魔劫'的应验，'出狱是上帝的安排……'，'过去的浩劫，现在的自由，都是上帝的主宰，否则我们是永远也不会出狱的，所以现在是宗教的胜利，也是上帝的胜利'……他们决心以身殉道，背十字架，他们发扬传教士精神（原注：有人说他们的精神超过了帝国主义传教士），不辞辛苦，日夜奔走，深入穷山僻壤，进行传教，同我们争夺青少年，'要一代比一代信得好……'"[166]

处于这"特殊"年代，在滇北这特殊地区有这样一些"特殊"人员的积极活动，竭力传播，发展教徒，有人还集中村寨的部分少年儿童，教学圣经，灌输宗教知识，教唱赞美诗，编排宗教舞蹈；甚至有人将青少年唱诗班变为巡回传教宣传队，跋山涉水，走村串寨，还跨省活动。这些宣传队员白天教当地信徒，唱赞美诗，排练节目；晚上义务演出，鼓吹世界末日，声称"快快戒烟酒，赶快来信主"；"信主的能进天堂，过幸福美满生活，不信主的要丢进火海，统统烧死……"宣传福音，影响视听，改变信仰等。

---

166 《民族边疆情况》，第 44 期，1980 年 4 月。

当时，包括宗教信仰自由在内的各项政策尚在恢复中，基督教三自爱国会及各堂点管理小组尚在建设中，政府对宗教事务管理还在明确中，难以也无力抵制这些无序的行为，致使禄劝、武定等地基督教活动形成短暂的"发展热"。

至于第二次发展"高峰"的形成，则与牧师李××等的错误宣传及不当作法有关。李××系禄劝县教会老一辈教职人员，解放前曾在撒老坞圣经学校任过教。1951 年 2 月，他在滇北基督教会响应革新运动的爱国宣言上签名，拥护三自革新，人民政府予以安排，在进入县政府，任民政科科员。1957 年以后，李××也因宗教信仰而受到不公正对待，划为右派，回乡务农。

1979 年，宗教信仰自由政策重新得到贯彻执行，当地政府采取措施纠正宗教领域的冤假错案。其间，对李××蒙受的错误处理予以纠正，公开平反，以退休形式解决，补发工资，按月发给退休金，还推荐担任昆明市政协委员。

其间，基督教重新开展活动，李××因其特殊履历及老资格等，被推上了县三自爱国会的领导位置，担任主席。在组织宗教活动、教育信教群众遵守法令政策、爱国爱教等方面，他曾起到积极的作用。但他在宣讲教义、解释教理、团结同工、发展教徒等则不时采取不严肃的态度，随意性较强，尤其是教会的发展上，往往是一"信"就洗，突击发展，多多益善，只要数量，不求其他。如 1983 年八九月之交，李××在下乡讲道的数天中，就施洗"教徒"200 余人，其中有 12 名农村党员及若干名团员。对之，当地干部不禁感慨："真是长期教育，不如李××走访一趟"[167]，说明其行为产生的不当后果与恶劣的影响。

这样快速的突击发展，影响恶劣，为了端正方向，恪遵教理，按教规办事，规范言行，内容，适应社会的要求。1984 年，在县政府宗教科的协助下，禄劝县基督教三自会先在小范围内对李××等不严肃的行为，进行批评，诚心帮助。接着，在短期义工训练班上，针对部分基层堂点存在的问题和李××的不严肃作法进行了不点名批评，强调教职人员要遵循教义教规，不能信口开河，滥收滥纳；必须遵守法令及政策的规定，按照独立自主、自办教会的原则，把教会办成适应形势要求的新型教会，与社会主义社会相适应。借助摆事实、讲道理等方式，上帮下促，李××初步认识到其错误之处，公开

---

167 禄劝县档案馆藏 1983 年 9 月 26 日撒营盘张××宗教情况反映。

检讨，愿意改进，遵守教理教规，按照教职人员中对牧师职责条款的规定，约束言行，不乱讲乱施洗，服务教会，等等。

其实，依照县三自会的规定，依照李××的不妥言行，不宜留在爱国会领导班子中，继续担任主要领导，主持宗教活动及管理相关事务。当然，三自会成员等对李××的批评，旨在惩前毖后，治病救人，为让李××能改正错误，迷途知返。后经多方劝说、开展工作，多数教牧人员同意他继续担任县三自会主席。

2、李××不当言行，损伤教会

然而，令人感到痛心的事仍然在李××身上再次发生。1987 年，李××根据 4 个女信教的"异梦"内容，断言"世界末日"将在 1989 年 11 月 25 日至 1990 年 1 月 25 日之间（旧历九月十九日、十月十九日，冬月十九日凌晨 2 时），声称当末日到来后，地球将毁灭，教徒因上帝庇护而升入天堂永享幸福，异教徒将沦入地狱，备受煎熬，永受痛苦，等等。

在李××错误言论的影响下，当地宗教活动出现不正常现象，部分群众受到谣言诱惑，迫切要求加入教会，幻想进入天堂，求得幸福。仅在 1989 年 7—9 月间，李××等人就突击发展 17985 名教徒[168]，致使禄劝县基督徒猛增到 64429 人，教堂及活动点达到 388 个，形成第二个发展"高峰"。武定等地也受到影响，该县基督教徒也猛然增加 26000 余人。

在这期间，部分教徒陷入了混乱与兴奋，一些信徒不事生产，宰杀耕畜，贱卖物品，吃光喝光，集中山头，昼夜祈祷，注视苍穹，寻找"十字架发光"，等待拯救，升入天堂；部分堂点也纷纷举行大型"奋兴会"，祈祷神灵，圣灵充满，表现虔诚。有人将唱诗班变为传教宣传队，敲锣打鼓，吹拉弹弹，巡回宣传，传播"末日"，制造恐慌，扩大影响……

事实证明，李××预言的"世界末日"并非到来，也不可能来到！但其预言则造成了部分教徒的思想混乱，行为乖张，不事生产，贱卖家产，屠杀耕畜等，开展"山祷"，搞奋兴大会等，败坏了基督教的形象。更恶劣的还有，禄劝县撒营盘升发教堂宣传队拟到四川省会东县开展宣传该预言，在则黑乡小田坝渡金沙江时渡船沉没，酿成 23 人丧生的恶性事故。

---

168 在这些突击发展教徒中，有中共党员 883 名、共青团员 420 名，教师 113 人，职工 58 人，18 岁以下青少年 2214 人（其中在校学生 1257 人），四项合计 3688 人，占突击施洗数的 20.1%。

事后，李××虽被撤销三自会主席职务，再次公开检讨，但事故惨痛，影响恶劣[169]。在所谓"世界末日"的神话破灭后，禄劝基督教又涌出了大面积的退教潮，不过数月的时间，教徒总数减少了 1／3 强，降至 40000 人，回归正常的状态。

为了清除恶劣的影响，弥补无知群众遭受的损失，解决信教群众的困难，各级政府伸出援助之手，先后发放救济金 20 余万元、粮食 10 多万公斤……，还根据宪法及相关政策，加强对宗教事务的管理，规定不得跨地区自由传教，不准开"奋兴会"，不准看"十字架发光"，不得在高大建筑物或树外悬挂喇叭向社会宣传有神论，不准发展 18 岁以下青少年，不准唱诗班跨教堂、跨地区开展活动，等等[170]。

人们不禁会问，何以由一错聩老人主持教务（其时李××已有 79 岁），坐在三自会主席位置上任其胡言乱语，蒙骗群众，制造事端，酿成恶性惨案？固然是李××个人错误思想、想像言行等所至，但也是当时该县基督教的耻辱。事后反思，如何制止个别牧师的错误言行，加强管理，如何实现教职人员的新老替代等，激发该县三自会加快培养及启用青年教职人员的步伐，更新思想，消除邪说，积极调适，适应社会主义社会。

3、规范活动，处理违禁者

我们也注意，在八九十年代，对于个别堂点或个别人员（含教职人员）所发生的问题，禄劝县三自会则利用该会《会刊》，随时披露，表彰先进，批评错误，引导活动。同时，还与县宗教科配合，经过教务检查，发现及处理存在的问题，对个别情节恶劣者，则采取通报形式进行揭露，抵制或预防其错误言行。兹引 1982 年某期会务通报如下，以示说明：

> 刘××，双化公社照大队人，刘身为神学毕业生，自应做众信友的榜样，近年来又被信徒推选，身任圣职，但言行多越十诫范围，甚至在医院中与异性同床而睡，圣职被他污辱，听众信徒，议论纷纷，在教会内外造成不良影响。又无痛悔前非的表现，实有损于教会之声誉，为此公告全县，免除他过去混乱期间任命他施洗、发圣餐与长老三种职务，并告诫本人应改过自新，期待观效。

---

169 编委会：《禄劝县志》，云南人民出版社，1995 年，第 793 页；《禄劝县志》（1991—2000），云南人民出版社，2002 年，第 141-142 页、511 页。

170 《禄劝县志》（1991—2000），第 142 页。

王××，翠华公社当基大队人，王身无圣职，而到处流传异端邪说，离经叛道，煽惑信友群众，望各堂（点）接通知后，再不要接待他，并告诫此类自由传说的人，不得再招摇撞骗，扰乱教会安定。

沙××，双华公社芝兰大队人。沙原任民办教师，后因行迹不端，不得在教育界上当教师，被放回家。其后，他又投机又来教内，藉信教名誉上台讲道。不久之间，他又背道反教，吃烟醉酒，在外又搞男女关系，弄得夫妻不和。现在，他又进堂讲道。此种败类，不要才好。

熊××，云龙公社古尼大队人。熊年轻力壮，但怕苦怕累，游手好闲，好吃懒做，不务正业，藉传道为名，混吃流窜，到处乱讲乱传。这样流氓是为败类，以后望各堂（点）不要接待他。

曹××（又名黄××），茂山公社永定大队人，曹藉身为信徒，实地是看手相、安家堂，搞封建迷信活动，到处诈骗财物，妖言惑众，说 83 年 7 月祸患要来等等，以后望各堂（点）不得接待他，并告诫本人务要改邪归正，好好做人。[171]

我们知道：对于广大教徒而言，宗教的戒律之所以能起到约束的作用，在于他们有着虔诚的信仰，真挚地追随神灵，恪遵教理，认为教义和教规不得有丝毫违反，否则将受到"神"的惩罚，万劫不得翻身。正是因为宗教戒律建立在自觉和自愿的基础上，能使教徒可以不依靠外部力量而自我克制和自觉约束，所以在基督教组织内，对于那些性质恶劣"教徒"或教职人员的处理，除了开除教籍、张贴告示或口耳相传、形成舆论外，另无他法！这些处理的局限使得那些恶劣分子有了可乘之机！他们往往不怕"处理"也无从加以"处理"，因此对于这类"教徒"的抵制与斗争，制止其违法犯罪、损伤教会、败坏声誉，则是禄劝、武定等民族地区基督教必须正视并着手解决的问题之一。

（四）传播科技，勤劳致富

禄劝、武定等地系滇北的贫困地区，温饱问题难以解决，部分苗、彝群众之所以接受基督教，固然有信仰的追求，也有经济因素的作用。

171　《禄劝县基督教三自爱国会会刊》，1986 年第 1 期。

回顾历史，基督教之所以能在滇北民族地区扎根发展，是与传教士们的不懈努力、顽强奋斗等分不开的，但也与信教群众期盼信教带来"福音"，增加收入，改善生活状况等有关。令人遗憾的是，直到 20 世纪七八十年代之际，云南苗、瑶等族聚居地区的情况：

> 苗、瑶等山区民族，贫困落后的问题十分突出，许多人缺衣少食，几十户人家的生产队，只有几床被子，全部家当不值 20 元，教育、卫生十分落后，学龄儿童上得起学的很少。文盲达到总人口的百分之八九十。有的合作医疗流于形式，病了找不到医生治疗，只好去参加宗教祷告。[172]

的确，加入基督教，放弃了传统的祭祀开支，避免不必要的浪费，以及产生心理慰藉，增强了抗御疾病的精神力量，减少医药等开支。比较而言，当时教徒家庭的整个经济状况，比不信者者稍有好转。但是，受个别教职人员对圣经中有关"富人进天堂比骆驼钻针眼还困难"[173]经文不当宣讲的影响，部分信徒满足现状，听天由命，得过且过，妨碍积极努力，发展生产、搞活经济的积极性。改革开放后，当不信教群众响应政府的号召，多种经营，发展商品生产，增收致富时，部分教徒安于现状，一味追求及表现宗教信仰，在经济收入方面，与之比较，相形见绌。

其实，信仰基督教不仅是追求信仰、崇拜神灵，跟随耶稣，更重要的积极地肯定现实，力谋用积极的进取来创造通向理想世界的路径。韦伯曾说："所有新教教派的核心教理：上帝应许的唯一生存方式，不是要人们以苦修的禁欲主义超越世俗道德，而是要人完成个人在现世里所处地位赋予他的责任和义务，这是他的天职。"[174]从这一意义上理解，由于有了"天职"观念和驱动，促进了近代物质文明的发展，因而发展经济、增加收入也是教理的客观要求，致富光荣，荣神益人。

十一届三中全会后，改革开放，农业经济体制发生转变，联产承包制的

---

172 孙雨亭：《加强山区民族工作要认真研究解决几个问题》,《民族工作文集》,第 176 页。

173 该经文的原文是《圣经·马太福音》19：23 耶稣对门徒说："我实在告诉你们：财主进天是难的。我又告诉你们：骆驼穿过针的眼，比财主进神的国还容易呢！"

174 韦伯著、于晓等译：《新教伦理与资本主义精神》，三联书店，1987 年，第 3 章，59 页。

实施，激发了各族农民的生产积极性，温饱问题得到基本解决，然而要告别贫困，致富奔小康还需要自身的积极努力。在这改革开放的年代，发展经济、增加收入、改善生活等也是基督教会响应政府号召、调适言行顺应形势的自觉行动，是适应世俗化社会的突出表现。

80 年代初，禄劝县基督教三自会要求各堂点教牧人员以身作则，争当生产的专业户、经营的重点户，为发展经济多做贡献。1986 年，在有关部门的协助下，三自爱国会召开全县基督徒勤劳致富的表彰大会，表扬教徒中的重点户及专业户，通过榜样鼓励，带动全县教徒发展生产、搞活经济，奔向小康的积极性。

的确，采取表扬、鼓励等方式的确重要，毕竟榜样的力量是无穷的，先进促后者。然而，促使教徒发展经济还需要组织学习、传授技艺，多种经营。1991 年 3 月，由县宗教科主持，基督教会协助，在皎西乡开办首届基督教科技骨干培训班，定额 100 人，却有 139 名青年参加，群情踊跃，学习积极。据追踪调查，参加科技培训的信教群众，是年其家庭收入均有不同程度的增长。

次年 3 月，县宗教科又在撒营盘举办第二期科技培训班，报名有 136 人，前来听课达 219 名。为支持传授科技知识，培训技能等工作，附近 17 个教堂捐菜捐物办伙食，保障学员生活，安心学习[175]。当然，基督教会从中也得到益处。同年，县三自会借鉴及推广了这一作法，在全县范围普遍"开花"，以 18 个乡镇教堂为讲堂，开办农业科技培训班，邀请农技人员讲授农业知识，传授有关农林畜的种植及饲养等新技术，各堂点教牧人员先接受培训，逐步扩至教徒，争取每户信教群众家庭有一个认识市场经济、发展商品生产的"明白人"，引导家庭生产向产业化、现代化及市场化方向发展。此外，教会还规定某教牧人员受训后，要定点帮扶贫困户，传授技术，扶持资金，促进发展，产生出联动效应。

据统计，迄至 2004 年，禄劝县三自会先后举办 117 期科技培训班，受训人数达 1.58 万余人。通过科技培训，当地涌现出大批种粮能手，平均亩产实现翻番；还有大量种植烤烟等能手，多种经营，发展经济，增加收入。

在发展粮食生产的同时，教会根据政府的发展规划，结合产业的发展，

---

175 高力：《武定禄劝两县少数民族基督教现状调查》，《云南宗教研究》，1995 年第 2 期。

利用毗邻昆明等城镇的优势，以及日照时间长、昼夜温差大等气候特点，种植烟草等高产出作物。为了消除信教群众的思想顾虑，教牧人员召开会议，讲解脱贫致富的必要性，引导教徒辨别种植与吸食烟草的区别，解放思想，破除旧观念，种植烟草，改进技术，提高质量，增产丰收，奉献税收；以及推广家畜家禽新品种，改善饲养技术，降低成本，提高出栏率，满足市场的需要[176]。

同样，在县民宗局等部门的大力支持下，武定教会因地制宜，积极抓好东坡等地的香蕉种植示范工作，以点带面，加快香蕉等经济作物的发展，多种经营，供应市场，增加收入……因此，在部分教牧人员的带动下，禄劝及武定等地多数教徒掌握了新技术，采用了优良品种，多种经营，发展生产，搞活了经济，增加了收入，改变了居住等条件，提高了生活质量；奉献税收，支持了国家建设；也为城镇市场提供农副畜等产品货源，满足部分民众的生活需要。当然，教徒对经济奉献也因之增多，当地基督教三自会基本上解决了自养，还为公益事业及福利救济等作出贡献。

（五）热心公益，服务社会

禄劝、武定等地系贫困地区，信教群众主要是贫穷的少数民族民众，当地教会虽然较早做到了自养，但经济收入相当有限，入难敷出，经常捉襟见肘，等米下锅。七八十年代，当基督教恢复活动时，尽管信教群众乐意奉献，然受制于窘迫的收入，奉献数量也是限的。兹引 1985 年禄劝县基督教三自会的经济收支表加以说明：

表 3-20　1985 年禄劝县基督教（三自会）经费收支表　　　　单位：元

收　　入　　部　　分		支　　出　　部　　分	
1 月份活动收入	82 元	车费	232.1
2 月份活动收入	50 元	电费	46.79
3 月份活动收入	205 元	出差学习	152.43
4 月份活动收入	80 元	工资	1045.5
5 月份活动收入	110 元	办公费	167.47
6 月份活动收入	645 元	购家具	91.9
7 月份活动收入	345 元	招待省市两会人员伙食费	39.5

---

176 禄劝县基督教三自爱国会：《科技进教堂》，云南省政协民宗委编《云南省宗教工作研讨会文集》，2006 年 10 月。

8 月份活动收入	120 元	付报费支出	36.6
9 月份活动收入	102 元	9 月份购买圣画一幅	36.54
10 月份地震赈灾收入	1185 元	抗震救灾支出	102.95
11 月份活动收入	10 元	按立长老传道员纪念费	51
12 月份活动收入	8 元	来往我会伙食执行费等	77.66
12 月份出售圣画收入	36.54 元	合计	2075.44
合计	2978.54 元	余款	903.1

资料来源：《禄劝县基督教三自爱国会会刊》，1986 年第 1 期。

　　1985 年，归属禄劝县基督教三自爱国会（大众教）的信教群众有 23000 余人，根据上表统计数，平均而计，每个教徒奉献 0.13 元。即使如此，当地教会及信教群众也为公益事业出力，为灾区捐款，支持建设。如同年 6 月，该县转龙、九龙等地遭受地震灾害，在三自会的组织号召下，全县教徒积极行动，不到半月就捐献救济款 3200 余元支持灾区，数量虽微，但充分表现了爱心，意义重要。

　　80 年代后期，当地教会除利用各种场合宣传引导外，还采取多种措施积极鼓励、在当地政府的扶植下，多数信教群众转变了思想，正视市场的需求，接受了科技培训，愿意当家庭的"明白人"，学习及采用新技术、新方法或新品种，多种经营，或农副牧齐头并进，或根据市场需要，从事烤烟等生产，或收购贩运，开展商贸活动，发展经济，增加收入。

　　当经济发展、收入增加后，信教群众对教会的经济奉献也持续增加，禄劝、武定等地三自会基本上实现了自养，维修教堂，开展宗教活动，资助教牧人员的生科生活，解决部分信徒的困难，开展教育培训等等。还继续投入修桥筑路、捐资助学等公益事业。迄至 2004 年，据不完全资料统计，在禄劝县基督教会及部分基层堂点的引导或组织下，20 余年间，教徒集资投入 40 余万元，义务投工 21.5 万余个，共修建简易石桥木桥 212 座、水泥桥 11 座，大沟 27 条 86 公里，人马驿道 369 条 1366 公里，修建学校 5 所，捐粮 53319 公斤，捐衣服 356 件，捐肉类食品 679 公斤，开展义务理发活动，服务 3000 余人次[177]，等等。当然，通过资金人员的投入或参与这些公益事业的建设，基

---

177 云南省政协民宗委编：《云南省宗教工作研讨会文集》，第 242 页。另据《禄劝彝族苗族自治县志 1991—2000》（第 142 页）记载：1991—2000 年间，该县基督教会共捐资 17.7 余万元，捐粮 5.05 万余公斤，投工 92366 个，新修公路 22 条，里程 91 公里；修马车路 28 条，114 公里，修人马驿道 172 条，481.5 公里；建石拱

督教也体现出博爱、关怀及慈善等爱心，得到各级政府的肯定，以及群众的赞扬，在事实上也扩张了教会的拓展空间。

也应该指出的是，禄劝基督教三自会的这些行为也并非个案，滇北民族地区其他诸如"两会"组织健全、领导有力，教徒普遍收入增加的地方，也会有类似的行为，差别只在数量、规模而已。

三、关于"小众教"的认识

谈到 80 年代以来禄劝、武定等地基督教的调适与变化，不能不对当地的"小众教"[178]加以分析，藉此认识在针对形势变化、社会要求等，部分教徒的另一表现。

（一）"小众教"概况

1、"小众教"的缘起

所谓"小众教"就是武定、褖劝等地少数自视"纯正"基督徒的人，他们与基督教三自会爱国会的教徒存在对立有抵触情绪。因后者的教徒多，被群众称为"大众教"；前者人数少，则称为"小众教"。

"小众教"成员依据的教义是《圣经·马太福音》"你们要进窄门。因此引到灭亡，那门是宽的，路是大的，进去的人也多；引到永生，那门是窄的，路是小的，找着的人也少。"[179]即要走所谓"窄门"而不走所谓"宽门"的少数人。

需要指出的是，"小众教"的概念相当笼统，其成员各抱成团，观念不同，行为有异，随时分化，甚至可以这样说，后期"小众教"与初期"小众教"几乎完全不同，不是一回事。

关于"小众教"之所以在禄劝、武定等地出现并得到一定程度的发展，有历史的原因，也有现实的因素；有认识及接受教义的差别，更为抗拒政策等成份。

桥 32 座、水泥桥 38 座、木桥 62 座；挖沟 18 条，长 43.5 公里；建水池两个，架高压线 2 公里，建学校 5 所，等等。

178 严格地讲，所谓"小众教"并非基督教中的一个教派，本节只是袭用当地的传统说法而已。具体论述见本节的相关部分。

179 《马太福音》8：13。另外，《路加福音》（13：24）也有相似经文，"耶稣对众人说：'你们要努力进窄门，我告诉你们：将来有许多人想要进去，却是不能……'"。

众所周知，16 世纪初，德国马丁·路德以"因信称义，圣经是最高的权威，人人可以当祭司"为信纲，挑战罗马天主教会。其间，因诸种原因的交相作用，形成、发展并扩张了基督教（新教）。该信纲的简约，直中基督宗教的核心，但由于人人能当祭司，可以不需要教职人员的中介，能直接阅读、感受及甚至讲解圣经。因为人们的生活环境不同，观念不一，理解及解释圣经存在有差异，不同理解或作法蕴有产生甚至分蘖教派的可能性。

> 路德的独创性在于，他只保留基督教的精髓，即福音（原注：尤其是根据圣保罗所传的福音），而将基督教义和组织结构的其他每一个部分都简单地置于福音原则之下——这个过程在心理上也许可以称作存在判断，在思想上可以称作雄辩。因此，路德的影响从一开始就具有破坏性，易于造成无政府状态。[180]

反思历史，观察现实，基督教（新教）之所以在基督宗教所以派系繁多，持续分蘖，争吵不断，新陈代谢，无不与之有关！

旧中国，在禄劝、武定等地传播基督教的是内地会。在神学思想上，内地会与毗邻的基督教国内布道会、复临安息日会、中华基督教边疆服务部等派别有所不同；即使在内地会内部，也是有差别的。只因当时以族群为界，分类管理，设立总堂，垂直领导，暂时掩盖在教理教规上的差别。

中华人民共和国建立后，外籍传教士撤退或被驱除出境，禄劝、武定等地基督教经过三自革新运动，实践独立自主自办教会之路。当时，基督教虽然缺乏县级三自爱国会统一领导，但在形式上实现了基本统一。1955 年，受基督教界肃反斗争扩大的影响，某县曾清理出 1500 人"涉及"王明道集团，其中信教群众多达 1400 余人。后来经过甄别，这些所谓涉案者均未参加，是无辜的受害者。尽管这错误得到了及时纠正，却在个别人中留下深刻的烙印，产生了抵制情绪，认为王明道是"教会的硬骨头，属灵的"，其他人不属灵，不要听吴耀宗的[181]。相关档案记载，说这番话的人是禄劝县云龙人。云龙正是尔后该县"小众教"活动最突出的地点，当地的"小众教"成员也毫不隐讳地表示认同王明道宣传的观点。如杨××对前来传播"小众教"刘××说："我是信王明道小群教的，圣经已经死了，王明道写的书也被政府没收了"，等

180　约翰·麦克曼勒斯主编，张景龙等译校：《牛津基督教史》，贵州人民出版社，1995年，第 218 页。
181　禄劝县档案馆藏 1956 年 2 月 28 日关于召开宗教会议的总结报告。

等。再如 1983 年 7 月初，云龙金乌大队小众教头目张××还公开对县调查组人员说"不瞒你们，我们是王明道观点"。当时，该大队张家队张××还保存和流传王明道著作及翻译《信徒处世常识》、《在密云黑暗的日子》、《德（得）胜》等书籍[182]。因此，联系前言与后果，我们很难说两者之间没有联系。

至于 20 世纪 80 年代初当地形成"小众教"的部分具体原因，还得从武定县发窝乡小石桥队的相关问题说起。

六七十年代之交，武定等地革委会大搞"三忠于、四无限"等活动，搞"划线站队"运动，强求信教群众在忠于毛主席与信仰耶稣之间必须抉择，非此即彼。迫于无奈，小石桥苗族信众选择了信仰耶稣。不言而喻，他们受到了压制，宗教活动转入地下……

1975 年冬季某夜，小石桥信徒到大山里秘密礼拜，担心野兽袭击，故携带火药枪防身。当地革委会负责人闻讯后，怀疑他们要搞"反革命"暴乱，派武装民兵包围，政治瓦解，强行将外地的教徒抓走，把小石桥的 6 个教徒关押起来。人抓走了，人心散了，土地荒芜了。接着县革委会的帮派头目下令没收这些社员的土地，小石桥苗族信徒无地可种，仅靠卖牲口和借粮度日，非常贫困，但仍然保持信仰，坚持礼拜。

粉碎"四人帮"后，小石桥信徒在各级党政部门予以平反、在基层干部上门赔礼道歉、开展工作的情况下，选举了生产队长，从事农业劳动，在地上种上庄稼，辛勤耕作，还交售部分征购任务，对立情绪逐步消除。

可是，在 1978 年春季的"两打第六次战役"中，小石桥则作为打击的重点，生产队长也是教会主持人杨光荣与该社其他 3 名教职人员被逮捕法办，投入劳改；信教群众受到压制。从此，小石桥苗民群众的对立情绪突出，重回自闭，不从事集体生产，不参加公社、大队等会议，不要国家发给的布票和救济物资，不与外界来往，各家单干，坚持信仰，祈祷上帝……

年底，云南省有关部门采取断然措施，否定"双打六次战役"的错误，释放杨光荣等人，承认错案，公开平反。不过，当基层干部再次上门赔礼道歉时，小石桥信教群众却不接受，甚至说"你们什么都推给'四人帮'，我们没有见过什么'四人帮'，只见你们整我们"，等等。他们继续保持"自闭"状况，对政策既不抵抗、不认同，也不执行，照旧礼拜，特行独立，成为特殊的"自由村"。

---

182 1983 年禄劝县关于"小众教"的资料。

经过拨乱反正，宗教信仰自由政策重新得到贯彻执行，包括基督教在内的各种宗教已经公开活动，受到法律的保护。为了相区别，小石桥被一些人视为"走窄门"的小群基督徒，对之冠以"小众教"名称[183]。反之，三自爱国会的基督教则称为"大众教"。

由于小石桥苗族群众因信仰基督教而反复折腾、多次受打击的特殊经历，包括用软对抗的形式应对1974——1975年时施加的压力（"四人帮"时帮派势力施加的压迫）等；加之这里系苗族聚居地，当地政府便以容忍的态度相对待，希望通过多次思想工作，以及大环境的改变，逐步化解对立，消释隔阂。毕竟时间是抚平创伤的良药。

然而，小石桥的典型个案却在武定、禄劝两县个别地方产生了不良影响，存在"发酵"现象，影响周围村寨，"凡信教较多的生产队，都不同程度出现不搞集体生产，摆脱党的领导的倾向，流传着'学小石桥，走小石桥的路'的说法"[184]，有发展之趋势。

1981年，我国农村的经济体制实施全面改革，废除社队等集体制，代之以家庭联产承包责任制，同时，农村的行政管理体制也发生了改变，乡、村、组等地域管理替代公社、大队及生产队等政社合一的模式，农民有了行动及生产经营等自由，自己管理自己；加之宗教信仰自由政策的贯彻执行，基督教等宗教团体公开活动，受到法律的保护。在这期间，个别人效仿小石桥的作法，藉所谓宗教信仰等，藉圣经对抗政策，主要是计划生育政策[185]，抵制因超生而征收的社会哺养费（俗称计划生育罚款）。他们声称"只要党和政府的政策符合圣经，我们就执行；如果不符合，我们就按圣经上说的办"[186]。

---

183 但小石桥的信教群众一直否认他们是"小众教"。

184 《民族边疆情况》，1980年第44期。

185 1985年底，我曾在禄劝县看到若干份"小众教"成员不交公粮、余粮及不执行计划生育等而回答有关部门询问的书面答复。兹举数份用于说明。"为什么不交？一个仆人不能事（侍）奉两个主。刘××　82·2·27"。为什么不交多子费？"答：我为了信圣父、圣子、圣灵三位一体的真和神，按圣经创世记1：28又9：1-7，又申23：1。所以交是不合神的旨意的。上帝创造始祖，吩咐始祖说：你们要生养众多，遍满了地。创1：28。洪水灭世后，又对挪亚说：你们要生养众多，遍满了地。创9：1—7。又申命记23：1里吩咐说：凡外贤（肾）受伤的或被阉割的，不可入耶和华的会。张××"。"据圣经申命记23章1节，罗马书1章26、27节而言，故此不办计划生育。张××"。其回答的口径基本统一，引用的经文也大同小异。背后的深层次原因，不言而喻。

186 《禄劝县云龙公社金乌大队小众教情况的调查》，1983年5月。

甚至有人杜撰是"天国人"，不受地下的管理，等等。

2、"小众教"的发展

1981年，被外界视为"小众教"的"基督徒"群体在武定发窝、万德、己衣和禄劝云龙等公社（乡）出现，逐步向周围地方蔓延，人数最多时约4000人。

这些"小众教"虽自称基督徒，但不认同、以至抵制基督教三自爱国会，称其是"形势会"、"社会教会"等，是假信教，不与其同负一轭。既然称为教徒，"小众教"也做礼拜，自设活动场所，但活动不定点、不定时，比较随意。认识圣经依据"灵性"指引，"对圣经只能按灵性解，还不能按字义解"[187]。谁圣灵充满，谁就起来宣讲，"只在主在心中，被圣灵感动，你就知道圣经，你咋个想，就咋个做"；甚至没有圣经，仅凭记忆或道听途说而讲解[188]。当时，"小众教"主要在家庭成员、亲戚及旧友等之间兜售，拉入群体，形成父子、裙带、亲友等关系，头目是自发产生或自封的。

由于随意性强、亲情关系密切，"小众教"是松散的、非统一的、随时聚散或转变的群体。受到压力增大、认识的差异及言行的不同等，"小众教"中又分化出"中间派"、"天国派"或"小群（教）"等。

如果仅仅是宗教信仰的差异、对教义的见解不同，所谓"小众教"是不成问题之问题。问题在于这些"小众教"藉基督教的名义，"只服从圣经，不服从政策"，对抗政策，抵制政府，不履行义务，拒交计划生育罚款。其中少数人不申报户籍资料，拒绝接受人口普查；不交额定的肥猪任务、公社机动粮及大队干部的口粮等；不要救济粮，不吃政府免费架设的自来水，不种烤烟，不种水浇玉米；不参加公社、大队等召开的各类会议，不选举队委；不让小孩进学校读书，等等。

倘若地方政府藉此加以管理或制裁，"小众教"骨干及成员就聚集起

---

187 当时，针对"小众教"成员强调的"灵"。工作组成员以其言行作了试验，得出截然相反的结论。参见联合调查组：《这里的宗教活动极不正常——武定县岩脚大队"小众教"情况调查》，1983年5月。

188 1983年，据有关部门对禄劝云龙公社"小众教"12个活动点、850余人的调查，仅有4部完整圣经、7部残缺圣经。分析原因：1、个别人强调是凭己意曲解圣经。圣经越多，直接阅读就多，个别人的曲解就越容易暴露，因而不要圣经。2、抵制三自爱国会，借口"纯正"，拒绝三自会印刷发行的圣经，只要解放前的老版本，因为老版本是"天书"，故他们的圣经稀少。

来，或静坐示威，围攻人员，或越级上访，甚至试图进驻政府机关等，提出种种要求，主要针对计生罚款措施的不满。以武定县为例，1983 年 1 月——1993 年 10 月，该县"'小众教'先后聚众到楚雄、昆明等地党政机关上访、静坐达 135 次 2642 人次，其中东坡乡、发窝乡有的'小众教'骨干曾分别到北京，上访中央 3 次"[189]，频繁上访，表达对计划生育等政策的看法，要求解决。

（二）"小众教"形成的原因

"小众教"之所以在武定、禄劝部分地方形成并有所发展，固然有其成员对教义教规认识的差异，所谓"宽门"、"窄门"之辨；有小石桥所谓"自由村"的不当影响；有对六七十年代宗教受压制时少数信众"洗面革心"的言行，甚至极个别人还参与压迫的作法表示不满，从恩怨角度加以抵制，拒绝融入。"小众教"某骨干说"自己在 1974 年挨过批斗，很伤心，而有些原来信教的人在那时承认过'不再信教'，还出来揭发别人。现在，政府说宗教信仰自由，又来信教，跟着政府走。不愿同这些人（指大众教）在一起，就分出来参加小众教"[190]，带着情绪抵制三自会。也有少数人从利益出发，借口宗教信仰，用圣经抗政策，抗交计划生育罚款、抵制公粮、余粮或提留、肥猪等等，其中抵制计生罚款是共同的诉求，只是不公开提出，藉所谓教义来曲折表达。

1979 年 9 月，依据计划生育政策的要求，结合当地特点，尤其是贫困民族地区人口迅速增长，人均耕地日渐减少、资源失衡等现象，楚雄州实施严厉的计划生育政策，规定从 1979 年 10 月 1 日算起，一对夫妻生育第三胎者即属超生。凡超生一胎，每年要交超生费（社会哺养费）四五十元，直交至 14 岁为止。

毋庸讳言，在当时农民的家庭经济收入中，四五十元绝非小数目！约占家庭年收入的 20%。对每个超生小孩征收四五十元超生费的负担确实不轻，倘若某家超生子女较多的话，罚款数额更大。或许执政者从"寓禁于征"的角度出发，认为高额罚款会产生警戒作用，促使部分人、主要是农民放弃多生子女的想法，抑制较高的生育愿望，执行计划生育政策。然而，这项规定触及到部分群众、主要是超生户的经济利益，受到不同程度抵制，予以激烈

189 云南省民委民族工作队：《和谐的使者》，云南民族出版社，2008 年，第 105 页。
190 联合调查组：《武定县己衣公社分耐大队"小众教"情况调查》，1983 年 5 月。

反对。"我们山区医药条件差，只准生两个，死了一个，昨个办？谁去当兵？只生姑娘，没有儿子，谁来养老人"？[191]等等。需要指出的是，对于缺乏特殊背景或特别势力的农民，抵制有何效果？社队等干部不断施加压力，接受也罢，不接受也罢，总得要接受！若不没有罚款，就能不超生。但在武定及禄劝，有小石桥"自由村"的典型，个别教徒徒自戴"天国的子民"帽子，藉接受"天法"等说法抗争[192]，以超级上访等形式表达诉求，规避计划生育罚款。这中间一些人就是后来的"小众教"成员。

再者，我国农村的管理体制也发生了相应变化。先前在人民公社一元制的领导下，大队干部、大队卫生员及民办教师等的口粮等从生产队的集体收成中提取，不直接针对农民家庭，个体农户的账面上不反映这些负担。尽管农村体制改革后，村（大队）、组（小队）也需要必要的管理者。他们为所在村组的农民服了务、尽了责，就要有报酬予以补偿。这些报酬俗称提留。当然，提留则由所在村组农民交纳，向个体农民直接收取。

80 年代时，在实施联产承包制后，国家征收的公粮、征购"多余"的粮食，以及摊派的肥猪任务等也得上交。不同之处是，过去这些均是生产队负责，从集体中收取；而今由承包土地的农民缴纳，直接承担。虽然，公粮、余粮及肥猪等的数量不多，但对于贫困地区的农民而言，还是一笔负担！于是，个别人藉此以"福音"对抗义务，自视"小众教"，强调自己的宗教信仰及教义。然而，一旦升至所谓"信仰"层面，可能涉及到民族或宗教。由于"民族、宗教无小事"，地方政府不能不考虑再三，反复据量措施的种类及力度，担心滋生意外后果；甚至投鼠忌器，不敢管、不愿管。

表面上讲，不申报户籍资料，强求小孩子辍学，不种烤烟及水浇玉米，不要救济，以及不吃自来水等等，"小众教"成员有所"吃亏"。但在生产力不高、收入普遍贫穷、知识未体现价值（特指小学文化程度）的村寨，这些"亏"相当有限，与累计征收的超生罚款、公粮及提留、肥猪任务等相比较，是没有"吃亏"的，至少在直接支付的钱或物上，有经济因素作祟。这

---

191 联合调查组：《武定县宜安拉大队"小众教"问题的调查报告》，1983 年 5 月。

192 1979 年某份调查材料反映：当时小石桥并不抵制政策，除 1978 年因杨××被抓判刑，他们心里有气，没有交额定的征购任务外，其他时候均完成了任务等。但该村突出的现象是每个苗民小孩太多，如杨××有 10 个小孩，王××有 5 个小孩。如果征收计划生育罚款，加以累进计算，数量之大，难以想象！但这两人都被视为"小众教"代表。计生罚款与所谓"小众教"间有无关系？值得认识。

些看得见现实"利益"的存在，可能会影响少数人的观念，愿意被称"小众教"徒，规避经济损失。

利益影响个别人的观念，藉信教对抗政策；利益又加剧了内部凝聚，造成影响，产生吸引作用。

> 由于他们文化水平低下，很少有人识字，看圣经，没有受过正统神学训练，所以可以任人愚弄。他们一入教，就受欺骗宣传，认为信教就是为了抵政策，只有抵政策的才是"真信徒"。少数别有用心的人则在我们中大肆宣传异端邪说，胡说现在已经进入天国时期，可以不纳粮、不纳税了。这就迎合了部分落后农民的心理，纷纷去信教。[193]

这些眼前的经济利益进而导致"小众教"在武定、禄劝两县少数地方，尤其是偏远贫困地区得到了发展，扩张了影响。据不完全统计，在"小众教"成员最多时，有1000余人[194]。

此外，"小众教"之所以存在以至发展，还与一些人不妥作法没有受到惩罚、未能与宗教相剥离，以及基督教三自会个别人的强烈反对有关。

前面已叙，"小众教"藉所谓"宗教"抗衡政策，不履行公民应尽的义务，用其头目的话讲，"我们用福音反对政府"[195]。但为什么他们没有受到应该的处罚呢？

从时间上讲，"小众教"出现在1981年，发展在1982年。其时，按照中央实施改革开放、搞活经济等的布置，农村经济体制及管理方式进行了全面的改革。家庭联产承包责任制的实施，土地、耕畜及大型农具等分配到户，长期不变，谁有谁种，谁种谁收，村长、组长等缺乏可资控制的硬"凭据"，难以制约村民。所谓"过去无法我有法，现在有法我无法"的谚语道出了乡村干部在管理上的苦衷。且以万德宜安拉大队（村）为例。1981年前，凡大队、生产队召开会议，商议或决定某些事情，那些后来成为"小众教"的成员均要参加；由于生产队统一核算及分配，额定公余粮及肥猪交售任务年年能完成。体制改革后的1982年，"小众教"成员就拒不参加会议，以及不再

---

193 《武定县宜安拉大队"小众教"问题的调查报告》，1981年5月。
194 有关"小众教"成员的数量，一般认为约3000人，其中武定县约1900人，禄劝县1000人。但据省民委民族工作队报告，武定县有"小众教"成员3071人。若加上禄劝县1000余人，共4000余人。
195 武定县万德公社安拉工作组：《情况反映》（一），1984年5月。

交公余粮，完成肥猪任务等，干扰政策及法令的执行，影响基层工作的开展等。他们之所以敢如此，原因还有：

> 我们（指县工作队）问为什么 1981 年以前他们还来开会呢？队干部说，那时是拢着搞生产，拢着搞分配，我们是"实权派"，开会他们不敢不来。现在包到户，我们是"空嘴巴"，他们哪里还听我们的！[196]

这番语言，言简意赅，道出了问题的症结。乡村干部既无权也无法对之抑制或控制，只得任其行动。反之，因抵抗行为附带有利益的色彩，又无制衡的力量，于是"小众教"的行为又产生出榜样作用，个别人跟随仿效，发展其力量，扩大其影响。

就部分"小众教"成员的表现来看，其行为与宗教信仰没有多少关系，也不是基督教徒所要求的。有群众对之概括"不是真信教，是在拉派性、抵政策、顶着吃、赖着吃"等评价，虽有些不妥，点到实质。为什么又会将其与基督教扯了关系，把不是宗教的言行当作宗教的问题来处理呢？

的确，就"小众教"成员而言，大多数是基督徒，他们中不乏虔诚信徒。用其话讲，是走"窄门"的基督徒，其中个别人因为信仰基督教在 1974 年或 1975 年受到惩罚或在 1978 年"双打"战役中受到打击。他们中一些人对部分基督教徒（三自会）心里有气，存在隔阂，不愿意参加三自教会，也不会同堂礼拜。如武定己衣公社分耐大队"小众教"某人说："自己在 1974 年挨过批斗，很伤心，而有些原来信教的人在那时承认过'不再信教'，还出来揭发别人。现在政府说宗教信仰自由，又来信教。跟着政府斗（？）走。不愿同这些人（原注：指大众教）在一起，就分出来参加小众教"[197]，等等。

尽管如此，但"小众教"抵抗计划生育政策、不上交公余粮等言行与基督教的教义教规等毫无关系。当时，之所以将其作为基督教对待，一则这些人均曾是基督徒，有相关信仰及行为可资证明；二是"小众教"抵制或反对持有的"理由"是"天国的子民"、遵守"天法"等，用"福音"抗政策，等等。但主要原因是部分干部及民众受认识程度的制约，对宗教信仰自由的认识不太准确，分辨有待清楚。"党中央〔1982〕19 号文件精神虽已在基层干部中口头传达过，但各级干部、信教群众和不信教的群众都并未很好地

---

196 《武定县宜安拉大队"小众教"问题的调查报告》，1981 年 5 月。
197 《武定县己衣公社分耐大队"小众教"情况的调查》，1983 年 5 月。

接受和理解，一部分信教群众只记住'信教自由'一句，而不顾及自由的含意和内容，以至言论和行动已干预了行政、教育和国家的政策法令"[198]。于是，"小众教"一些成员误将这些行为视为宗教的诉求，是宗教信仰自由的表现。"只遵守耶和华的诫命和律法，不遵守国家政策、法律……一定要我们执行政策和法律，那你们（指武定县宗教科干部）要向上级反映，把宗教信仰自由这条政策取消掉，我们就执行了。否则，是不可能的"[199]，等等。

前面已叙，有"小众教"活动的地方也是基督教的传播区，同村同寨中不乏参加三自教会的基督徒（"大众教"），其人数则更多。对"小众教"曲解教理等言行，部分教牧人员深感愤怒，除表示言语的反对外，无法可治！只得看好"羊群"，防止被"偷"。如禄劝县基督教三自会负责人李××于1981年3月写信云龙以资大队教牧人员×××说：

> 愿主赐福给你家，常蒙保守在这里，不要流到小群那边去。目前，这小群是我们大仇敌，我们不得不警惕，防范他们，不曾给他们流入我们的教区……他们被魔鬼迷住了，他们还不晓得，将来抱着圣经下火湖……警防小石桥的小群教会，不要忽视现在的小群。凡是被他们所染的，实在难以回头，这不是地上的小群，乃是阴间的大群；这不是羊，乃是披着羊皮的狼。那你切不可把无知的小羊放入他们的罗网，切记切记！要天天讲，月月讲，年年讲。

在此信中，李××将小群称为"我们大仇敌"、"被魔鬼迷住"、"披着羊皮的狼"，这些语辞的攻击性强。不料，×××便向当地教徒宣读了这私人封信，意在藉李××之口抵制"小众教"的影响。可是，因这封信内容的向外扩散，将三自教会（大众教）与"小众教"之间对立公开化，日渐激烈。

当然，基督教三自教会的抵制对"小众教"形成了压力，加强了内部的凝聚、对外的抗衡。

（三）"小众教"的认识及相关工作

1、对"小众教"的认识

从1980年起，武定、禄劝等地"小众教"活动频繁，影响广泛……根据

---

198 《武定县发窝公社基督教情况调查报告》，1983年5月

199 武定县宗教科：《宗教工作简报》，1985年第4期。

各方面的反映，1983 年 5 月云南省有关部门组织调查组，深入武定、禄劝部分"小众教"较活跃的地点开展调查，了解到形成的原因及表现，认识到问题的严重，影响的恶劣：

> "小众教"的宗教活动是极不正常的，所反映的问题也是严重的。这当中，有历史造成的原因，有违法的一面，也有思想认识的一面……但是，从反映出来的问题是值得注意的，因为他们的教头和骨干大多数是在过去的政治运动中受过冲击，对党的宗教政策和宗教工作怀有疑意，把"四人帮"横行时的一些事算到×××身上，分不清是非，抵触情绪严重；加上对"三自"存在着不正确的看法，不接受"三自"的领导，不能有组织、有领导的过宗教生活，很容易被邪说欺骗，被坏人利用。同时，我们也要看到，"小众教"的所作所为，已正在被他们中的一小部分教徒抵制和反对。因此，只要我们在帮助这个地方发展经济文化事业的同时，积极做好疏道（导）工作，争取和团结广大教徒，教育他们认真危害，纯正信仰，积极地协助政府全面理解和贯彻执行宗教信仰自由的政策，把爱国和爱教一致起来，坚决走三自爱国的道路。坚持这些做，这里的宗教活动是会逐步地正常起来的。[200]

根据工作组的实地调查及各级干部、广大群众等的反映，结合"小众教"成员的表现，认为部分言行是错误的，但多数成员是无知的，其性质系人民内部的矛盾[201]。有关部门认为"小众教"算不上基督教（三自会）的一个派

---

[200] 《这里的宗教活动极不正常——武定县岩脚大队"小众教"情况调查》，1983 年 5 月。需要解释的是，可能除岩脚大队外，据我掌握的材料反映，有些地方"小众教"的头目及骨干并非都在过去的政治运动中受到冲击，他们中有些人在"文革"时还是中学生。

[201] 如武定县宜安拉调查组认为："我们认为宜安拉的"小众教"问题，绝大部分还是属于人民内部矛盾……因此，一方面我们要争取教育绝大多数受骗上当的群众，走三自爱国的道路，另方面对少数混进"小众教"的坏人，要按照法律程序坚决打击，同时，要大力加强山区建设，发展经济，加强文教卫生工作，实行综合治理，这样，"小众教"问题是可以逐步得到解决的。"分耐调查组认为："现在的小众教，究其根源，是十年内乱所引伸出来的一个产物，……迎合一部分农民因生产水平低、商品率低而不愿交售粮、猪，留下自己吃和多子多福、生儿育女命中注定等落后的、守旧的心理，把小众教引上了邪路。而信小众教中的多数群众是受骗上当的，从这个大队现在参加小众教的多数人的现实表现来看，仍属于人民内部矛盾的范围。"

别，其活动不是宗教活动，但"既有宗教信仰的一面，又有政治问题的一面"，又交织着贫困问题。鉴于历史的原因及现实的情况，确定"积极稳妥，引导教育，打击犯罪，分化瓦解"[202]的工作方针，从经济、政治、教育等方面入手，多层次、大范围、相配套，尊重信仰，综合治理，开展工作。

2、工作的方针及内容

首先，加强山区的建设，大力发展山区经济、文教及卫生工作，解决群众的实际困难；依法打击个别违法者[203]，作为标志，起到警戒作用，教育、争取及团结受骗上当的群众；采取积极的措施，加强管理，要将宗教工作列入议事日程，"将抓好宗教工作、解决宗教问题作为一个历史性的任务抓紧抓好"；发出布告，界定是非，规范活动[204]；以公社或大队为单位，将部分"小众教"骨干集中学习，开展教育，转变思想；抽调干部，组成工作组，蹲点重点地方，协助党委开展工作；基督教三自会派教牧人员下乡宣讲教义教规，分辨正误；以及组织部分教牧人员及信教群众（包括"小众教"成员）到昆明、北京等地学习参观，认识发展变化，开阔眼界，提高觉悟，改变观念等。其中以加大力度，发展山区经济、教育及文化为重点。希望借助这些工作的开展，教育群众，转变思想，接受党和政府的领导，抑制"小众教"的行为。

其间，禄劝有关部门曾设想，在做好思想工作的基础上，考虑以公社为

---

202 王爱国：《云南基督教特殊问题研究——"小众教"产生、演变历史及其治理》，载牟钟鉴等主编《宗教与民族》，第3辑，宗教文化出版社，2004年。

203 为了起到教育及警戒的效果，当时有关部门多方考虑，批准逮捕了一名违法的"小众教"头目（周××，汉族），对其中的少数民族骨干或头目则没有触动。

204 为配合整治"小众教"，规范其活动的言行，1983年7月禄劝有关部门宣布六不准。内容是：1、不准以宗教名义收藏、传递、宣传反动言论和著作。2、不准接受任何外国教会和宗教团体的指令和经援。3、不准祈祷时大声呼喊。4、不准散布干涉政府政策、法令、司法、教育、卫生、计划生育的言论。5、不准借宗教活动名义进行串连、贴大字报、冲击抢占教堂，闹事捣乱，破坏社会秩序。6、不准反对三自运动。1984年1月武定有关部门规定"1、不准以宗教名义收藏、传递、宣传反动书刊，散布反动言论；2、不准接收任何国外教会的指令和经济援助；3、不准抵制政府的政策、法令，不准干预行政、司法、教育、卫生、计划生育等工作；4、不准跨地区串联，秘密发展教徒和进行秘密宗教为名，破坏社会秩序、生产秩序、工作秩序；5、不准反对三自爱国运动，要坚持独立自主自办教会的方针。"需要解释的是，当时国家有关部门已将基督教"呼喊派"定性邪教，属于打击对象。禄劝有关部门由于认识不清"呼喊派"与祈祷时呼喊的区别，故有第三条这特殊规定。待认识及分清两者间区别后，便无此规定。

范围，允许"小众教"设立一两个聚会点，考虑三四个"教牧人员"，由他们报请县基督教三自会批准，主持宗教活动。变隐蔽为公开、无秩为有序、不正常为正常，团结、教育多数信教群众，约束其骨干及头目的言行，逐步将"小众教"拉回正常活动的轨道上。

这些工作的相继开展，的确起到一些积极作用，部分原"小众教"成员的认识提高，观念转化。他们说"×××是大地主出身，与党和政府有不共戴天的仇，我们出身贫苦，肉体上是共产党把我们解救出来，我们还是要听政府的话，听主耶稣的话，才能得到两个得救，不能效法×××"[205]。于是，他们脱离"小众教"，回归正常活动，接受政府的领导，放弃错误言行，不抵抗政策，积极生产，发展经济，增加收入，改善生活。

那些尚存的所谓"小众教"，其内部出现裂变，分化出"天国派"、"中心派"和"小群（教）"三派，追求表现有所不同。如"中心派"，既不认同三自会（大众教），也反对"天国派"者，他们除不执行计划生育的规定外，公余粮等要交，政策也要执行，烤烟还是要种，钢管水（自来水）还是要吃，要圣经，要教会，要牧羊人，要教堂等。在这三派之中，以"中心派"更多，"小群派"次之，"天国派"最少。需要指出的是，"天国派"人数虽少，但造成的问题最突出，影响最恶劣。

另一方面，"小众教"一些成员用"福音"抗政策，只能得到部分眼前利益，长期来看，得不偿失！如不实行计划生育，拒绝交纳罚款。子女多了，投入哺养成本大，陷入越生越穷，越穷越生的怪圈。严重的是，其子女长大后，哪有责任田地来解决其生产生活？不完成公粮、余粮及肥猪等任务，没有手上零花钱。不过，随着国家调整农村（业）政策，减轻农民负担，公余粮、牲畜任务及提留等逐步取消，抗交抗纳丧失意义。不让小孩进校学习，没有掌握文化知识，哪能适应社会的需要呢？在改革开放政策的引领下，滇北地区经济持续发展，坚持"小众教"言行者与其他群众（包括"大众教"）间的收入差异越来越大，对比越来越强烈！更多的"小众教"成员目睹或感受这些，也越来越坐不住了，其思想及言行必然发生转变！

3、综合治理，促进转化

尽管"小众教"一度活动在武定、禄劝两县，比较而言，以武定为主，因而解决"小众教"的问题，重点在武定。再者，"小众教"之所以形成及

---

205 禄劝县宗教科等：《近来我县以鲁（云龙）地区"小众教"情况的反映》，1984 年。

发展，"既有宗教信仰的一面，又有政治问题的一面"，又交织着贫困问题，其公开表现是抵抗计划生育政策、不交公余粮及提留、不申报户籍资料、不让小孩上学、不参与村组的公益劳动，以及抵制基督教三自爱国会，等等。于是，有关部门根据"小众教"教徒的表现，将武定确定为宗教"热点"地区，又是民族工作试验的示范地，确定以"团结、稳定、进步、发展"为工作的方针，按照"治乱先治穷"的思路，开展综合治理，化解矛盾，处理纠纷，依法管理民族宗教事务，推动经济社会各项事业的全面发展，消除"热点"问题，实现社会的长治久安[206]。

1990 年，云南省民委组成民族工作队，协助各级党政部门、广大干部及人民群众等，针对"小众教"等"热点"问题，在原有工作基础上，开展了深入细致的艰苦工作，综合治理，化解矛盾，解决问题，降"热"至"冷"，回复常态。

按照计划，第一阶段（1990—1994 年），工作队采用多种措施，综合治理，解决当地以"小众教"为代表的宗教"热点"问题。因而，在该阶段的主要措施沿袭传统的作法，在发展山区经济、文化、教育等的同时，通过集中学习培训及组织考察参观等，开展党的民族宗教政策、法律法规、爱国主义和社会主义等宣传教育；采用"穿牛鼻子"的办法，深入乡村，广泛走访，开展思想工作，疏导化解矛盾。依法管理民族宗教事务，依法保护正常的宗教活动，依法制止非法的宗教活动，依法打击不法分子。加强乡村基层政权等建设，培养政治觉悟强、有工作能力，敢于管理的基层干部；发展经济社会各项事业，改善群众的生产生活条件，帮助群众排忧解难；以及落实政策，平反冤假错案，适当减免征购任务等，予民休养生息，等等。

通过长期的努力工作，综合整治工作取得明显的成效，突出表现为：一些"小众教"群众的观念变化，"看来我们是有点信偏了，光是肉体吃点苦倒是小事，怕就怕肉体又受苦，灵魂又不得救，成了扁担挑水——两头失落，到那时后悔也来不及了。圣经中且以里也是很爱国的，我们不爱国，怕不符合神的旨意"[207]，逐渐脱离，不再参与活动，"小众教"群体逐步萎缩，人数从 3071 人降至 607 人，骨干分子由 57 人减至 10 人，活动范围不断缩小，

---

206 本部分取自云南省民委民族工作队《在武定蹲点八年工作情况报告》（《和谐的使者》第 87—97 页）的相关内容。

207 禄劝县宗教科等：《近来我县以鲁（云龙）地区"小众教"情况的反映》，1984 年。

不正常活动逐步消失；与基层政权的对立情绪逐步化解，个别"小众教"群众还担任了村长。

同时，"小众教"群体的分化也进一步加剧，部分成员包括骨干接受了计划生育政策，参加修路架电、人畜饮水工程等，参与所在村组的公益劳动；接受相关的规定，集资架线；钻研农牧技术，发展农副业生产，专业生产，搞活经济，增加收入。有的还成为当地脱贫致富的带头人，起到良好的示范作用。

在武定等地，当"小众教"等引发的"热点"问题逐步解决，得到巩固后，按照布置，相关工作转入第二阶段，就是大力发展经济，增加收入，改变部分群众的思想。

常言道，"治乱先治穷"，通过发展经济，改善基础设施建设，推广科技知识，结合实际发展种植业、养殖业等，增加收入，消除群众的贫困，转变观念，消除"热点"的根源，以期达到当地社会的长治久安。如有关部门为改善小石桥等村的基础设施，投资了近 60 万元，修通了公路，架设了水管道及高低压电线，建立了学校、卫生室及文化室等，结束了该村不通公路、不通电、无小学校的历史。交通的便捷、教育的开办，对外交流的扩大，当地群众的观念及生活方式也开始发生转变，抵制情绪逐步化解[208]。所谓"热点"的根源逐渐消除，藉治穷初步实现了治乱，今天的"小众教"已与过去不能比拟。

（四）认识与反思

我们知道，"小众教"是武定、禄劝两地少数基督徒在改革开放后因应社会变化而生的特殊群体。或许"小众教"成员是基督徒，甚至是信仰虔诚的基督徒。虽然，他们有意识地将自己的抵制言行涂抹上浓厚的宗教色彩，以"纯正"基督徒的面目出现，用"福音反对政府"，但其言行与宗教信仰、教义教规缺乏因果联系，不是宗教诉求，也不是宗教的问题！

关于"小众教"形成的原因，固然有教义认识的差异，即所谓"走窄门"的小群；以及个别人对当地教会（大众教）部分信教群众过去言行的看法等，但问题关键还是在于经济的贫困。"物质极度贫困，正常的生产生活甚至生存难以维持，群众对生活和前途失去信心，精神无以寄托，只好去铤而走险

---

208 李际会等编：《楚雄彝族自治州民族工作五十年》，云南民族出版社，2004 年，第 200 页。

制造事端，或去求神信教聊以自慰，于是就产生'热点'或导致宗教狂热，最后形成越贫穷越闹事、越闹事越贫穷和越贫穷越信教，越信教越贫穷的恶性循环"[209]。对此，云南有关部门对此认为"既有宗教信仰的一面，又有政治问题的一面"，又交织贫困问题的定性是比较准确，因而经济问题为突破口，通过发展山区经济，改善生产条件，提高生活质量，消除贫困；辅之宣传教育，转变思想，达到团结、稳定及发展的目的，实践"治乱先治贫"的构想，发展经济，改善生活，转变观念，从而基本上解决了由"小众教"引发的社会问题，如武定等地，"从 1992 年下半年以来，基本上没有出现因'小众教'而引发的社会问题和'热点'问题"，但 1999 年下半年，地方政府催收所谓计生罚款等，一些"小众教"成员又聚众上访[210]。这鲜明对比部分反映出"小众教"的性质及相关诉求。

至于"小众教"成员不与当地基督教三自爱国会来往，不同堂礼拜，不接受其领导等，这些只是他们对教义教规认识的差别及所持理念的不同，并不能妨碍在追求同一宗教信仰下的和平相处。基督教本身就是存在多教派的宗教，教派的存在并不妨碍其共同的宗教认同，今天，在基督教三自会之外，或许还存在其他教派，这是宗教内部的事，我们对此不必担忧，关键在于如何认识及引导，依法管理宗教事务！

第七节　黔西北民族地区基督教的发展与变化

一、公开活动，积极建设

（一）环境改变，公开活动

1976 年 10 月，江青反党集团被粉碎，标志"文化大革命"的终结，中国社会进入拨乱反正时期。1978 年 2 月，五届全国人大一次会议的召开，华国锋总理重申要遵循宪法，贯彻宗教信仰自由政策等，经过"真理标准"讨论等，思想得到解放，辨清正误，"左"的思想禁锢逐步消除，宽松的社会氛

---

209 《和谐的使者》，第 93 页。

210 《和谐的使者》，第 89 页。的确，1993—1999 年 8 月，武定等地"小众教"没有聚众上访、静坐及围攻等。但从 1999 年下半年起，当地政府为严肃税收政策及计划生育政策，着手清理"小众教"成员历年的各种尾欠后。个别人又重演聚众越级上访等行为。从这前后的变化中，不难认识"小众教"的特点。

围逐步形成。从 1979 年起，赫章县葛布、结构及威宁县板底等地部分基督徒告别了"隐蔽"状态，表明身份，礼拜活动从秘密转向公开进行，规模日渐扩大。

1979 年下半年，贵州省府及毕节专区部分干部来到威宁、赫章部分公社（乡），召集包括原教牧及教徒在内的部分群众座谈，介绍拨乱反正后祖国的大好形势，传达了中央相关文件的精神，宣传宗教信仰自由的政策，允许并支持恢复正常的宗教活动，等等。

政策的宣传及部分干部的现身说教，逐步消除了教牧人员及信教群众的顾虑，鼓舞他们从事公开活动、表达信仰追求的意愿。如赫章县葛布乡王正朝等人参加座谈会听取了干部冯国才等人的报告，返回家中后，便召集部分原教牧人员聚集开会，传达座谈会的内容，介绍中央文件的精神，"分析了当前的大好形势，提出了教会应当怎样活动等建议。大家一致认为，有县宗教干部亲自表态，就应当解除畏惧的心理，同心合意组织聚会。这就是开放后，葛布教会的第一次负责人的会议"[211]。会后，各教牧人员通知所在乡村信教群众，以葛布村为中心，利用检烟房为活动点，各人自备板凳等，开展礼拜活动。由于葛布教会带了头，周围村寨部分苗族信教群众受到影响，积极仿效，选择时机及场所，公开的活动此起彼伏，持续不断。

尽管如此，然而 1958 年至 1976 年间基督教遭受压制及打击的种种烙印太深刻了，多数信教群众心有余悸，还不敢公开表明信仰，仍继续隐蔽或半隐蔽地秘密活动。即使那些公开活动者，其活动也不正常和规范。如赫章多数地方信教群众"普遍做家庭聚会，用生产队的保管室、私人较宽的屋子里活动……宗教活动的形式是多种多样的，没有一定的教规教义，他们借口没有圣经、赞美诗等，大多数点的教会没有明确负责人，每个院子有十几个教徒做礼拜时，就集中到一家去，临时推举。随便懂得几首诗歌、几句圣经的也可以领导做礼拜了，都是些初参加信教的教徒多……"[212]

（二）响应号召，规范活动

1980 年，中国基督教三自爱国运动委员会常委会向全国信徒发布了《告全国弟兄姊妹书》，欢呼中共中央对宗教工作所作的重要决策，介绍党和政府恢复并贯彻执行宗教信仰自由的政策，呼吁信教群众遵守宪法及法律的规

---

211 《基督教葛布教会百年简史》，第 7 章，第 1 节。
212 赫章县档案馆藏 1981 年赫章县宗教情况汇报提纲。

定，爱国爱教，开展正常的宗教活动。该号召得到了包括葛布在内的黔西北地区教会的积极响应。

　　　　1980 年的复活节，聚会的人特别多。在礼拜中，有人将一份手抄的中国基督教三自爱国运动委员会常委扩大会议的《告全国弟兄姊妹书》递给王正朝长老。王长老讲道时，将《书》宣读，聚会的人听了尤如当初犹太民族从巴比伦归回建造圣殿，在奠基时的情景一样，悲喜交加，许多人都激动得热泪盈眶。《告全国弟兄姊妹书》给广大信徒带来无比的温暖、安慰和鼓舞，消除了一切顾虑和恐惧，使他们的信仰更加虔诚。[213]

　　《告全国弟兄姊妹书》的发布及学习，信教群众心中多年来的疑虑逐步得到化解，响应号召，表明宗教信仰，开展正常的宗教活动，爱国爱教。

　　1982 年初，中共中央、国务院《关于我国社会主义时期宗教问题的基本政策》等文件颁布，并加以广泛宣传后，教牧人员及信教群众的多年疑虑得到解释，相信宗教信仰自由政策得到了恢复，认真贯彻执行。加上其间日睹或感受当地政府逐步开放活动堂点、满足信教群众的要求；纠正宗教界的冤假错案、为受害者平反昭雪，采取多种措施，清理归还、维修、置换或补偿教堂；以及请少数教牧代表进入政协、人代会，参政议政，等等，他们走出了自闭状况，放弃了内敛行为，从"地下"走到"地上"，公开组织活动，表达信仰追求。

　　　　于是，凡过去有教会的地方，都开展起正常的礼拜活动，并且信徒的灵性生命和精神生活空前的丰盛富足，信教群众无不打心眼里感谢神！感谢共产党！[214]。

（三）建立组织，健全管理

　　从 1979 年起，随着宗教信仰自由政策的落实，基督教逐步走出隐蔽状态，回到了"地面"，公开活动。因历史及现实原因的影响，参加教会者迅速增多，但各色人物加入其中，一些活动不正常，"洗礼要钱，归依要钱，有的人为了钱，不择手段，争人、争地盘、争讲台，立山头，拉宗派，闹不团结，由此带来了宗教狂热，发展快、素质低"[215]。如何改变一团散沙、各自为阵

213　《基督教葛布教会百年简史》，第 6 章，第 1 节。
214　《基督教结构教会百年简史》，第 138 页。
215　毕节专区档案馆藏 1995 年 3 月 19 日专区宗教处宗教活动情况汇报。

的状况，规范行为，开展正常的活动，顺应形势，服务社会呢？

1、废除总会制，"两会"统一管理

1981 年，葛布教会王正乾、陶德宽当选县政协委员。在某次政协会议上，两人反映：教会活动要正常开展，须有得力的领导班子，要建立教会的管理组织，健全相关规章制度。征得有关部门的同意后，王、陶两人便召集原葛布教区中区 11 个支堂、20 个聚会点信徒的代表会议（俗称葛布第一次教务会议），商议管理等事务。

与会代表经过认真酝酿，广泛讨论，选举王正乾、陶德宽为原葛布中区教会的负责人，王正仕、张国臣等为传道，协助负责人开展工作，制定教务管理条例等等。

这次教务会议虽然系教会人士主动倡议，自发组织，选举教会负责人等，草拟了部分规则，针对某些问题，提出整改意见。但对于通过教会来规范宗教活动，约束行为，协调基督教与社会关系等起到积极作用，开了一个好头，影响其他工作的开展。

1982 年 11 月，贵州省基督教"两会"召开常委扩大会议，制定和通过《关于高举三自爱国旗帜办好教务工作的决定》，讨论并制定了《教务管理守则》、《爱国公约》等部分章程，对包括毕节专区在内的各基督教活动加以约束。次年 9 月，贵州省基督教三自爱委会召开第三届扩大会议，要求各地教会从实际出发，制定活动章程，建立健全教务的管理制度。

根据这些会议的精神，1984 年 9 月赫章县召开全县基督教代表座谈会，宣布成立三自爱国会筹备组，拟迅速成立全县性的教会管理组织，管理教务，引导信教群众开展正常的宗教活动。

自该筹备组成立后，赫章县基督教先后召开了一次扩大会议、两次座谈会及数次分片小型座谈会，学习相关文件，分析情况，针对问题，草拟章程等。1986 年 7 月，赫章县基督教召开了第一届代表会议。与会代表经过充分讨论，民主协商，选举产生县基督教"三自"爱国运动委员会和教务委员会，文富华、陶向前分别担任正副主任，张廷光为顾问。会议明确规定了该县基督徒的今后任务是：继续高举三自爱国运动的伟大旗帜，坚持独立自主自办教会的方针；深入学习贯彻党的宗教政策，进一步纠正宗教活动中的混乱现象；提高教牧人员的知识水平，逐步改革不适宜的旧教制；动员广大教徒积极参加社会主义建设；以及团结各族人民，为台湾回归祖国实现祖国统一大业而奋斗[216]。

会议还通过贯彻执行党的宗教政策，办好教务工作的决定，表示继续高举爱国主义旗帜，坚持"三自"原则，独立自主办好教会，要求宗教活动必须在宪法和法律允许的范围内进行，遵循教义教仪、尊重神授予的权限、遵守神的训诫，建立健全教务管理小组，抵抵境外渗透和坏人的利用，积极参加社会主义两个文明的建设等。

根据"三自"精神，会议决定取消总会、教区、堂点等传统的管理体制，以片区、教堂起先替代，其中赫章第三、四、五区（行政区）为基督教第一片区，一、二、六、七区为第二片区，每个片区有驻会牧师轮流负责[217]。片区之下为教堂，各教堂在"三自"原则指导下独立存在，各有自己的教牧、各建自己的组织，均接受县"两会"的领导。县"两会"又成为省、全国"两会"的团体成员，接受其领导；县"两会"个别负责人分别担任省或全国"两会"的职务等，从而纳入"合一"的中国基督教"两会"体制中。

值得提出的是，在这次代表会议构建的教会管理体制，终结了由外籍传教士确定、传承数十年的葛布苗族教会及结构彝族教会的总堂制，此后葛布与结构教会，与其他教堂，无论大小，皆为平等关系[218]。取消总堂制，对当地基督教会，其意义非同寻常。这既是基督教实践"三自"爱国要求、改革管理体制、适应社会要求的重要行动；更在于废除由外籍传教士构建的总堂、教区（某部）、堂点的管理模式，消融先前的族群隔阂，体现了无民族、无地域的区别，实现了与全国"三自"爱国会模式的对接，切实做到"合一"的要求。

当然，因于历史传承等缘故，葛布、结构两地教会仍在当地苗族或彝族信徒中有重要的地位，广泛的影响，保持密切联系。"但是这种联系是教会与教会之间的联系，而不是'总会'关系的联系。这些教会仍与结构教会保持这种联系的原因可能有二：一是因为结构教会是老教会，其对教规教义的理解和遵行可能比较老练一些。这些教会希望在与之联系中得到一些分享。二是结构教会为总会历时较久，扬名较广，所以有些教会仍以'总会'视之，并常与之联系"，但与过去内地会时总堂制的"名"、"实"均不相同。

216　陶向前：《关于赫章县基督教三自爱国运动委员会筹备组工作报告》，1986 年 7 月19 日。

217　《赫章县基督教三自爱国会、教务委员会驻会工作责任制》，1986 年 7 月。

218　《基督教结构教会百年简史》，第 141—142 页。

在县"两会"内部，又分设部分管理机构，负责指导或引导教务及宗教活动，并接受政府有关部门的管理。另外，按照"两会"章程，县级基督教代表会约隔五年召开，总结过去的活动情况，针对存在问题，商议改正措施，与社会要求相协调，并改选"两会"组织，增加新人，健全领导。

接着，纳雍、威宁、织金、大方等县教会先后召开代表会议，建立"两会"组织，选举领导人，制定相关的管理章程，规范及引导宗教活动。

目前，赫章、威宁等县基督教会按照约章的规定，已召开了数次代表会，检查教务，修改章程，改选增补"两会"领导人，推选、提拔及启用那些信仰虔诚、圣经知识基础扎实、爱国爱教、有管理能力、责任心强、爱国爱教的中青年教牧进入管理层，带领信教群众依法过好正常的宗教生活，与社会主义社会相协调，切实起好牧养作用。

2、制定章程，规范管理

在历史上，黔西北地区基督教原内地会的堂点委有传道、长老及执事，制订了相应的管理规章。因教务单纯、总会制约，以及外籍传教士具有话语权等，各堂点教牧只是简单的引导而已。

当基督教活动公开恢复后，教徒急速增加，良莠不齐，事务繁杂，各种影响加剧，如何管理宗教活动，与社会主义社会相适应等。

1981 年底，威宁协召开宗教界座谈会，内容是落实宗教方面的政策，在克服宗教活动混乱现象等，根据朱美德等牧师的提议，制定了《爱国爱教严格遵守十条制度的规定》，并向各堂点传达，为实施管理，将教会活动引向正常起到了推动作用[219]；并为其他县份教会的借鉴开了好头。

1984 年，中国基督教全国"三自"爱国会及基督教协会制订并颁布《中国基督教各地教会试行规章制度》，提出各堂点组织的管理问题，建议各教堂及聚会点分别设立三至七人的教务管理委员会（组），负责日常管理工作。各委员由信徒民主选举产生，每届任期不超过 3 年，连选可以连任等。各教务委员会（组）内又设立秩序组、探访组、后勤组、代诗组等，各有专人负责，分工合作，统归管委会（组）的领导。

于是，各个堂点配合建设管委会，依据具体情况，制定"教堂守则"、"爱国公约"等章程，进行日常管理，力图使教会活动在法律允许的范围内正常化、规范化。如纳雍半坡教堂制定的五条管理规定是：

---

219 编委会：《威宁苗族百年实录》，2006 年，第 82 页。

第一条，每月召开一次教务会议，每季向政府有关部门汇报一次工作。

第二条，学习贯彻各项方针政策，遵纪守法，加强教内外团结，爱国爱教。

第三条，不做多日礼拜，□教徒身心健康；参加四化建设，搞好农业生产。除宗教节目外，每星期举行两小时的中礼拜，不唱灵歌跳灵舞，只唱诗、祷告、读经、证道。

第四条，教徒一般不跨县、区、乡活动，不听信国内外反动谣言。

第五条，提高警惕，防止披着宗教外衣的人破坏"三自"，诈骗钱财，侮辱妇女[220]。

其间，各个教堂还根据形势的变化，结合政府的要求，针对宗教活动中存在的问题，对章程加以修改，既满足教务活动，约束信教群众，规范相关行为，亦使之更能适应形势的变化，适应社会的要求[221]。如部分堂点还要求该地的信教群众"坚决执行计划生育政策和《婚姻法》，做到不给没有领取结婚证的人举行婚礼"、"积极完成家家的各项征派任务"、"听党的话，协助政府搞好社会治安，维持社会安定团结"等[222]，以及作出"对违反计划生

---

220 祝贵美编：《半坡教会史》，2006 年油印本，第 206—207 页。此资料系曾林先生赠送，谨致谢忱。

221 1998 年纳雍半坡教会将上述五条加以修改，成为新五条规章。"第一条，在政治上热爱祖国，拥护社会主义制度，拥护中国共产党和人民政府的领导，接受党和政府依法对宗教事务的管理，遵守国家法律法规，保证宗教活动在宪法、法律、政治允许范围内的正常进行。第二条，坚决执行党的宗教信仰自由政策，坚决维护法律尊严，维护人民利益，维护民族团结，维护祖国统一，发挥宗教道德中的积极因素，克服有碍于经济建设、社会主义秩序、教育科学秩序，不利用宗教干涉司法教育、婚姻和群众的生产生活。第三条，高举三自爱国旗帜，把教会治好、养好、传好，在党和各级政府的领导下，坚持独立自主，办好有中国特色的基督教会，不做多日礼拜，不跨界布道，不跨界过宗教生活，不搞禁食升天，不搞医病赶鬼，不传方言异梦，不搞私设堂点的宗教狂热活动，抵制一切异端邪说、歪门邪教，不信谣、不传谣，不受境内外组织和个人支配，不受境内外敌对势力的渗透活动，坚决执行"144 号令"、"145 号令"。第四条，组织本场所学习时间政治、法律法规、政策，提高教牧信徒的爱国主义和社会主义觉悟，走科技兴农、脱贫致富之路，管好教会理财。第五条，为搞好教会，积极响应县"两会"号召，每年每载册一名信徒应乐捐壹元钱，作为支持帮助县"两会"办公用费"。载《半坡教会史》第 207—209 页。

222 毕节专区档案馆藏 1997 年 8 月织金县民宗局关于宗教情况调查报告。

育及完不成党政部门交给的各项任务的，须开除教会一年"等规定，做到信教群众、宗教活动等接受地方政府的要求，与社会主义社会相适应。

经过积极的建设与充实完善，目前黔西北基督教各堂点的管理方式及组织构建基本成型，运用规范有效，在组织信教群众开展活动，接受党和政府的领导，抵制异端或"邪教"等方面发挥重要的作用（后有介绍）。

3、培养教牧人员，掌握方向

要带领信教群众开展正常的宗教活动，表现及满足其信仰要求，抵制异端或"邪教"的侵噬，保证活动的内容纯真、形式健康及方向正确，引导教会与社会相适应，需要有信仰虔诚、熟悉经典、作风正派、具有管理能力，爱国爱教的教牧人员，于是培养、锻炼及使用教会的牧养者及管理者就显得尤为重要。

解放前，黔西北地区教牧人员的培养主要有两种方式：原循道会系统，牧师须进入本差会的正规神学院，接受长期系统的神学教育，经过考核及实习等后，才能担任。原内地会系统，因无牧师，传道及长老等只须进入葛布圣经学校，接受短期教育后就可担当。

新中国建立后，经过"三自革新"爱国运动，宗教与教育分离，原循道会神学院关闭，不复存在。原内地会圣经学校也无法开放。除了老一辈教牧人员外，大多数新生代只是凭虔诚的信仰，以自学为主，学一点，用一点，急用先学，活学活用。斯时，因为当时基督教受到不同程度的压制，虽然以这种"短、平、快"方式产生教牧人员（含自封教牧人员）存在着若干隐患，但尚未宗教活动因系秘密进行，这些隐患还没有暴露出来。

然而，当宗教活动公开进行，受到法律保护后，诸如因个别教牧人员信仰偏执及认识缺陷而产生的"灵恩派"、"火烧派"、"圣徒派"等暴露，撕裂了基督教会；"说方言"、"唱灵歌"、"跳灵舞"、"说异像"、"搞异能"等层出不穷，紊乱了是非，腐蚀道德伦理，激起了群众及干部的反感，在部分地点萌发抵制反对的氛围。

由于教牧人员的政治态度和宗教学识如何，将在一定程度上直接或间接影响到信教群众的信仰素质，引导宗教活动的状况。于是，全面宣讲圣经，传授正确的教义教规，介绍适当的管理方式等，教育教牧人员及部分平信教显得必要和迫切。通过培训，提高教牧人员的素质，充分发挥宗教界人士的作用，是宗教活动场所正常化的组织措施。

当时，葛布、结构等部分教会曾自发组织起圣经及宗教常识等的培训工作，对部分教牧或信教群众进行教理教规的简单培训，提高觉悟，锻炼能力。但这些培训活动由各堂点教牧及信徒群众自发组织，自我开展，培训期不长，宣讲内容有限，难以收到应有的效果。更为重要的是，接受培训者缺乏权威的认证，影响其主持活动、管理信众。

1985 年 10 月，在地方政府的协助下，毕节地区举办了首届教牧培训班，为期 15 天，省"两会"主席杜光炎牧师亲临主讲，直接指导。经过必要的神学知识学习及考核，由杜光炎牧师主礼，授任了部分学习优良、掌握教理、熟悉教规、爱国爱教的学员为传道，负责所在堂点的教务管理等。这些传道是经过教会组织的培训班学习，考核合格，结合其平常的表现，由省"两会"牧师主礼，隆重授予，名正言顺，具有威信，开了一个好头。

1986 年，赫章、威宁、纳雍等县基督教"两会"先后成立，成为贵州省、全国基督教三自爱委会的团体成员。11 月，在政府部门的协助下，由省"两会"和县"两会"联合在赫章葛布举办威宁、赫章、纳雍、普安四县教牧培训会，由杜光炎、唐荣涛等牧师任教，学习内容有中国基督教史、"三自革新"的由来及发展、圣经概要、教牧学、释经学、音乐学，等等。经过十余天的系统学习，在培训结束时，由杜光炎牧师主领按手礼，共按立 14 位牧师、26 位长老，授任 33 位传道。这次培训会为黔西北民族地区教会按立了一定数量牧师、长老，部分解决制约教会活动正常化、规范化等的瓶颈，构建起各地教会的组织框架。

更为重要的是，这种由省、县"两会"共同组织，在政府有关部门支持下，举办教牧或义工培训班等作法，"把听课与讨论，即讲理论与谈实际结合起来，以'知无不言，言无不尽，言者无罪，闻者足戒'的原则积极组织大家学习讨论，从而提高了大家对圣经真理的理解能力和辨别是非的能力，使一些曾被别有用心者误导的人有所认识和醒悟"[223]。通过培训、选拔、培养及锻炼教牧人员或义工，按立牧师等，增选执事、委办及秘书等。并与选拔爱国爱教、乐意服务教会的青年到神学院学习等相结合，构建起黔西北地区教会培养教牧人员的模式。

的确，采取系统培训的方式旨在解决教牧人员的神修等，为了提高部分信教群众对教理教规的认识，遵纪守法，辨别是非，每年各教会还要举行一

---

223 《基督教结构教会百年简史》，第 151 页。

两次有"两会"牧师或其他有关教牧参加的祈祷会或聚会礼拜,学习和探讨教规教义,探索研究圣经真理,提高信徒的灵性素质,规范及充实活动的内容等。其间,部分教会还根据实际情况,举办短期学道班,学习圣经、传道、乐理知识、教会历史、"三自"知识,及圣经的生字、难字等。其中苗族教会还传授简略的苗文知识。

为抵制"异端"的影响,防御邪教的侵噬,赫章等县"两会"还不定期地组织宣教团,到各教堂宣讲圣经,彼作见证,交流经验,提高辨别能力,联络感情,"各地教会的教牧和弟兄姊妹之间加深了了解,强化了爱心,教会与教会之间增强了团结,并且在共同学习探讨中,加深了对圣经真理的理解,提高了对正与邪、是与非的辨别能力,使异端邪说无落脚之地,使各地教会都走上了正确的轨道"[224]。采取这些措施后,效果明显,"灵恩"、"火烧"等异端而缺乏"市场"而基本消失,门徒会、左坤教等也因教会(主要是苗、彝族教会)的抵制而颇难继续渗透,教会的宗教活动正常与规范。

当然,毕节各民族地区基督教的恢复及发展,与地方政府部门实事求是、贯彻执行党的宗教政策,纠正历史的错误,管理及引导宗教事务有关。

二、贯彻执行政策,引导管理

(一)开放活动场所,平反冤假错案

根据上级的部署,毕节地委于 1979 年 3 月召开统战工作会议,学习相关文件,听取工作汇报,分析宗教现状及活动特点,掌握宗教信仰自由政策,布署了相关的工作。

根据省、专区相关会议的精神,毕节地区相关部门配合贵州省府宗教事务处同志深入威宁、赫章及纳雍等县部分堂点,宣传政策,开展调查,倾听意见,了解情况。初步得知:赫章、威宁等县有基督徒 8 万余人,彝族及苗族信教群众占其中绝大多数;活动堂点有 400 余处、自封传道人有 400 余人(一说有 500 余人),均超过新中国成立初及"文化革命"前的同类数;部分教会虽然减少甚至放弃了"地下"活动,公开从事活动,但活动内容及形式混乱,搞异梦、异相、异能,唱灵歌、跳灵舞,实践男女混杂的"雅歌路程"、

---

224 《基督教结构教会百年简史》,第 143—144 页。

"上天活动"等。有些地区教会一个星期搞三四次礼拜，通宵达旦，载歌载舞，寻欢作乐。甚至有些地点，少数人在宗教活动中挑拨党群关系、民族关系，加深对立情绪；挑拨教内外群众关系，敲诈勒索，诈骗钱财，造谣传谣，煽动人心，拐带妇女，破坏他人家庭，妨碍生产，影响秩序，有损安定团结等[225]，不一而足。

尽管，少数地点出现这些不正常活动的现象，但不能否定大多数教牧及教徒遵纪守法，从事正常的宗教活动。要落实宗教信仰自由政策，维护信教群众的信仰权利，首先得解决宗教活动的场所，满足信教群众的要求，引导开展公开的、正常的宗教活动，定点、定人、定时，方能管理宗教事务。

1980 年初，毕节行署及威宁等县有关部门选择威宁板底、大街和赫章珠市三地，作为开放宗教活动场所的试点，待取得相关经验后加以推开，实现活动堂点的开放及管理。

6 月，毕节地区召开宗教工作会议，传达文件，学习政策，交流看法，介绍板底等地的经验，总结作法，提出要贯彻宗教信仰自由政策，引导宗教从"地下"到"地上"，必须有计划、有步骤开放活动场所。"开放教堂是落实宗教政策的具体体现，我们不开放宗教活动场所，落实政策就是一句空话，地下宗教活动就制止不了。人家要在地下活动，我们就管理不了，就被动"。同时，积极清理，改正宗教界的冤假错案，平反道歉，予以补偿，消除影响；以及采取民主协商等方式，建立各堂点管理委员会或管理小组，等等[226]。

宗教工作会议的召开，以及会议纪要的传达等，充分反映毕节地区采取措施，恢复及落实相关政策，宗教事务的管理工作逐步走上正轨。

根据板底等地取得的经验，各地基督教的多数活动堂点得到了开放，并适度批准新建一些新的堂点，满足了信教群众的活动需要。重要的是，借助堂点的建设及开放，将隐蔽的宗教活动引导到公开透明，实现了正常化、规范化，毕节人民政府有关部门通过落实宗教政策，开放活动场所等，实现了对宗教事务的管理，引导正常的宗教活动。

1、全面解决宗教活动的场所，引导教会从隐蔽走向公开。对部分被占用、

---

225 毕节专区档案馆藏 1980 年 12 月 19 日张绍模关于进一步贯彻落实宗教政策的意见。

226 毕节专区档案馆藏 1980 年 12 月 19 日张绍模关于进一步贯彻落实宗教政策的意见。

被破坏的活动场所及教会资产等，或要求占用单位搬迁，归还教会；或异地置换，加以补偿；或支付货币，进行维修，于是教会有了活动场所，满足信教群众的需要。

2、纠正过去的错误，对冤假错案平反道歉。根据中央的要求，有关部门经过认真审查，仔细甄别等，对涉及宗教界人士的冤假错案予以纠正，承认错误，平反道歉。对部分受害者家属予以经济补偿，以示弥补[227]。这些作法得到教牧人员及信教群众的肯定与赞成。重要的是，当地政府通过这些平反行为向教内外民众表明：尊重和保护宗教信仰自由，是中共对宗教问题的基本政策，是一项长期政策，是一直要贯彻执行到将来宗教自然消亡时为止的政策。消除群众的疑虑，起到尊重及保护公民宗教信仰自由的宣传效果。

3、召开座谈会，针对问题，交流思想，及时解决。七八十年代之际，宗教活动从秘密走向公开，活动频繁。因受"地下"活动等后遗症的影响，公开显露的基督教活动呈现混乱、炽热等特点，不太正常。有关部门召集教牧人员、教徒代表或主管干部等进行座谈，针对问题，找出症结，有的放矢，规范行为。如 1981 年 12 月，威宁县召开座谈会，与会者 42 人，学习了宗教信仰自由政策，传达相关文件精神，介绍宗教活动的情况，分析不正常活动的原因，提出规范活动的重要性和必要性。会上，曾自封教牧人员的王××、朱××等说：

> 这次来参加会议，认识到我们过去搞的那一套不符合宗教政策，不按教规教义办事，错就错在脱离党的领导，缺乏政策观念，搞多日礼拜，唱灵歌、跳灵舞、说方言、讲智慧话、祷告治病、自由布道，搞上天活动……[228]

通过学习，认识错误，他们表示改正，规范行为，从事正常的宗教活动等。通过学习及讨论，与会者受到教育，检查存在的问题，放弃不正常的宗教活动。

4、开展统战工作，争取、团结及教育教牧人员及信教群众。从 1981 年起，部分教牧人员先后进入了专区及各县政协或人大等，担任副主席、常委、委员或代表等，代表信教群众提出建议或意见，反映情况，审议工作，参政

---

227 这部分内容，参见《基督教葛布教会百年简史》"落实各项统战政策登记表"。
228 赫章县档案馆藏贵州省 1982 年宗教工作情况总结报告

议政，政治协商，民主监督。

（二）支持建立"两会"，培养年轻人

1982 年，中共中央向全国各地转发《关于我国社会主义时期宗教问题的基本观点和基本政策》。该文件对社会主义时期我国的宗教情况、宗教政策等作出详细阐述，指出在社会主义社会，宗教还将长期存在，影响部分群众。"那种认为随着社会主义制度的建立和经济文化的一定程度的发展，宗教就会很快消亡的想法，是不现实的；那种认为依靠行政命令或其他强制手段，可能一举消灭宗教的想法和做法，更是背离马克思主义关于宗教问题的基本观点的，是完全错误和非常有害的"[229]。

既然宗教会长期存在，必然会影响部分群众，接受教理教义，产生或增强宗教信仰，开展宗教活动等。鉴于宗教将长期存在，中共在宗教问题的基本政策是尊重和保护人民群众的宗教信仰自由。

要贯彻执行该项政策，前提条件是争取、团结和教育宗教界人士，结成爱国统一战线，为建设社会主义现代化而奋斗。同时，为了促使宗教活动正常化，必须合理安排宗教活动场所，发挥爱国宗教组织的作用；以及有计划培养和教育年青的宗教职业者，逐步推向教会的管理岗位。

值得重视的是，该文件将发挥爱国宗教组织的作用提到了新的高度，确定其职能是："协助党和政府贯彻执行宗教信仰自由的政策、帮助广大信教群众和宗教界人士不断地提高爱国主义和社会主义的觉悟，代表宗教界的合法权益，组织正常的宗教活动，办好教务"[230]。为了建立或健全爱国宗教组织，引导宗教组织开展正常的活动，必须培养及使用年轻的宗教职业者，接受党的领导，拥护社会主义制度，引导宗教与社会主义相适应，等等。

在基督教活动公开以后，缺乏教牧人员，以及"随意"自封教牧等问题暴露无遗。1981 年，在赫章县 164 名教牧人员中，"文革"前系教牧人员者有 55 人（长老 29 人，传道 16 人，委办 2 人，执事 8 人），占 33.5%。1979 年后自封人员有 109 人，占 66.5%[231]。这些"教职人员"，多数既不懂得教理

---

229 《中共中央印发"关于我国社会主义时期宗教问题的基本观点和基本政策"的通知》，《新时期宗教工作文献选编》，第 55 页。

230 《中共中央印发"关于我国社会主义时期宗教问题的基本观点和基本政策"的通知》，《新时期宗教工作文献选编》，第 65 页。

231 赫章县档案馆藏赫章县宗教科 1981 年工作总结。

教义，也没有掌握教规教仪，出于单纯的信仰追求，仅凭热情，自学圣经、习唱赞美诗，学一点，用一点，用一点，会一点，活学活用，立竿见影。且不言其他，仅就教牧人员的素质作用，就会产生不正常、不健康的宗教活动。如：

> 兴发区的野里公社有个青年罗××，19 岁，高中生，78 年参加信教，没有受过洗礼，也经常到外队去传道，发展教徒等活动。
>
> 他们喜欢唱灵歌（原注，自编的新诗，山歌调子），跳喜乐舞，走雅哥路程（原注，不分男女界线，同睡）等非法活动，他们内部矛盾重重，互相排斥……[232]

毋庸解释，教牧人员系领导信教群众开展正常活动的带头人，其对教义教规的认识及掌握，直接影响到该堂点活动的正常与否及"健康"状况。显然，若这些人来组织、领导宗教活动，且不言其他，肯定会使活动变质变味，因而培养爱国爱教的教牧人员非常必要及重要，毕节专区有关部门将宗教事务的管理重心转入协助建立三自会组织，培训教职人员，提高其文化程度，正确认识和掌握教理教规等，爱国爱教，引导开展正常的活动等上。

在地方政府部门的协助下，贵阳市基督教三自爱国会杜光炎牧师等人数次来到威宁、赫章等地，举办短训班，按立牧师、传道及长老等，赋予管理教务、组织活动等权力，逐步建议及健全教务管理体制。

开放活动场所的增多、活动频繁及规模扩大，部分教会按照中国基督教"两会"关于堂点组织管理的建议，建立教务组织或小组，加以管理。接着，政府部门积极协助，因势利导，支持赫章、威宁及纳雍等地教会召开代表会，建立基督教三自爱国会组织与教务委员会，选举了领导成员，组建管理机构，制定了相关的规章制度，确定了三年换届选举等制度。同时，各地政府协助教会选拔信仰虔诚、宗教知识扎实、具有一定文化程度的青年人推荐四川神学院等进行系统学习，培养热爱祖国、接受政府的领导、走社会主义道路、维护祖国统一和民族团结、有宗教学识、能联系信教群众的青年教职人员队伍。

在地方政府的支持下，基督教"两会"顺利成立，发挥了积极的作用，协调或处理教会事务，解决内部矛盾，协助各级政府宣传贯彻党的宗教政策，反映信教群众的愿望或要求，构建起联系群众与政府关系的桥梁等。自

---

232 赫章县档案馆藏 1981 年赫章县宗教工作汇报提纲。

威宁、赫章、水城等县成立基督教"两会"后，已换届四次，早已进入了常态化的运作中。

（三）登记堂点，依法管理

经过数年的运作，当地基督教"两会"的作用增强，效率提高，有了自我约束能力；培养或按立教牧人员走上正规化、经常化，当地政府部门将管理工作的重点转入常态管理，即依照国家有关宗教的法律、法规及政策等，保护宗教团体和寺观、教堂的合法权益，保护教职人员履行正常的教务活动，保护信教群众正常的宗教活动，防止和制止不法分子利用宗教和宗教活动制造混乱、违法犯罪，抵制境外敌对势力利用宗教进行渗透，等等。

当宗教活动由"秘密"变为公开，国家依法保护正常的、公开的宗教活动，限制或制止秘密的、不正常的活动，于是活动场所的重要作用凸显。概括而言，在宗教事务管理中，以"点"定"人"、定"时"，规范活动。之所以这样，原因在于它是信教群众开展宗教活动、进行信仰诉求之地，在于有相应的领导管理者（教牧人员）及规章制度，更在于它是集中信教群众、表达信仰要求的指定场所，应该也必须受到法律的保护；反之，没有或不在合法的宗教场所开展活动，视为不正常，甚至非法活动，不仅不会受到法律的保护，还有可能被依法取缔或打击。

从1995年起，毕节地区管理宗教事务的工作主要反映在通过对宗教活动场所的申请登记，实现对活动场所的管理，进而规范宗教活动。

首先，确定宗教团体的登记制度，对申请登记的宗教活动场所进行审查验收，合格者依法登记；暂未合格者，或限期整改，再次验收；或不予登记，通过审查验收等形式，管理宗教活动场所。其次，建立健全宗教活动场所的管理制度。对验收合格的活动场所，建立教牧人员的任职备案制度和宗教财产的监督管理制度，制定出堂点的活动准则，起到约束作用，规范活动。再者，实行常态管理，每年进行年度检查，合格者，允许活动；反之，暂停整顿或取缔。借助这些措施，使对基督教事务的管理走上管点、定人（认定资质、任职备案）及监督财产等，走上了法制化及制度化的轨道。

　　信教群众在宪法、法律和政策允许的范围内从事宗教活动的意识得到加强。各地普遍反映：通过登记和年检，18岁以下少年儿童入教的情况少了，自封神职、自由布道的人少了，内部不团结的现象少了。"圣洁派"……虽经当地宗教部门多次做工作，但收效甚微，开展登记发证和年检工作后，在党的政策感召下和法律法规威严面前，从 95 年起，这部分人逐渐改过自新，与别人和好如初。[233]

依法管理宗教事务，除保护教会的合法权益、教牧人员及信教群众的正常宗教活动外，还必须依法解决异端的影响，制止"邪教"的破坏行为，打邪扶正（内容见下）。

三、基督教发展及活动

（一）发展概况

20 世纪七八十年代之交，黔西北民族地区基督教一度呈现快速发展的势头，各教派的活动也相当频繁，颇具社会影响。分析原因，既有历史因素，也有现实原因。

从历史上看，粉碎"四人帮"，拨乱反正，宗教信仰自由政策重新得到贯彻，受多年压制包括基督教在内的宗教顿时被松了"绑"，重获公开活动的自由，且受到法律的保护，产生强烈的活动热情，努力"结果实"、求发展；多年来得不到松弛的信教群众迸发出强烈的信仰渴求，努力参加或组织活动，积极传播，甚至反复游说或威胁恐吓，拉人入教等等。

改革开放后，我国农村体制发生了巨大变化，公社、大队及生产队等"一大两公"的管理模式被废除，恢复乡、村、组等传统地域管理格式。的确，一元化的集体管理制被废除，去掉了束缚生产力的枷锁，解放及发展了生产力，农业经济迅速恢复，持续发展，跃上了新台阶。长期接受集体管理的多数农民固然得益体制改革而获得了"解放"，可是多年形成的集体管理制度迅速废止，谁来组织、谁来管理、谁来照顾、谁给予维护？农民陷入无助的境地。依靠族群、家族或亲戚邻里等的"搭手"相助不失为一项自救办法。倘若缺乏它们或其力量有限，一些人加入基督教，谋求"群体"的帮助也是一项选择。毕竟教会具有团体的力量，强调群体关怀、信众照顾。当我国农村体制发生改变后，部分农民先后参与甚至加入包括基督教在内的各种宗教，企图从中求得帮助、关心及支持。

---

233 毕节专区档案馆 1997 年 5 月 9 日贵州省宗教局毕节西四县宗教工作情况的调查报告。

与农村体制发生同步变化的是，文化站、电影队及宣传队等也实施改革，向前（钱）看。当时，广大农村还处于喇叭宣传、展板表现、文艺演出、巡回电影等时代。受改革等影响，文化下乡变成了奢想，变得遥不可及！我们知道，宗教确有教化之功用，但教化往往寓于歌唱、舞蹈及说教等活动中，寓教于乐！对于部分农村而言，能够寻找精神快乐、文化享受、心理宣泄等场所，往往是戏（舞）台、教会或寺庙。戏（舞）台缺乏，构建尚需时候，剩余就是宗教群体。与其他地区不同的是，黔西北民族地区系清初改土归流后才新开发之地，佛教、道教传入缓慢，影响有限，除伊斯兰教外，便是基督教会。教徒的歌声、舞蹈及祈祷、以及教会的宗教活动等对渴求寻找精神满足的部分民众无疑具有吸引力。

> 在教会比较集中的地方，宗教信仰成了一种主要的精神生活，如赫章葛布教堂，能容纳上千人，有脚踏风琴、手风琴、收录机等，一到礼拜，或晚礼拜，唱诗时有人伴奏，领唱，整个山村一片沸腾，教堂既是宗教活动场所，又是娱乐的地方，有的一人入教，全家出动。这些地方群众的思想阵地已被教会占领[234]。

部分群众加入教会，使得在七八十年代之际基督教呈现"繁盛"的景象。然而，基督教的快速发展，各类人物加入其中，不免鱼龙混杂、泥沙俱下，"灵恩派"、"火烧派"等有所发展，个别地方的活动极不正常。

> 搞异梦、异相、异能、唱灵歌、跳灵舞和什么"雅歌路程"、"上天活动"，违反政策，违反教规教义的东西，有的还认为"老牌礼拜不过瘾"，另搞一套所谓"超耶稣的宗教世界"，搞流窜传教，发展教徒。有些地区，一个星期三四次礼拜，通宵达旦，寻欢作乐，侮辱妇女，毒害青少年……[235]

80 年代以来，政府部门对宗教事务施以管理，基督教"两会"及各堂点教务组等的建立，制定规章，进行约束，抵制或反对不良言行及不正常活动；加之"宗教热"的逐步消褪，一些混入者感受到了约束，脱离了基督教，参加者多为有信仰追求的人，一离一进，教会发展虽较缓慢，却基本正常。以下各县的相关统计数可见一斑：

---

234 毕节专区档案馆藏 1995 年 3 月 19 日毕节专区宗教处宗教情况汇报。
235 毕节专区档案馆藏 1980 年 12 月 19 日张绍模关于进一步贯彻落实宗教政策的意见。

表 3-21 　1982～1996 年纳雍县基督教概况表　　　　　　　单位：人、个

时间 \ 类别	信教人数	慕道友	教牧人员			开放活动场所		"非法"场所
			牧师	长老	传道	教堂	聚会点	聚会点
1982 年	3849			22		1	6	
1992 年	5820		2	20	31	12	35	
1996 年	5238		1	14	31	22	37	

注：所谓"非法"场所指未接受当地政府有关部门登记的宗教活动场所，下同。

表 3-22 　1982～1996 年威宁县基督教概况表　　　　　　　单位：人、个

时间 \ 类别	信教人数	慕道友	教牧人员			开放活动场所		"非法"场所
			牧师	长老	传道	教堂	聚会点	聚会点
1982 年	10504		2		10	2		
1992 年	21609		10	17	19	40		
1996 年	22270		8	17	18	43		

表 3-23 　1982～1996 年大方县基督教概况表　　　　　　　单位：人、个

时间 \ 类别	信教人数	慕道友	教牧人员			开放活动场所		"非法"场所
			牧师	长老	传道	教堂	聚会点	聚会点
1982 年	345					3	45	
1992 年	4217		2	9	50	9	53	
1996 年	5053		2	8	47	8	78	

表 3-24 　1982～1996 年黔西县基督教概况表　　　　　　　单位：人、个

时间 \ 类别	信教人数	慕道友	教牧人员			开放活动场所		"非法"场所
			牧师	长老	传道	教堂	聚会点	聚会点
1982 年	18			1				
1992 年	260			1			5	
1996 年	450			1			5	

表 3-25　1982～1996 年织金县基督教概况表　　　　　单位：人、个

时间 \ 类别	信教人数	慕道友	教牧人员			开放活动场所		"非法"场所
			牧师	长老	传道	教堂	聚会点	聚会点
1982 年	982	202		4	8	6		
1992 年	4519	231	2	6	17	8	12	13
1996 年	1875	657	1	7	17	11	11	3

赫章教会因历史资料不全，各时段数据不全，缺乏上表。据 1981 年统计，全县基督徒约 3 万人。当然，这些只是粗略的计算，大概数字。1996 年，该县有基督徒 29579 人，其中男性教徒 12762 人，占 43.1%；女性 16817 人，占 56.9%。

需要指出的是，黔西北地区其他各县基督教持续发展时，织金县基督徒一度急剧下降，其原因比较特殊，暂不叙述，另文再分析。

从总体上讲，1996 年前，黔西北民族地区基督教活动基本正常，呈现稳步地持续发展，"尽管国际国内形势复杂多变，毕节西四县宗教方面既有境外敌对势力的渗透，又有境内邪教组织的破坏，还有基督教内部存在不团结的现象……可谓内忧外患，但宗教界始终经受了考验，近几年，没有因宗教问题引发大的社会矛盾，宗教界是稳定的"[236]，说明中共的宗教信仰自由得到群众的拥护，以行动表现爱国爱教。

在临近两千年前夕，受多种因素的影响，诸如"地球要毁灭、人类要毁灭"、"千禧年劫变"、"不信教不得救"等谣言一度甚嚣尘上，极具欺骗力，无知民众受到影响，挤进教堂，"参加"活动，藉以"逃避灾难"，求得安康，带来了教会"短暂"的繁荣。然而，当这些谣言破灭后，"繁荣"之后则遭遇到了"寒潮"：

> 大约是 1995 年，农村许多教会流传着日本的伍岛敏写的《诺查丹玛斯大预言》。有些人，甚至有些教牧人员把它当作预言到处乱讲，说 1999 年 7 月 18 日恐怖大王要从天降临，地上灾难空前。人们把诺氏大预言与前文已提及的那些传道人讲的两千年基督降临的信息联系起来，相信得五体投地。于是，有放弃该起的房子不起

---

236 毕节专区档案馆 1997 年 5 月 9 日贵州省宗教事务局毕节西四县宗教工作情况的调查报告。

的，有大量花钱大吃大喝的，有懒散于家园建设的，有走亲串戚劝人赶快信耶稣的；有挤进教会找避难所的，也有无所事事、哀声叹气等死的，一时间闹得人心惶惶……那段时间，各个教会做礼拜的人挤得水泄不通。结果，1997 年 7 月 1 日平平安安，1999 年 7 月 18 日平平安安，2000 年元旦与春节也平平安安。人们终于安心，然而却把受骗上当的气都出在圣经上，埋怨圣经说假预言，并且三三两两地离开了聚会礼拜，原先人如潮涌的礼拜堂却空荡荡地，门可罗雀。[237]

尽管，毕节各民族地区基督教呈现出快速的发展态势，但在这发展往往表现出潮涨潮落的面相，增加者不少，离开者也多。不过，那些离开教会者多系抱着利用教会达到某些目的者，追求的不是信仰而是个人的利益。固然，他们的离走使得人如潮涌的礼拜堂一度空荡荡的，不过促使教会反思自己的传教活动，在注重发展时，也要考虑入教者的素质及目的。

经历了短暂的冷淡过程，从 2002 年起，黔西北地区基督教逐步得到发展，持续至今。据统计，这年毕节专区有基督徒 82992 人，牧师 22 人，长老 120 人，传道 222 人；教堂及活动点 347 处，已开放者 276 处[238]；六盘水城市的基督徒约 2.7 万人[239]，活动堂点 151 处。两地市合计，黔西北地区的基督徒（登记在册）约 11 万余人，约占全省基督徒的 60%。教徒之中，以彝族、苗族信众为多。

2006 年，毕节地区基督徒发展到 11 万人。这些基督徒的大致构成是：从县份讲，威宁、赫章两县发展较快，其中威宁基督徒约 5 万人，赫章 4 万多人[240]；纳雍、织金、大方、毕节等地相对较慢，各地信徒尚未过万人；从民族看，在彝族、苗族中间新增者较多，汉族及其他民族信教群众仍发展缓慢；从文化程度构成看，文盲减少，小学及初中生有所增加，它与近年来农村实现"普九"教育，以及部分教堂创办扫盲夜校，扫除教徒（主要是女信徒）

237 《基督教结构教会百年简史》，第 146—147 页。

238 宫玉宽：《贵州省赫章县少数民族基督教现状》，牟钟鉴等编：《宗教与民族》，第 3 辑，宗教文化出版社，2004 年。

239 这些数目只统计检查合格，批准开放的教堂的教徒。另据《六盘水年鉴》，2000 年（贵州人民出版社，2000 年 12 月）记载，1998 年该市经批准发证的教堂有 120 个，信徒 11365 人，牧师 5 人。

240 据葛布教会于 2004 年前统计，该县基督徒有 39658 人，与之基本相符。另据赫章有关部门统计，2008 年，该县基督徒有 4.1 万余人。

文盲现象等有关（参见下表）。

表 3-26　1996～2008 年赫章县基督教概况表　　　　　单位：人、%

| | 教徒人数 | 教徒性别 | | 各族教徒数量及所占比例 | | | |
| | | 男 | 女 | 彝　族 | | 苗　族 | |
				人数	%	人数	%
1996 年	29579	12762	16817	15047	50.9	11745	39.7
2002 年	37200			20000	53.8	13000	34.9
2008 年	41083	16880	24203	23553	57.3	13463	32.8

| | 各族教徒数量及所占比例 | | | 教徒文化程度 | | | | |
| | 汉　族 | | 其他民族 | 大专 | 高中 | 初中 | 小学 | 文盲 |
	人数	%						
1996 年	2686	9.1	101		214	1741	7853	19771
2002 年	不详		不详					
2008 年	3934	9.6	131	17	313	3137	27760	9856

注：2002 年数据取自宫玉宽《贵州省赫章县少数民族基督教现状》，载《宗教与民族》，第 3 辑。高中文化程度中包括了中专生；

　　需要解释的是，上述数据系当地部门调查统计的，简称登记在册的教徒。至于教会自己的统计数据，则采取另外的口径，故有较大出入，难以吻合。如赫章县结构教会，我们以《基督教结构教会百年简史》为底本，粗略该资料的记载数，计算出原结构总会所辖范围有 150 个教会（堂）、彝族教徒 40508 名，涵盖了赫章与威宁，还辐射到水城及镇雄等彝族地区[241]。

　　受多种原因的影响，我们认为，在可见的将来，只要现有环境能保持不变，基督教仍在黔西北民族地区持续增长，影响也会持续扩大，如何保持与社会主义社会相适应，值得教会进一步思考。

（二）活动概述

　　前面已叙，基督教恢复公开活动初期，诸如"灵恩派"等教派在部分地点曾一度出现，其活动一度不太正常。其后，各地基督教会建立"两会"，

---

241 《基督教结构教会百年简史》，第 259—266 页。

制定规章制度，培养及训练了教牧人员等，有章可循，有人管理，教会活动基本正常，延续至今。加上受干部的教育或群众的抵制，"灵恩派"等作为团体已基本消失，难以产生影响。故基督教会的宗教活动，我们提而毋论，偏重介绍与其社会主义社会相协调的部分活动。

1、发展经济，增加收入

20世纪80年代以来，我国农村体制发生改革，以经济建设为中心，实施家庭联产承包责任制，鼓励及促进农民群众发展经济，增加收入，改善生活。因此，采取先进技术，发展生活，搞活流通，脱贫致富成为了广大农村的主旋律。当时，黔西北地区各基督教会也积极参加，大会讲、小会说、个人帮等，要求信教群众响应政府号召，种植经济作物，发展商品生产。如纳雍教会制定了"三年脱贫规划"，要求信教群众积极参与，认真落实；连续召开三次全县信徒劳动脱贫致富评比表彰会，表彰了48名先进个人、4个先进集体，藉先进的示范，先富带后进，影响及带动其他。如在1988年首次脱贫致富表彰会上，教会通过核实，在41个教堂点1974户9496人中，当时脱贫的有543户2750人，分别占当年计划脱贫408户、2113人的113%和128%，超额完成了计划。进入90年代初，该县信教群众解决了困扰多年的温饱难题，基本上告别贫困状态，开始迈进建设小康社会之路。

当温饱问题得到解决后，部分教牧人员结合当地实际，带领教徒，听从政府安排，种植烤烟、地膜玉米等，发展经济，增加收入。1996年该县有十余户信教群众因种烤烟而成为万元户。其他信教群众大搞科技兴农，种植地膜玉米，转化为饲料，发展养殖业，以及种植竹荪、天麻等经济作物，搞运输业、办砖厂等，经商贩卖畜禽。该县教会"在抓物质文明的同时，建设精神文明，教内外团结，坚持'信仰上互相尊重，生活上互相帮助'。出现了许多扶贫济困、拾金不昧和为群众办好事、办善事、办实事的先进事迹"[242]。

同样行为在赫章等地基督教会中也有反映。如赫章县葛布地处高寒，土地贫瘠，交通不便，且无矿产资源等，群众收入少，生活贫穷。当地教会认为，贫穷不是基督徒的特色，富裕才是其要求，要让信徒走上致富道路，教务组必须作典范，起到带头作用，调动信教群众发展生产、搞活经济的积极

---

242 毕节专区档案馆藏1997年8月15日纳雍县民宗局宗教和宗教工作情况调查报告。

性。牧师王××在礼拜中说：

> 我们要荣神益人，靠勤劳致富才是主所满意的。现在，各级都关心我们教民，我们要相信科学，努力发展生产，才能摆脱贫困。[243]

经教牧人员的引导，多数信教群众表示要响应政府号召，结合当地的环境条件、劳作习惯，考虑市场的需要，以烤烟和地膜玉米为突破口，前者增加收入，后项解决口粮。长老王××、传道王××等人召开组务会，统一思想，明确认识，教务组 15 名成员首先种植，接着逐户落实地膜玉米及烤烟生产，在葛布寨教徒中发展了 26 户、78 亩的烤烟连片种植基地，亲自执竿量地，按照科学种植、科学管理、成熟采摘、科学烘烤，确保及提高产量，成为当地种植户的典型，受到好评。

> 1991 年，葛布教务组在党和政府的领导下，认清了以经济建设为中心，带领广大信教群众努力脱贫致富。教务人员带领信徒种植地膜包谷 625 亩，461 户，占信教农户的 77%，其中新增农户 230 户、435 亩，纯增产 6500 多公斤；种烟 248 户、499 亩，其中新增 215 户、439 亩。因受冰雹和洪水等自然灾害，实收面积为 405 亩，亩产约 80 公斤，总产 1040 担，平均每担 118 元，总收入约 133200 元，平均每户约 500 元，为国家提供税收约 53200 元。从而初步改变了葛布贫穷的面貌，葛布寨子由以前的茅草房变成了现有的瓦房。[244]

接着，他们按照教务组"以点带面，推动全局"的议定，以葛布村为典型，向周围村寨民众推广，鼓励及带动各族民众发展经济，搞活流通，共同致富。

当然，教会鼓励及带领信教群众发展经济、搞活流通、脱贫致富等行动也与当地政府部门的引导、教育及支持分不开的。

八九十年之际，当地政府部门派人深入乡村，利用学校等场所对信教群众传授科技兴农知识、商品经济常识等，鼓励他们扩大经济作物生产，调整结构，种植烤烟、竹荪和天麻，发展养殖业，饲养猪、牛、羊及家禽，以及办企业或经商，发展经济，增加收入等。

---

243 毕节专区档案馆藏 1997 年 8 月 15 日纳雍县民宗局宗教和宗教工作情况调查报告。

244 《基督教葛布教会百年简史》第 7 章，第 3 节。此资料系网上下载，前有注明，此略。因页码不便处理，故在注中采取章、节，下同，特此说明。

在这些工作取得初步成效后，毕节行署采取抓两头带中间、突出重点、辐射全区的方法，集中地、县、市民宗局及乡、镇、村干部等，在全地区建立了 23 个扶贫帮困联系点，从教育、交通、电力、饮水、科技培训等进行综合开发帮扶，落实责任，促进当地贫困面貌发生根本改变。

2000 年，根据形势的发展，鉴于教牧人员及信教群众的觉悟程度及积极要求，毕节地区民族宗教管理部门开展了比学习、比勤劳致富、比精神文明建设、比团结、比宗教活动场所民主管理、比遵纪守法和比抵制渗透的运动（"七比"运动）。采用"比"的方式，引导各教会间相互竞争，彼此攀比，激发主动性、积极性，促进经济发展、社会稳定、生活小康，形成良性的互动[245]。

2、创办夜校，扫除文盲

当宗教恢复后，一些教会（主要是苗族教会）以教堂等为教室，办起扫盲夜校，利用民族文字，配合科技农业的要求，对部分信教群众，尤其是妇女开展教育，扫除文盲现象，传播农业科技知识。如葛布寨教务组推荐知识青年张××为义务教师，负责全寨的扫盲工作，"信徒青年妇女白天做农活，晚上学习，经过月余的紧张学习，考试合格，全部脱盲"[246]，能看书读报，还能看懂一般的农业科技书刊。于是，葛布被评为无盲村，受到政府部门的表彰及群众的肯定，其行为影响周围村寨的教务组，行动起来，随之办起了脱盲夜校，取得了明显的成效。

当然，赫章葛布教会创办扫盲夜校的行为并非个别，纳雍、威宁等地部分教会也开展了类似工作，基本扫除了成年人的文盲。纳雍县石板河教会鉴于苗族失学女童多的现象，利用教堂办起一年级教学班，在招收 28 名学生中，女生有 21 名，其中 4 名是其他学校不愿意接收的年满 12 岁女生，有 3 名学生是残疾儿童[247]。

其间，诸如葛布等地教会还开展篮球、射弩，以及歌咏等文体活动，定期进行比赛，丰富精神文化生活。

3、爱国爱教，执行政策

各地基督教"两会"建立后，在引领信教群众开展正常的宗教活动同

---

245 毕节专区档案馆藏 2001 年 1 月 2 日毕节地区民宗局 2000 年民族宗教工作总结。
246 《基督教葛布教会百年简史》，第 7 章，第 3 节。
247 杨国军：《纳雍苗族与基督教》，《毕节地区苗族百年实录》。

时，接受各级政府的领导，拥护社会主义制度，爱国爱教。每年，大多数教堂要举行一次世界和平祈祷聚会，教牧人员及部分教徒宣讲和平之意义，争取及维护世界和平；在每年国庆或某重大政治活动时，教会要举行规模不等的庆祝活动，祈祷祖国繁荣、社会和谐、人民富裕，等等。

在香港、澳门回归前，各教会广泛宣传"一国两制"基本国策，迎接香港及澳门回归祖国，期盼海峡两岸和平统一，实现中华民族的伟大复兴。如葛布等地教会为庆祝 1997 年 7 月 1 日香港回归祖国，举行隆重的感恩礼拜活动。活动前，特别邀请乡村领导、教师、公务员与教牧人员、教徒代表举行座谈，畅谈祖国的强大、社会的进步等。

> 座谈会开得热烈，兴奋，许多同工赞扬中国共产党的伟大，畅谈改革开放的伟大成就，期盼澳门、台湾早日回归祖国，实现国家统一、领土完整。座谈会结束时，齐唱"求主福佑中华歌"后，向神祷告，求神看顾中华，赐福中华。[248]

多年来，制约黔西北地区经济发展的重要因素是人口的过快增长、耕地资源减少等，人地矛盾突出，于是政府采取措施，计划生育，提倡只生一个好，优生优育。该项政策虽好，实施起来相当困难，毕竟它涉及到农民家庭的劳动力、经济收入，以及年老以后赡养等问题。不可否认，计划生育工作成为当地的第一难事！在 20 世纪八九十年代之际尤显突出。

不过，计划生育工作在基督教中遭遇则有所不同。牧师马显文曾说"我们基督教徒在执行党的各项方针政策上都没有当政府的绊脚石和拦路虎，我相信今后在党和政府的各项工作中，基督教徒也不会成为阻力"，代表教会对政府相关工作的鲜明表态。当时，马显文牧师在礼拜活动结束后，主动地向信教群众宣传计划生育政策，"鼓励大家做一个爱国爱教的基督教徒，在计划生育上一定要走在众人的前头……因为圣经告诉我们：'凡抗拒政权的，就是抗拒神的命令，抗拒的必自取刑罚'"，接受政府的要求，少生优生优育[249]。

尽管存在诸多困难，但多数信教群众在教牧人员等劝说或引导下，逐步接受这项政策，采取措施实施计划生育。同时，部分教堂亦在管理守则中或规定"对违反计划生育及完不成党政部门交给的各项任务的，须开除教会一

---

248 《基督教葛布教会百年简史》，第 7 章，第 3 节。
249 马显文：《执行国家宗教政策，引导宗教健康发展》，《毕节地区苗族百年实录》。

年"[250]；或要求"坚持执行计划生育政策和《婚姻法》，做到不给没有领取结婚证的人举行婚礼"等。这些规定虽然缺乏刚性约束力，但对于某些愿意依附群体的信教群众而言，多少有点警诫，能产生一定的制约效果，计划生育政策因而在大多数信教群众中得到不同程度的认可与落实。

既然"天下第一难事"都能解决，其他方面就别提了，同样也不会成问题，于是"许多基层干部反映：有信教群众的地方，工作好抓，各项政策易于落实，征派购任务完成情况好，很少出现拖欠现象，社会治安也相对较好"[251]，予以表彰。

（三）发展趋势

自宗教信仰自由政策恢复后，黔西北地区部分民族群众的宗教信仰得到尊重及保护；基督教得以公开活动，受到法律保护，持续得到发展。现有的状况反映，至少在可以预见的将来，基督教在黔西北地区不会消退，还会得到持续发展。究其原因，宗教活动正常、正当且公开，教牧人员及信教群众爱国爱教、遵纪守法、执行政策，讲究文明。兹举某基层官员论述为例，加以说明：

> 随着改革和开放的深入发展，随着党在新时期宗教政策的不断落实，宗教在黔西北以彝族为主的乌蒙民族山区的发展，可以说是势如破竹，方兴未艾；信教群众之多，普及之广，仅以彝族人口比较集中的赫章县、纳雍县、威宁自治县为例，宗教（主要是基督教）的影响几乎遍及每一个村寨，每一个民族乡差不多都有一座或两座简易的活动场所（教堂）。在彝族和苗族的人口中，据不完全统计，信教群众从解放以前的大约 10% 左右，一下子发展到目前的约 40% 左右。笔者曾经重点对赫章县原兴发区的 6 个民族乡、12 个极度贫困村的调查材料看，18400 多（人）以彝族为主体民族的少数民族人口中，信教群众竟有 9000 多人（儿童除外），约占成人总数的 70% 左右，这是一个多么令人吃惊和值得深思的数字！
>
> ……通过调查，我们还进一步看到，这些人从自己开始信教的那一天开始，便把自己原来并非规范的行为自觉地按照真主或上帝或菩萨的旨意，纳入了一定的道德规范，有了一种主观上的自我约

250 毕节专区档案馆藏 2000 年 11 月 17 日织金县民宗局宗教工作经验材料。
251 毕节专区档案馆藏 1997 年 8 月织金县宗教情况调查报告。

束力。从公开张贴在教堂墙上的教规上的戒律，几乎相似于我们的"三大纪律八项注意"。例如，它要求教徒要助人为乐、不准偷窃、不准打架骂人，不准调戏和奸淫妇女等等。有的甚至还写上要遵守村规民约，遵守国家法令和政策，否则一旦违规，就会受到"主"的惩罚。好几个民族的领导同志曾告诉笔者，某某村、某某寨，自从群众信教以后，那里的社会治安明显好转，家庭人际纠纷也好调解和减少。甚至有的乡还说，最令人头疼的计划生育工作，也比过去好搞得多了。总之一句话，群众信教之后不像从前那样"野"了，好管理得好……

> 宗教组织已经成为中国共产党领导下的爱国统一战线的一部分，广大宗教群众的爱国热情可以说是空前高涨，哪怕在偏僻落后的贫困山区，他们都常常地懂得只有在党的英明领导下，只有走社会主义道路，只有遵守国家的一切法规政策，特别是宗教政策才是唯一的前途。[252]

我们之所以大段大段地引用当地某基层干部的言语，通过他眼中的基督徒言行，意在揭示当地干部及群众对基督教的认识。面对这些遵纪守法的"顺民"，有什么理由不继续执行宗教信仰自由政策，尊重并保护他们的信仰权利呢？尊重并保护其正常的宗教活动呢？

事实上，信教群众参加教会活动，不仅能满足信仰的需要，表达或喧泄宗教情感，得到安慰，精神状态充实；在教友"群体"的氛围，他（她）能从中得到关心、温暖以至帮助，解决了其在生活中遭遇的某些困难，增强生活的勇气及信心；只要疾病的存在，就有人会从宗教之中寻找慰藉，心理治疗，缓解甚至解决病痛。

由于受教规的约束，多数信教群众行为正派，产生道德自信心。如某教徒公开说："我们劝人信教有什么不好？一不偷，二不抢，三不嫖，四不赌，不吃人害人，完全符合国家提倡的'五讲四美'"[253]。道德上的自信往往激发与表现人生的自尊，得到其他群众的尊重，拓展了生活或活动的空间。信仰基督教后，教徒（主要指男教徒）不能吸烟、不能喝酒和不参与赌博等，生活的非必须性开支减少，经济上节约。在其收入不变的情况下，支出减少，

---

252 安文新：《试论宗教及其在黔西北彝族地区的影响》，《赫章文史》第13辑。
253 毕节专区档案馆藏1995年3月19日地区宗教处宗教工作情况汇报。

意味着收入效率的提高。从健康学上讲，不吸烟、不喝酒等，有助于个人的身体健康，减少某些疾病的滋生或发展，也减少了部分医疗支出，避免了看病难、看病贵的痛苦。因此，与非信教群众比较，信教群众的家庭经济状况普遍要好一些。经济状况较好，投入生产及生活相应增多，生产发展及生活改善，又产生联动效应，影响或吸引其他人加入基督教。

还有，不喝酒、不赌博等既能减少非必要的生活开支，部分信教男性因不涉足于此，非理性的情绪冲动爆发较少，夫妻之间矛盾也少，家庭和睦，关系稳定。家和万事兴，和睦的家庭关系，亦维持甚至会促进社会的稳定，得到地方干部的认可或表彰，降低以至消除外部社会的歧视及敌视。

值得注意的现象还有，在黔西北地区，妇女是保持及传播基督教的重要力量……

> 许多教会的聚会礼拜，弟兄已寥寥无几，而姊妹基本上还是座无虚席。主领礼拜的大多是姊妹，讲道的大多是姊妹，有些教会的主要教牧也是姊妹，姊妹成了教会的精兵强将……教会的大梁就靠一帮姊妹扛着，她们不仅带礼拜讲道，还自己决定召集聚会、请工人，安排客人的食宿。总之，大事小事，一揽干包，还做得周周正正，红红火火。[254]

这些妇女们之所以热心教务活动，固然与其信仰追求有关，但不能否认，信仰基督教给其带来上述那些可以看得见的"利益"，故热心于此，追求于此，服务于此。

当然，我们也知道，从历史上看，基督教之所以传入、扎根并发展于黔西北民族地区，有传教士的不懈努力、积极传播。更与那时当地社会存在的族群矛盾、经济贫困及教育落后等有关。

建国以后，族群间历史隔阂基本得到消除，彝族、苗族、汉族等各民族实现了平等、团结、互助与和谐。部分彝族、苗族群众信仰基督教是个人行为、历史延续，与族群没有什么关系，不能划等号。不过，经济贫困、教育落后等仍是影响个别民众选择基督教信仰的因素。因为加入教会、参与活动，能在经济、精神等领域产生效益，前有略述，此不重复。

随着经济的发展、受教育程度的提高，以及精神文化生活的逐步丰富等。其间，基督教也遭遇到来自外部社会的沉重压力，即所谓挑战。概括言之，

---

254 《基督教结构教会百年简史》，第 180 页。

影响教会活动及发展的挑战有：科学的挑战、金钱的挑战、吃喝玩乐的挑战、电视录象等文化艺术的挑战，以及赌博的挑战，等等。

> 总之，在这些严峻的挑战面前，有些人软弱了。有些人失败了，所以做礼拜事奉神的人逐渐少了，有的一千多人的教会，常做礼拜只有一二百人，有的几百人的教会，常做礼拜的只有几十人，有的几十年稳扎稳打、生机勃勃的教会，这些年来也摇摇晃晃，冷冷清清，似有招架不住之势。[255]

面对社会的发展变化，基督教又将如何调适呢？对于这种种挑战，教会又将如何应对呢？

四、规劝"小群"，回归主流

前面曾述，20世纪50年代中后期，毕节地区有少数教牧人员及教徒借基督教名义，在礼拜活动中"唱灵歌"、"跳灵舞"、"说方言"、"搞同心"等，"圣灵允满"，搞所谓"灵恩活动"等。当时，这些行为受到教内外的抵制或反对，部分参加者接受了教育，不再"唱灵歌"、"跳灵舞"等，放弃不正常的活动，从事正常的宗教活动。

从1957年底开展的"社会主义教育运动"到次年的"大跃进"运动，黔西北基督教受到了猛烈冲击，以至严厉打击，尤其是威宁石门坎、四方井等地原循道公会地区。其后，有关部门虽然调整了作法，重申宗教信仰自由，允许部分信教群众开展活动，恢复部分活动堂点。但从1964年起，在"阶级斗争为纲"路线的支配下，基督教等宗教再遭打击，尤其是"文化大革命"期间，压制打击达到登峰造极之地步。

当然，压制打击并没有产生应有的效果，却激起部分信教群众的抵制，不洗心革面，继续信仰宗教、参与宗教、追求宗教、传播宗教，"教会如地火继续运动燃烧，并且奔突"[256]。只是活动方式发生了改变，从"地面"潜入"地下"，从公开转为秘密，集体变为分散，白天改在黑夜……

> 十年劫难中，大型的、公开的聚会没有了，但是小型的、分散的、隐蔽而不固定的聚会更多了。圣灵带领教会进入一种新的崇拜生活，信徒们白天在地里做农活，天黑后只要听说某处有聚会，便

255　《基督教结构教会百年简史》，第175—179页。

256　《基督教结构教会百年简史》，第104页。

三三俩俩地趁黑行走几里乃至数十里去参加聚会。礼拜后又摸黑回到家中，第二天照样参加生产劳动，有时回到家已是黎明了，未吃一口饭，未眠一会眼，便出工去了。肉体之躯虽然苦和累，灵里却是一天新似一天。聚会中诗歌、颂词连续不断，俨然是平安的海洋、喜乐的海洋。[257]

在秘密状态中开展活动，的确逃避了打击，延续以至传播了基督教，但因在"地下"传教，随意性强，个人成份重，传播的教义及教规容易渗杂了其他元素，包括一些想像成份，不免走了"样"，发生背离，甚至蜕变为异端。如威宁某自称教牧人员，除自由布道，乱搞施洗，收钱发展教徒（每名收费 3 元）等外。"还招摇撞骗说：他可以给天上打电话联系，要信教群众不种庄稼，到时候耶稣可以用卡车从天上送粮食来等"；水城某自由传道人"自称是耶稣派来的'狮子'，谁信基督不虔诚，谁有罪，就咬谁。于是，他就跑到信教群众中去乱咬，咬了男女信徒十多人"[258]……

个别地点，除"灵恩派"、"圣洁派"恢复活动外，还出现所谓"火烧派"等异端，庸俗了信仰，紊乱了宗教活动，"个别所谓的属灵传道人，别有用心，违背圣经，标新立异，自创一说，误导一些弟兄姊妹，妄图与众教会分化，另立山头"[259]，撕裂了当地教会。

所谓"灵恩"（Charismatic）一词最早乃派生于希腊文 Charismata，意指"圣灵的恩赐"。灵恩派突出"福音力量"的重要性，承认会有"奇迹"发生，强调"上帝之国"的降临，鼓励信教群众"积极忏悔"，通过忏悔以确保健康、平安及富裕等；以及采取说"方言"、先知预言、治疗疾病等形式体现"灵恩"的存在[260]。

在威宁、赫章等地基督教会中，所谓"灵恩派"既是一个历史的现象[261]，

257 《基督教葛布教会百年简史》，第 5 章，第 4 节。
258 贵州省宗教处：《宗教工作动态》，第 4 期，1983 年。
259 《基督教结构教会百年简史》，第 143 页。
260 卓新平：《当代基督宗教教会发展》，上海三联书店，2007 年，第 27 页。
261 据《贵州省威宁县法地区别色园子和东关寨解放前社会经济调查资料》（第 21 页）记载"葛布教会在当地原来只有一个教派，即内地会。但解放前几年，又出现过所谓复兴会。该会往往唆使教徒到高山集会，大吃大喝，大宰牲口，严重破坏生产，影响群众生活及社会秩序的安定。随后，又出现了'灵恩派'和'小群会'。这两个教派常借圣经教条，造谣惑众……这两派都说内地会所讲的道理 是'守旧、虚伪'，而他们自称代表着'革新真理'"。

也是现实的问题。该派不背离基督教的基本教理，但其宗教活动则以欢愉为目的，搞所谓"喜乐礼拜"，唱灵歌、跳灵舞，"圣灵充满"，走雅哥路程[262]。50 年代中叶，"灵恩派"曾在部分教会（主要是苗族教会）表现活跃，舆论恶劣，教会曾采取措施加以抑制，前有说明，此不重复。

80 年代初，当基督教走到"地上"后，受多种原因的影响，部分地点一度滋生狂热的宗教热，"灵恩派"也沉渣泛起，个别人还藉此扩大影响，发展势力。如赫章妈姑杨××自称"灵光保罗"，成立了"灵恩教会总堂"，下设东、西、南、北、中五个教区，每个教区委派长老和传道主持，组织所谓灵修班、认罪班，除罪班等等，杜撰新名词，生搬硬套，危言耸听，欺骗群众；编纂《颂主诗歌》，广为传播，影响极坏。

由于"灵恩派"自行其是，偏离经道，以"爱"为名，乱搞男女关系，引起了广大信教群众和非信教群众的愤恨，当然也受到政府部门的批评教育，要求制止。

经过教育及受到抵制，1981 年初杨××在妈姑区公所宗教座谈会上公开作出检讨，宣布所谓"灵恩派教会总堂"无效，停止"总堂"一切活动，停止刊印诗歌等[263]。不过，其潜在影响仍然存在，在少数地点、个别群众中间还有不同程度的表现。

所谓"火烧派"由威宁大街牛吃水村张××所创立。原因是张××在讲道时常藉"分析教徒罪恶"名义，对信教群众随意惩罚，轻者罚站罚跪，重则拳打脚踢，还美其名曰"灵火烧身"，故称之"火烧派"。该派教徒之所以愿意接受"灵火烧身"，在于受张××欺骗，认为内心不洁净，"罪恶"深重。该派不领圣餐；不守安息日，礼拜时间相当随意，参加礼拜者要为领礼拜者无偿劳动半日；礼拜时，大哭大闹，不搞喜乐，等等。

"圣徒派"又称"圣洁派"是威宁县羊街区罗性（信）元[264]于 50 年代中叶创立，曾在少数地点有所活动。前有介绍，此略。当宗教政策恢复后，环

---

262 本节及下面关于圣徒派、火烧派的介绍，不注明出处者，主要摘抄张坦《窄门前的石门坎》中相关部份（第 301—303 页）。

263 赫章县档案馆藏赫章县宗教科 1981 年工作总结。

264 1962 年，罗性元在杨志诚"反革命案件"中被判刑。1986 年 11 月，有关部门经过甄别，对杨志诚"反革命案件"作了纠正，公开宣布无罪释放，但罗性元因流氓罪、诈骗罪，改判 12 年。关于该案件的纠正情况，参见威宁县政协编《威宁苗族百年实录》，2006 年，第 82—83 页。

境的宽松，"圣徒派"便伺机活动，对个别地点极少数群众有所影响。

尽管这些群体的人数少，但其活动量大，在一定时间，尤其在重新恢复宗教信仰的初期，其传播广泛，影响恶劣。

考虑到这些小群的形成及发展，固然或因教义教规的片面理解，或出于个人的恩怨，或有历史传承，但其沉渣泛起，则是"文化大革命"压制打击宗教活动的产物，是基督教"反弹"现象的衍生物，当地政府门视之为不正常的宗教活动，还力图从苗彝民族的认知及传统习俗中寻找部分原因[265]，采取开座谈会、办学习班、个别交谈等多种多样形式，教育、引导或化解。其间，基督教"两会"教牧人员及信教群众也对之加以劝导、宣传或抵制，分清正误，明辨是非。

经过数年的努力，当地的"异端"已基本上消失。今天，即使个别者仍在操持，只是个人行为，已无妨大局，难以产生什么影响，谈不上诱惑等。但从 20 世纪 80 年代后半期起，"左坤教"、"门徒会"等却流入黔西北部分地区，非法传播，蛊惑人心，拉拢群众，因之依法管理，就得依法处理"邪教"，防"邪"侵"正"，危害群众。

五、抵制不正常的活动

近年来，所谓基督教中的某些"邪教"也秘密来到毕节等民族地区，打着"纯正"基督教幌子，进行不正常活动，蛊惑群众，诱引上当，偷盗"羊群"，破坏三自会。概括而言，对毕节各地基督教造成损害的有"左坤教"、生命会、门徒会，以下作简单介绍。

（一）左坤教

"左坤教"源于香港"新约教会"（又称灵恩布道团），由影星江端仪创立。该教强调信仰根基在建立在基督"血、水、圣灵"全备真理的磐石上[266]，视天主教、安息日会、摩门教及守望台等为异端，"社会福音"是假福音。

---

265 参见张坦《窄门前的石门坎》第 283—286 页。80 年代及 90 年代初，张坦作为贵州省宗教局干部，驻扎毕节专区，开展调查，了解情况，指导工作。

266 江端仪的解释是："血"，宝血敕罪是信仰根基。真心悔改信靠主宝血洁净的人，必然重生得救；"水"，生命之道，使信徒灵命得供应和造就。神的应许，备及今生来世，都全在此圣经内，是信徒们的产业；"圣灵"，重生的人要受圣灵的浸，被圣灵充满，必得能力胜罪，受主、守道、传道，作证。江端仪：《生命证道集》，基督教灵恩布道团文字中心印，1965 年，第 1 页。

该教排他性强，传教积极、主动。

左坤原是该教的重要信徒，在江端仪去世后，左坤自立门户，更名"耶稣基督血水圣灵全备福音布道团"，又称圣灵重建会。他及同伙利用中国政府改革开放之机，进入大陆部分地区，非法传播该教。

90 年代初，该教人员潜入贵州，以"纯正"基督教形象秘密活动，暗地传播。但当"左坤教"扎住脚跟后，面目全非，与传统基督教迥然不同，表现了有以下的怪异言行：

一、自称是末世的使徒，拥有使徒的权柄，神没有向保罗启示的都向他启示了。他们的领袖也自称是先知，或会讲先知的预言。

二、在讲道中，提出要按手为信徒医治，要信徒相信他有医治的能力，不能怀疑。指着每一位信徒问是否这样相信，那些稍为怀疑者就被叫去站在墙壁边，然后向其他坐着的信徒说，那些站在墙边的是怀疑者，是神的国度不配有的。

三、祷告时必须先发五分钟的"笛笛……哒哒……"声，然后，才用悟性祷告……

四、要求各聚会点归属他左坤派，接受他的指示来作事，可以帮助那些追随他的传道人购买聚会点，每月可得一百元美金，信徒可得四十元美金。[267]

受此毒害，一些信徒积极鼓吹教主崇拜，竭力宣传左坤，声称是末后使徒，他带来的福音是血水、圣灵的福音，能拯救世界、拯救人类、拯救生命等，舍我其谁。故该教又称为左坤教。

90 年代初，毕织金、纳雍等县个别乡村少数群众受到迷惑，视为基督教，接受其宣传，挑战当地教会，影响团结，妨碍治安。

（二）生命会

"生命会"又称全范围教会，系河南人徐永泽于 20 世纪 80 年代中叶创立。该会因宣扬"以生命为根基，以建造教会为根基，实行联系交通，要使全国福音化、教会国度化、信徒家庭文化基督教化"等，要使人得生命、得救、得重生，强调十字救恩，以重生与否为重点，故称"生命会"。

80 年代初，生命会渗透到纳雍、织金等县少数地点后，又逐渐扩张到威

---

267 文牧：《中国教会的异端邪说》，www.sinoss.com.

宁、赫章等部分地点，蒙蔽群众。相传该会袭用呼喊派的活动方式，宣扬悔改重生，重生得救。活动时用稻草铺在地上，祷告时跪在地上，痛哭流涕，大声叫喊，表示悔改，企求重生。教首还要逐一检查成员，看是否真心痛哭，表现悔改，以确定为有了感觉，有了重生经历。

生命会声称重生得救，宣扬劫难邪说，蛊惑人心，欺骗民众，"走改信心道路，刺透淫妇，奉献钱财，联络交通，开荒布道，固守真道秘密，使全国福音化，教会国度化，家庭文化基督化"等等[268]。

在受到打击后，该会改变活动方式，从公开到秘密，由白天转为黑夜，集体化为小群，以影响及争取农村党员、基层干部为重点，以物质奖励，诱惑上当。据揭发，在纳雍个别乡村，该会声称若能发展一名群众，就给 50 元；发展一名干部，就给 100 元；发展一名党员，就给 300 元等等[269]，试图从影响、拉拢基层干部、农村党团员着手，动摇抵制的"阵线"，实现渗透传播之目的。

（三）门徒会

门徒会系陕西耀县季三保所创立，曾是危害西南部分民族地区信教群众的"邪教"之一。

1976 年，季三保因遭受失去两个儿子之痛，更因第三子（喜爱）"得到平安之故，三赎（季三保，解释见下）认识了独一无二的主宰，又真又活的神，能叫人死，也能叫人得生命"[270]，接受了洗礼，成为教徒，虔诚信仰。但当 80 年初，基督教"呼喊派"传入耀县后，季三保加入该派，成为当地的负责人。次年，"呼喊派"被政府取缔，季三保转入地下，秘密活动，撰写《七步灵程》、《火烧荆棘》等，宣称世界末日来临，信教者上天堂，反之下地狱，"你可知道世界上，有灾难要灭亡，火的审判难以逃脱，唯有主里藏"。吓唬群众，诱人上当！

1989 年初，季三保召集部分跟随者，秘密聚会，声称耶稣与他对话，确定他为先知，是神的替身。季三保从这些信徒中选择了 12 人，名之"十二门

---

268 毕节专区档案馆藏 1990 年 9 月 12 日行署宗教科贯彻执行党的宗教政策情况的汇报。

269 毕节专区档案馆藏 1995 年 3 月 19 日毕节地区宗教处宗教工作情况汇报；1997 年 8 月织金县宗教情况调查报告。

270 《闪光灵程见证汇集》，第 1 页。以下不注明出处者，均取自门徒会的宣传品《闪光灵程见证汇集》和《灵歌百篇》

徒"，组建门徒会；编撰神话，制造教主崇拜，上帝对人有三次救赎：第一次救赎是藉诺亚完成，第二次藉耶稣完成，第三次藉他来完成，故称"三赎"。于是，其所传的教又称为三赎教。

> 圣徒们，圣胞位，神迹为他作证，异能为他显明，圣灵为他证明是基督，是神的儿子……福音之道，他培育；永生之路，他开辟……

季三保还称同伙许明潮为"许赎"，是灵里的夫妻，众信徒灵中的父母，应该也必须顶礼膜拜，绝对服从。他还散布异端邪说，要从信徒克服各种困难，努力传播季式基督教（门徒会）：

> 救主基督，开辟闪光的灵程，树立标杆引我们直行，逼迫患难他全都胜过，这样的工作究竟为什么？医病赶鬼传扬天道，心中渴望，福音的兴旺，真理的道路，见证伴随着，十架苦杯，为我们而喝，他的训诲教导我们去工作，弟兄姊妹跟从恩主，顺从圣灵，背起十架，直到永远永远！[271]

1990年，门徒会从四川等处传入毕节专区，在黔西、金沙、纳雍及威宁等少数地点秘密活动。它们采取多种手段，除积极向无知群众传播外，还以一些学生为发展对象，试图诱惑青少年上当受骗。

罗列门徒会的活动类型，以编造及鼓吹"神迹"、诱引无知群众受骗是门徒会的突出危害。早在创立时，季三保等人就大肆宣扬"神迹"，声称"主恩真奇妙，谁信谁知道，能医病能赶鬼，绝症立刻好"，赶鬼治病。还要求门徒会信众要"凡事相信神，凡事依靠神，凡事祈求神，就必能得着"等外，鼓吹什么"生命粮"，规定信徒每天吃饭不得超过二两粮，最好一顿饭。吃得越少，"灵性"则越高，反之，"灵性"则低甚至丧失。农历十三、三十还要禁食。信徒如果按此去做，神就必使他有吃不完的粮食"，等等[272]。于是门徒会被民众戏称"二两粮"教。兹引该会的一首"生命粮歌"（用"天国近了音"唱）加以说明：

> 随时来做饭，耶稣赐米面，又赐油来又赐盐，锅碗瓢勺都装满，

---

271 《灵歌百篇》（合和本），第1册，第35页。

272 按《闪光灵程》杜撰"三赎自从信神后，家里长年接待弟兄姊妹，哪怕三十多人、五十多人，每次一锅饭，不仅够吃，而且还有剩的（原注：锅是一尺七寸口径）"。这番说教就是圣经记载耶稣以"五饼二鱼使五千人吃饱"（马可福音，6：38—44）传说的翻板。

赐的米面吃不完，白送恩典不要钱。

信心提起来，祷告耶和华，神的儿女不要怕，耶稣有办法，任信心去做饭，赐的饭菜吃不完，全家老少吃了得平安。[273]

门徒会除宣传"信他们的教，生病不打针、不吃药都会好"；"粮食装在箩筐内，撮来做了又会长满"，"不种庄稼，却有粮食吃，不修房子却有平房住"[274]等之外，还规定某人信教后还要主动传播，开"新工"、作"表现"，至少发展 10 名新教徒，否则，神会惩罚他，降罪他，等等。如该会套用"橄榄树曲"书撰写"为什么传道"词，用以吟唱，鼓舞信众传教：

不要问我从哪里来，我的故乡在乐园，为什么传道，并到地极，传道。为了成全父神的旨意，为了万民归向圣山，我情愿舍弃名利，为主奔波，直到永远。

不要问我从哪里来，我是受圣灵差遣，为什么传道，并到地极，传道。为了使人脱离邪恶世代，到美好的天堂里来，我情愿身心奉献，为主传道，直到永远。[275]

在受到政府的打击及基督教的抵制后，该教少数骨干又制造谣言，叫嚣"大业成功的时间不远了，×××的时间不长了。到时候，天国就由耶稣来管。到了大业成功的时间，国要打国，民要纷争，还要爆发瘟疫、发生地震，只有参加搞灵程大业的人可以到天国享福，才能避免灾难。因此，成员要积极去作工、竭力宣传，发展教徒，等等。

不可否认，左坤教、生命会及门徒会等绝非基督教中的异端另类，而是破坏社会正常秩序、欺骗无知群众、残害生命的不正常"宗教"，是打着耶稣基督名义的异己力量。仅靠基督教教牧及信教群众的抵制或反对，往往无济于事，需要政府有关部门依法处罚，方能正本清源、除邪扶正，维护包括信教群众在内的人民群众的利益。

这些"邪教"进入黔西北民族地区开展秘密活动不久，被地方政府部门或公安机关所侦获，根据上级部门的有关指示，按照法律规定，及时处理，打击首犯和骨干，教育受骗群众，消除邪教的危害。当然，这些情况也要求基督教会在适应社会主义社会的同时，要与邪教展开积极斗争，固本祛噬。

---

273 《灵歌百篇》，第 2 册，第 42 页。
274 毕节专区档案馆藏 1997 年 8 月织金县宗教情况调查报告。
275 《灵歌百篇》，第 2 册，第 41 页。

第八节　凉山民族地区基督教的活动及"问题"

一、基督教的恢复及活动

进入 80 年代，在宗教信仰自由政策重新贯彻执行下，基督教在西昌、会理等部分彝汉杂居区恢复了活动，有所发展，还传播至会东等地。

1980 年，云南元谋县姜驿人牟××来会理摩坡佐等地活动，宣传基督教，串联民众。这样，当地基督教重新恢复，公开活动。到 1983 年，已有信教群众 200 余人，其中绿水乡岔河村的 34 户彝民中，有 33 户、80 余人加入基督教，积极活动。1984 年 8 月，会理县基督教三自爱国小组建立，王道然任组长，马惠芬、张正平等任组员。因该县基督教建了组织，统率有人，活动相对规范，发展较迅速，1993 年有教徒 1300 余人，1997 年又增至 2000 余人[276]；有教堂 4 处。

1981 年初，武定己衣乡教徒纳××以走亲访友为名，来到会理江普乡新建村二组等地开展活动，致使该组 32 户、105 人中有 80 多人参加教会。1983 年元月，该地教徒赫××等 9 人到武定万德乡参加宗教活动，接受"教育"。返乡后，他们作了些"违反现行政策的煽动性宣传"。同月 30 日，会理县委呈报凉山州委。州委批复"跨省进行串联，违反现行政策；教徒传教也违背其教规、教义，而且散布危害国家制度、扰乱社会治安言论，已超越宗教活动范围，应不予承认"。根据州委的意见，县政府等组织人员深入村寨，及时开展思想工作，引导群众，致使入教群众提高了认识，逐步退出该教会组织[277]，无人信奉。

比较而言，西昌等地的基督教发展较快，影响较大。1983 年，西昌市基督教得到恢复，仓街福音堂被批准开放，由洗崇光主持教务。次年，通过教友代表会议，产生西昌基督教爱国会领导小组，选举余松芝、洗崇光任正副组长。其间，当地政府落实宗教政策，归还教会房产，退赔被查抄财等，西

---

276 《凉山彝族自治州州志》，卷 6，宗教；编委会：《会理县志》，四川辞书出版社，1994 年，第 30 篇，社会风土；陶利萍：《凉山基督教简史》，《凉山州文史资料选辑》，第 17 辑。

277 《会理县志》，第 30 篇，社会风土。所谓跨省传播等违反政策，指当时对开展传播宗教活动规定的"定人、定点、定时"而言。至于所言"散布危害国家制度、打乱社会治安言论"等，是否指所谓"小众教"的活动。关于云南武定等地"小众教"的情况，参见第 7 章。

昌教会藉此基础，办起米粉加工厂、开设旅店及浴室等，创造收入，增强自养能力。

近年来，西昌市信教群众逐年增加，由 80 年代二三十人增至 90 年代后期 400 余人，信教群众由汉民扩张到至彝民，活动区域亦从城镇扩至乡村彝汉杂居区，活动甚活跃，组织信教群众开展正常的宗教活动，捐钱捐物，援助贫困群众，奉献爱心，以及积极培养年青教职人员，放手管理教务，爱国爱教，定期召开代表会，改组三自会班子，实现教职人员的新老替代，以及推荐人员到攀枝花，开展义工培训等等[278]。

在安宁河流域的彝汉杂居区，近年来基督教传播最为迅速的是会东县部分地方。该县与云南禄劝县隔江相望，禄劝县，尤其北部彝族地区是基督教活动的活跃地。80 年代末受禄劝牧师李××杜撰世界末日等谣言的影响，部分群众感到恐慌，纷纷入教，消灾避难，谋求平安。其间，个别堂点还组织青少年宣传队，宣传福音，拉人入教。于是一江之隔的会东沿江地区便成部分自由传道人的布道区。受此影响，1989 年会东部分地区，主要是沿江地带有相当部分群众加入基督教，参加宗教活动。地方政府在制止自由传道的同时，为尊重群众的宗教信仰，根据宗教信仰自由的政策，开放了一处活动场所，允许信教群众从事公开、正常的宗教活动，建立起临时堂管组，由徐××等负责，主持教务。据不完全材料统计，目前会东县有基督徒 3000 余人，他们中的多数是彝族群众。

需要说明的是，虽然基督教三自会在彝区地区得到恢复，但发展较缓慢，反之，近年来打着基督教旗号的所谓"三赎教"进入彝区秘密活动，产生出新的"问题"，这也我们认识基督教在彝区活动难以回避的问题。

二、宗教传播中的新"问题"

昭觉、布拖、美姑等彝族聚居区，解放前受家支组织等的抵制，基督教虽有活动，未能传播，无法被彝民接受，谈不上扎根发展，因而解放后也不牵涉基督教为适应社会主义而采取的调适措施。

在 90 年代中叶，所谓"三赎基督教教"（或称"门徒会"）秘密传入，

---

278 编委会：《西昌市志》，四川人民出版社，1996 年，第 28 篇，民俗·宗教；陶利萍：《凉山基督教简史》、余松芝等：《西昌基督教历史简介》，均载《凉山州文史资料选辑》，第 17 辑。

积极活动，针对彝区特有的社会问题，广泛宣传，吸引参加，据说受一度蒙蔽的群众达二三十万人，成为彝区基督教的"问题"。当地政府发现后，采取断然的措施，综合治理，予以制止，效果明显，"三赎教"不敢公开活动，销声匿迹，暗地潜伏，秘密开展。因而，三赎教（门徒会）成为彝区宗教传播中的新问题[279]，必须剖析，揭示来源，说明危害。

（一）"三赎教"进入

约 1994 年，"三赎基督教新教"（简称"三赎教"）从内地秘密传入凉山部分彝区，先在边缘地带及交通线附近，学习及使用彝语，与少数彝民同吃、同住、同劳动，拉近距离，扎下了根，打出了"三赎教"旗号，麻痹群众，积极活动，赶鬼治病，诱骗部分群众，亲串亲，友联友，接着，通过家门等援引，该教进入腹心区，快速发展。经过调查，认为曾受门徒会诱惑或裹胁的彝族民众有二三十万。他们多分布昭觉、布拖、盐源等聚居区。在这些信奉者中，多数是家境贫困或体弱多病者，以及一些弱小家支的成员，即所谓"骨头"不硬者的弱势群体。

不久，三赎教的活动被地方政府发觉，采取多种措施，及时处理，暂时抑制了门徒会的嚣张气焰，但残存信徒至今仍在活动，外来骨干昼伏夜出，秘密串联，频繁活动，诱骗群众。

（二）传播特点

门徒会得以在彝区秘密活动，迷惑群众，诱人上当，除藉宣传"六项原则"、"恪守二两粮"、有病不吃药，依靠祈祷等，影响视听，欺骗群众，化抵制为容忍，由容忍到接受。值得注意的还有，门徒会施用的其他手段，推波助澜，促进传。概括而言，这些措施有：

1、反对个别社会问题，扩大影响

门徒会在传播之初，声称抵制"东方风俗"，要反对买卖婚姻，抵制请客送礼，铺张浪费，倡导勤俭节约，等等。

> 减轻双方劳苦重担，可以专心侍奉神，免去双方的后顾之忧，晚（免）去祀东方风俗习惯之罪。因东方风俗是悖逆之子，心中远行的邪灵所为，不可上什么鬼山而拜什么鬼，要不可将儿女当偶像

---

279 本部分资料，除注明出处外，多取自杨理解《凉山三赎基督教研究》，2008 年，硕士学位论文。

　　去敬拜而亵渎神名。

　　　不可用钱财买卖婚姻，无（侮）慢人之尊严，把儿女当商品，

吃儿女的肉，吃儿女的血。倘若这样，神必讨罪。[280]

受其影响，信奉三赎教者自成圈子，牵线结识，教内婚姻，举行简单仪式，骨干主持，同村祝福，不收彩礼，不宴请宾客，不宰杀牲畜，抛弃传统的唱说形式等等，俗称"婚办"。同时，丧事简办，不杀羊屠牛，送走灵魂；也不为祖先"作帛"，搞"迷信"活动等。

　　2、藉口"属灵"，依靠"三赎"

门徒会宣传"凡事求神靠神，信上复活，对神的大能信实无疑，对神必成的事独信不疑，充满希望"。仿效三赎，"效法三赎，吃穿代（都）花用受苦上，复活过来"，依靠及乞求所谓三赎，替代传统的祖灵，抵制彝族的传统文化。

针对毕摩文化迅速发展的状况，门徒会藉反对偶像崇拜反"东方风俗"为名，排斥抵制毕摩和苏业等，不参与相关的活动。

该会还以所谓信仰为基础，强调对子女的属灵教育，注重后代的培养。门徒会要求"引导儿女认识神、敬畏神，并求神圣灵帮助作监护，尽最大可能引导儿女祷告，学道守安息"，要求信教的父母尽其责任，对子女要严加管理，"当用充分的道理引导儿女走成才之路，悔改做人。不可放任自流，任儿女滑入世界，走灭亡之路"，积极引导，身体力行，强化教育，从娃娃抓起，从小灌输，"培养出一个个属灵的儿女来，亡羊补牢，犹入（如）未晚，赶快行动，起来把（吧）"[281]。

　　3、编撰"故事"，抬高"三赎"

与"东方闪电"等不同，门徒会并不否认圣经的权威，则是利用和附会圣经中关于耶稣神迹的记载，编造故事，吹嘘及神化季三保（三赎），无限抬高，与诺亚、耶稣等同，诱骗群众。于是，门徒会不仅要求信教熟背圣经少量经文，还要求部分受骗者不断摘录圣经部分文句，制作耶稣语录，反复背诵，竭力宣讲，欺骗群众，等等。

　　4、宣传福音戒毒，影响及拉拢群众

宣传福音戒毒是门徒会在传授过程中，使用最多，也是颇有效果的重要

---

280 《复活之道综合抽查答案·为什么说属灵婚姻俭办是神的救恩》，手抄本。
281 《论子女教育》，手抄本。

手段。

20 世纪八九十年代，境外毒品利用我国打开国门、改革开放之机，秘密流入。最初，这些毒品主要是借道出境。然在贩运过程中，诱惑个别人染上，成为瘾君子，以贩养吸，还拉拢或影响他人吸食，消费量越来越多，我国由境外毒品过境地变为消费地。其间个别彝民受到影响，习染毒品，以贩养吸，影响亲戚、朋友及邻居等，凉山彝区吸毒者急剧增多，超过万人[282]。

毒品导致吸贩者陷入法网，还带来家庭经济衰败、人际关系恶劣，偷盗抢劫等，严重的是，艾滋病如影随形，毒害部分彝民。据相关资料统计，近年在四川省已知艾滋病患者及感染者中，彝民约占 40%。凉山彝区、尤其是昭觉、布拖是毒品及艾滋病危害的重灾区！

毋庸讳言，最初彝族民众对海洛因等新型毒品滋生的恶劣危害认识不足。仅隔数年，毒害迅速蔓延，灾难接踵而来。彝族民众奋起抵御，采取多种措施，力图消灭危害，由于海洛因等毒品种制在境外，非我能控制、能消除。因而，彝区开展禁毒斗争中，除制止偷运外，重要的是消除吸食（含注射）行为。不同于鸦片等传统毒品，海洛因等新型毒品的成瘾性特别强烈，吸毒者欲依靠自我克制基本上无法戒除。为此，有关部门采取强制戒毒、劳教戒毒等手段，清除吸毒者的毒瘾，无吸就无贩，消除毒害。

可是，对于吸食者来说，吸毒的心瘾最难戒除。即使在特殊场合实现了强制戒毒，一离开斯地，返回先前生活的环境，记忆恢复。倘若吸友等相劝，情不自禁，重拾毒品。吸，禁，再吸，再禁……这便是包括彝区在内部分地方禁毒工作的难点。

要消除毒品危害，除解决吸食者的身瘾外，更重要的是消除其心瘾。要消除心瘾，除需要坚强的意志戒毒外，还需要群体关心的氛围，体验到众人心灵的支撑。于是，有人想通过彝族的社会组织——家支实施戒毒，利用某特定时期，由毕摩主持，采取诅咒等形式，实施戒毒。倘若违反咒语，则将被家支开除，成为孤立无援者。即所谓"虎日戒毒"的方式。"虎日戒毒"是利用家支网络，依靠集体力量，对复吸违禁者开除家支。倘若被家支开除，某人处于孤立无援、任人欺凌的地位，害怕而产生依恋，依恋强迫戒毒。然在商品经济社会，人是流动的，如果复吸者离开家支的范围，这样处罚则毫无作用。

282　关于历史上凉山彝区的毒品危害等，参见秦和平《西南民族地区毒品危害及其对策》（四川民族出版社，2003 年）相关部分。

然而，当门徒会传入后，针对彝区这突出的社会问题，采取福音戒毒方式，藉圣经给以启示，宣教者讲道予以心灵支撑，季三保（三赎）"神迹"赋以鼓舞，同一信仰者的集体祈祷增强了想象能力，戒毒者融入了集体中，逐步化解心瘾，告别毒害……

> （昭觉牛强村某村民）我曾吸毒了 3 年。我吸海洛因，已用针头注射毒品，无法戒掉，戒毒药也吃过，效果不好。后来，我已只剩一把骨头，我经常逼我老婆给我买毒品。我老婆劝我信，我去找传道人。第一次，传道人的老婆说我不能学（原注，可能意为吸毒者无法悔改），我就回来。可后来又有人劝我信，祷告后 7 天内，我觉得十分艰难，传道人来祷告就觉得好一些，7 天过后就好一点了……后又悔改，又得平安，以后就坚决戒掉了。

> （布拖拉达乡特尔村某村民）我曾经吸毒五六年，还经常醉酒打人……因我不能悔改，使我母亲心灰意冷，伤心而自杀。妻子也跑回娘家去了，不愿来。我自己也痛苦，当时就想不戒毒不行了，我很后悔吸毒。后福音传入，但我认为我无法悔改就不入教，过了两三年后，97 年传道人同情我，又来找我。后来，我就信神悔改了，吸毒也戒掉了，妻子也回来了。[283]

的确，在戒除毒品的众多手段中，所谓福音戒毒，用耶稣的大能战胜魔鬼的诱惑，依靠信仰的力量抵御毒品的心瘾，确是一项较有效的戒毒手段。除藉信仰力量的支撑外，福音戒毒是在"集体"关怀下的实施戒毒，个人能"感受"到集体的力量，分享"集体"的"温暖"；也多了"集体"的监督，有了"看管力量"的压力，或许这样的戒毒更有成效。

门徒会成员清楚地意识凉山彝区的这严峻社会问题，也知道利用这事所产生的效应，竭力宣扬耶稣大能、"三赎"神迹等，以圣经约束，祈祷耶稣附予"神力"等，压抑以至克服毒瘾，进行所谓福音戒毒。藉此影响及吸引其他吸毒者，以帮助戒毒实现信仰的俘虏，成为信徒，等等。

（三）对彝区社会的影响

1、破坏传统社会组织（家支）

比较其他民族地区，门徒会，即所谓三赎教在凉山彝区的发展是迅猛的，

---

283 西南民族大学西南民族研究院杨理解于 2007 年彝区调查资料。，

影响较大。分析原因，这与彝区底层民众组织——家支有着密切的消长关系。门徒会既受阻于家支的抵抗，也受惠于家支的认同。

凉山彝民的家庭及家族观念极强，在单个家庭之外，家族（支）以血缘为纽带，将每个彝民编织其中，构成严密的关系网，凝聚成无形的力量。"老虎靠牙齿，彝族靠家支"。家支既是血缘网，也是人际关系纽带网、势力依持网。

50年代中叶，在民主改革过程中，部分家支、主要是黑彝家支曾受到打压。民主改革之后，合作社及人民公社的先后建立，将每个彝民编织其中，成为成员，新型的集体制涵盖彝族民众，影响观念，支配生产、管理生活，替代了家支。于是，家支迅速萎缩，存留于民众的记忆中，难以产生作用。然而，80年代初农村管理体制的改革，废除了政社合一的人民公社，恢复乡级管理，逐步推行村民自治制度，群众自我管理。

在旧管理体制废除、新的管理体制尚在建设的过程时，依然的记忆被激活，家支迅速恢复，急剧膨胀，甚至发展壮大，替代先前的组织，填充了底层社会的管理"真空"，影响、制约以至管理部分彝民、主要是具有相同血缘关系的彝民。

家支是以血缘为纽带的共同体，其力量的强弱往往与血缘传承、人数多寡（男性成员数量）等成比例。在彝区新旧管理体制的转型时期，家支事实上成为底层社会的无形管理者及仲裁者，以大管小，以强凌弱，可怜那些弱小家支或无家支的部分民众，孱弱无助！20世纪八九十年代，个别彝民恢复向旧"主人"或当地较强家支"德古"或"强势者"送半边猪脑袋的作法，求得庇护。

对于家支势力恢复甚至发展等现象，当地政府有所重视，召开会议，分析问题，研究对策，也采取行动及措施，加以抑制，避免干涉行政、司法，影响群众婚姻，等等[284]。

但当门徒会传入后，严密网络将受骗者"组织"起来，产生合力；信徒间"身份"认同，强化归属感。他们尽管仍是"羔羊"，但"羔羊"已感觉到彼此的存在，产生想象的团体感、力量感，无形起到甚至产生以至增强抗衡的效应，等等。在彝区部分地方，加入三赎教者多系弱小家支的彝民，希冀从"组织"中得到关爱及帮助，滋生想像的"质量"。虽然，个别人参加

---

284 参见四川省民族研究所等编《四川彝族家支问题》（1985年印刷）相关部分。

"三赎教"幻想得到集体的力量，或增加心里抵抗力，强身治病等（后有阐述）。由于家支成员具有强烈的认同感，倘若某家支头人或成员参加其中，容易产生仿效的带动作用，"一个羊子过了河，十个羊子也要过河"！因而，比较其他地区，"三赎教"之所以能在凉山迅速发展，以及难以根治，家支成员的观念同一性及行为同步性、以及头人的带动作用在无形中起到强烈的"推手"作用。

尽管，彝族家支讲究"同质性"，成员间形成相同的意识，采取同一行动，显示团结、表现凝聚。我们也注意到，家支也不是一成不变的。改革开放，经济发展，市场经济建立及发展，彝族群众的观念也发生变化，血缘纽带逐步被经济联系、利益关系等削弱，家支成员间意识及行为的同一性逐步减弱，逐步消退，个人及家庭的自主性逐步增强，裂痕产生，慢慢扩大。今天，家支面对新形势、新环境及新观念时，也不可能为其成员解决一切，如疾病、贫穷等仍然困挠部分民众。其间，家支内可能有人接受了三赎教的错误宣传，上当受骗，参加活动，只不外向张扬。倘若发现，家支出面干预，一些人接受教育，洗心革面，告别邪教。也不排除有个别人，或拒绝劝谕，明确对抗；或革面不革心，表面应付，暗中操持。事实上，门徒会在彝区的秘密传播，撕裂了家支，分割了彝民的社会群体。

2、损伤民族传统文化

门徒对凉山彝族传统文化的影响集中表现在对毕摩文化的抵制，进而施以破坏，妄图实行替代。

历史上，毕摩、苏业在彝民社会中源远流长，毕摩是彝族社会的知识分子，掌握彝文，书写彝民经典，熟悉习俗习惯，传承传统文化，主持重要的祭祀活动，解决民众在日常生活中遭遇到的重大难道，包括诸咒作法，设阵驱"鬼"，"治愈"疾病。一般而言，毕摩带有的重大、重要及正规等特点，以自身修持的"法力"，依靠经典的"力量"，借助绘图或"布阵"等，表现其神奇的力量。苏业类似巫师或萨满，作法时入定，神体分离，动作夸张、奔放及跳越，用特殊的动作显现"鬼神"魔力及驱鬼降魔的力量。

在过去凉山彝族社会，家支对民众的日常生活、集体意识、人际关系等起着主导的作用，毕摩及苏业等为代表的民族宗教的作用是有限，只是介入个体彝民的信仰及精神生活。

50 年代中叶，在民主改革中，毕摩、苏业等视为封建迷信受到了压制，加之集体制的管理、合作医疗建立及发挥作用等，毕摩及苏业基本上从彝民的日常生活中消失，几乎成为历史的记忆。

改革开放以来，毕摩及苏业等，主要是毕摩作为彝族传统文化的代表被认识，经过重新发掘，整理及扩大，毕摩及苏业也日趋活跃，再次渗入民众的日常生活中，占卦作法，驱鬼除邪，操办作帛送灵等祭祖活动，布"阵"设"兵"，驱鬼消灾等。

当时，因家支活动较活跃，力量较大等，在某些方面，限制了毕摩、苏业等活动的范围、规模及影响。八九十年代，各有关部门对家支作用等重点关注，分析认识，采取措施，积极疏导，以及采取措施，处理个别家支的不当行为等，家支因之受到了一定程度的抑制；加之改革开放以来，部分民众、尤其是中青年人的意识有所改变，对经济、人事等因素的注重超过了血缘纽带，传统的纽带逐步让位利益等。此消彼长，毕摩因视为传统文化的代表得到肯定，广泛宣扬，迅速发展。经济搭台，文化唱戏。毕摩因凝聚及代表传统文化基因而被部分地方、个别部门推上前台。如××县以此为品牌，要打造毕摩文化之乡，认定并登记毕摩七八千人，占该县男性人口的 10%以上，召开毕摩文化节及学术研讨会，表演毕摩团体舞，等等。

关于毕摩、苏业所表现的传统文化内涵及精神特征等，我辈不能饶舌，妄加评价。我们也注意到，延请毕摩驱鬼或苏业作法等，或许从精神上起到增强患者及家属等抵御力的作用，给予必要的心灵安慰等，但延请毕摩、苏业需要一定费用，形象地讲，要服务费。毕摩、苏业在作法时，还需要鸡、猪或羊，甚至牛作为祭品，它们也是一笔经济支出。有人经调查后，粗略统计，每户彝民每年在毕摩或苏业上的花费平均五六百元。这对于收入不多的彝族民众来说，也是不小的负担。令人遗憾的是，有些人家，法也作了，鬼也驱了，但患者病情加重了，个别病人还"走"了。竹篮打水一场空！现实促使一些人思考，图谋寻找更好的替代途径。

毕摩、苏业等虽然通"天"通神，联络或抑制"鬼怪"，但他们也是人，他们要生活，要消耗，并希望过上好生活。尽管他们没有脱离生产劳动，有农牧业等收入，不过驱鬼作法等属于服务性劳动，按劳取酬，获得报酬。毋庸讳言，彝区毕摩、苏业等越多，彝民为之开销也越大！人既考虑今后，更注重现实，尤其在边远贫穷地区，温饱显得尤为重要。与其破财求"保护"，莫如专心祈祷耶稣，一不花钱，二有心灵安慰，三还能得到同类帮助，等等。

同样，三赎教（门徒会）为了能在彝区传播，藉抵制"东方风俗"名义，打倒鬼神崇拜，反对驱鬼治病等，"信耶稣第一好，不朝山，不拜庙，不烧香纸不放炮，省下多少血汗钞票；信耶稣第二好，信真神，学真道，一切迷信都除掉，医病赶鬼传天道……"少投入多产出，性价比高，影响视听，逐步传播。少数民众，包括部分地区少数毕摩或苏业受到影响，弃"毕"随"耶"，转化为教徒，甚至还主动传播，拉人加入。

关于彝区有多少毕摩放弃旧有的宗教操行而转信"三赎教"（门徒会）的人数，历来缺乏统计。仅据我们了解，在那些三赎教活动曾比较活跃的地区，弃毕者约占当地原有从业者的百分之三四十。如何高的比例不能不让人感到忧虑。由于毕摩、苏业，特别是毕摩在彝区农村居有较高地位，这些弃毕者的举动势必在社会上产生某些舆论，在无形中为门徒会的传播起到推波助澜之作用。

反思"三赎教"在凉山彝区的传播史，确与毕摩、苏业等的活动高潮发生了重合现象，我们虽不敢言毕摩、苏业等的过度扩张，为三赎教的大面积渗透变相开掘了空间，但三赎教等以反对鬼神崇拜、反对敬神祭祖等宣传，抵制毕摩、苏业等活动，得以影响以至欺骗部分群众，伺机传播则是不争的事实。

我们也注意到，在目前彝区，毕摩、苏业等之所以还有市场，呈现活跃的特点，固然与彝族的传统文化密切关系，门徒会欲在彝区扎根、在彝民中间传播，以破促传，要将毕摩、苏业等作为反对的对象，积极抵制，消除影响。透过现象看问题，门徒会反对毕摩、苏业等，旨实现"邪教"的替代，实则损害彝区社会结构，对彝族传统文化的安全构成威胁。

门徒会之所以被个别彝民接受，的确与其的欺骗宣传有关，还与个别彝民期盼平安、解除病痛折磨，以及幻想快速脱贫等直接联系。根据我们对一些彝民的采访。在他们中间，为健康平安而接受三赎教欺骗者约 60%，为得到所谓"生命粮"、"禽畜旺"等赐福约 30%。换言之，部分群众之所以会接受门徒会巧舌如簧的宣传，实则期盼"神迹"，能迅速解决现实生活中的困难或疾苦。所谓"病急乱投医"、"贫者思快富"等说法不假。

其实，企求健康、保护平安等，毕摩、苏业与三赎教都有这些心理的祈祷功能，但在提供"服务"上却有鲜明的区别：毕摩或苏业等提供的服务，是与其生计相联系，他们为彝民提供了"服务"，要求有回报。"受惠"者除向毕摩等支付报酬外，还用鸡、羊等物品祭祀鬼神，换言之，用物"贿赂"神灵换得"平安"。反之，三赎教的"成本"就太低了，只有祈祷耶稣，就能解决病痛的折磨：

> 耶稣基督救苦难，治病赶鬼他有权，他是天国的大医生，救死扶伤的大医院。只要你们能相信，治你疾病不作难，有人病了好多年，病魔折磨把人缠……我才信了几礼拜，浑身上下病好完，有人说我是迷信，我的病好是证件。[285]

当时，潜入彝区秘密传教的门徒会成员既不收取经济报酬，还要与信众同住同食，拒绝杀鸡打羊等款待，相关费用少，祈祷"成本"低。这些现象虽然让人容易产生怀疑，但是对于某些贫穷无助的人来说，低"成本"祈祷或许是解除病痛折磨的希望所在。病急乱投医！这便是门徒会得以欺骗群众的"法宝"之一。

3、影响部分民众的崇拜观念

在凉山彝民的传统观念中，"俚苏"意识强烈，产生族群自豪感及凝聚力。在这之中，祖灵崇拜占据重要的地位，是维系俚苏意识的关键之处。

当门徒会传入后，竭力宣扬基督教，以三赎教为所谓中心思想，"永牛源于真道，救赎源十基督教，一切丰盛的恩典和永生都藏在基督的真道里面，经上所谓基督的奥秘藏在于此"，非此即彼，抵毁彝民的祖灵崇拜，排斥族群意识，淡化民族认同感

> 其一，基督是道路，真理生命的桥梁，若不信基督，一切归于徒然。并用晓喻我们信心，应当有根有基，唯有这样，才有平安恩典，生命永生的给于（予）。
>
> 其二，信从基督，是信从基督的训诲，并基督所行的学，千万不能把信心的根基建立在基督的肉身上。因为这样的根基，实属以实玛利在神国无伤。
>
> 其三，认定基督根扎磐石，処処效法基督所行的事，必然蒙福无穷，千万不要被引教之风摇动，或被世间的妄言掳掠，丢与平安。

门徒会还兜售邪说，反对少年儿童进入学校学习，接受科学知识，学习先进水平，提高思想觉悟，居然要求信众对子女"上学问题，原则上是趁家

---

285 《灵歌百篇》，第1册，第21页。

之有量力而行，但必须建立在不形（影）响、不妨碍孩子的灵性前提下，并必须引导好孩子建立好属灵根基，拆毁属地根基，不可效法外帮（邦）人，走沉沦之路，自招自损"，等等。

不仅如此，门徒会还所谓信仰理由，企图制造隔离环境，束缚彝族青少年的活动范围，禁锢思想，服从及听命门徒会等。"对子女打工问题，必须首先考虑好祷告、听道、守安息的牧养问题，然后才能考虑打工是否，另注定时电话，求信牧养之法，确保女儿（儿女）刚强的前提下，也可以打工，否则禁止打工。学生的牧养管理也好（如）此，对有信心愿意作工的孩子，在小分会镜（境）内一培养"。

如此看来，"三赎教"在凉山彝区的传播，巧舌如簧，坑蒙拐骗，迷惑少数群众，不仅对彝族社会传统文化构成损害，更为恶劣的是，还制造若干谎言，试图抵制以至阻止彝族青少年等上学读书，接受现代教育，离开家乡，外出打工，参与建设，开拓眼界，学习技术，改变观念，等等。

对于这些"问题"，基督教会该如何认识，加以应对呢？

第四章 关于川滇黔民族地区基督教调适与发展的认识

关于中华人民共和国建立以来滇、黔、川民族地区基督教调适及发展的概况，以及当前部分民族地区基督教面临的挑战等，我们在前两章中均予以阐述，加以论证，下面我们拟从总体上再作肤浅的分析，认识及总结共和国建立后西南民族地区基督教在调适及发展过程中出现的主要变化。

一、基督教实现革新，成为部分民族群众自办的宗教事业

近代以来，列强用大炮轰开了清朝的大门，西方殖民者因之得以进入中国，强迫订立不平等条约，攫取片面权益。其间，基督教（特指新教）也攀附列强，入华积极开展传播活动，试图征服部分中国各族民众的思想、改变观念，实现信仰替代，成为基督徒。

我们并不否认，当年大多数传教士是虔诚的宗教徒，他们抱着传教热情，满怀憧憬来到中国，不辞辛劳，不畏艰险，深入穷乡僻壤，走村串户，传播基督教，"夫倡妇随，父作子述地竭毕生之力以经营"，转变民众的思想，接受基督教，成为教徒，实现"中华归主"。但也应该看到，传教士的构成亦非单纯，其中也有别有用心者。他们以传教为幌子，鼓吹英美强大，宣扬西方文化，贬低中国，抵毁中华文明，被列强利用，服务其侵略活动，可能产生恶果，"传教士挟其力量，进而干涉民刑，使教民与非教民纠纷丛出，偶有交涉，飞机重炮即应'保护侨胞'之声从天飞至，而秋海棠式的中国，

便有变成外国颜色的危险了"[1]。

旧中国，民族歧视、民族压迫等在川滇黔民族地区不同程度存在，产生恶劣的作用，因而与内地比较，西南部分民族地区还存在民族矛盾，形成民族对立，以至演变民族对抗。于是，个别传教士在传教过程背离"福音"要求，伺机挑拨民族关系，制造不和，分裂民族，兜售其奸。在澜沧等地传教的永文生（Vincent Young）等人，"居留边境有年，现为英情报部担任工作，月获活动费拾余万元，协助英人组织当地土著，包庇横行，欺侮善良，甚至公开宣传英人统治利益，处处鄙视我国。澜沧地近缅境，土人无知，极易受该教士欺骗鼓动，倾向英人，长此对我殊有不利等情"[2]。再如在贵州威宁石门坎等地活动的传教士王树德（William H.Hudspth），"军人出身，数十年来调查矿产，擅绘地图，常告诫苗民已亡国，信仰彼等，可以复国"[3]。诸如此类，不一而足。再如云南澜沧教会学校使用的拉祜文教材，第一课便是"汉人来了，我怕！"泸水部分村寨，"英国牧师把一些青年男女带到密支那去。女的大都是学织布、缝衣、做鞋子等，费用全由教会供给。这一带近年来培养了许多知识分子及教徒……在这些少数民族中的印象是'英国人来帮助我们'，'上帝是救我们的'"[4]，等等。挑拨族群关系，制造族群矛盾，图谋不轨。

受这些错误宣传的影响，个别教徒自视"教民"，成为独立中国司法之外的特殊群体，观念改变，思想外向，行为乖张。当地群众将这些人称为"投洋"，直截地讲，是投靠洋人（国）者。如澜沧某教徒声称，"汉家气势已败，我辈倮黑亟应趁早投教，服从撒腊，将来此地为洋人所有，尚可各安生业，自由自在，否则纵有千金万银，洋人飞机到来，丢下一个大炸弹。须知汉家此时已成我等仇敌，投洋教，洋人即代我杀他，寸草不留，我等方有出头之日。现下若为洋人百姓，非常的好等语"[5]。如果遇到特殊事件或特定时机，

1 彭桂萼：《双江一瞥》，李景煜等整理：《彭桂萼诗文选集》，德宏民族出版社，1998年。

2 《云南省民政厅陆崇仁报告澜沧县美籍传教士杨文森受英方津贴从事特务活动呈》，《中华民国档案资料汇编》，第五辑第二编，文化（二），第 882 页。

3 贵州省档案馆藏 1936 年 1 月田东屏呈报视察威宁石门坎一带苗民学校暨教会情形由。

4 中央访问团第三分团：《保山区几项材料汇集》，1951 年 2 月，第 31 页。

5 前澜沧县政府档案，抄本。此抄件夹杂在《宦滇存稿》（抄本）中。原书存北京民族文化宫图书馆。

少数教徒容易被传教士利用，引导至错误方向，形成对立或对抗。如 1935 年第二次会勘滇缅边界，中英两国代表途经沧源勐董等地时，永和等地的少数基督徒下山聚集，示威阻挠[6]，声称其属英国并非中国，拒绝中国代表，欢迎英方人员，甚至还攻击中方勘测人员。再如抗战期间，永文生等反对中国政府在澜沧等地的征兵、抗击日寇的行动，"政府推行政令，该水（永）文生即借题宣传，对征兵则言中国与日本交战将败与日本，苟去当兵，即将要命，且中国败与日本之时，汝等则无地安身。若早从洋人，将来可有保障，并可免兵役之险"等等[7]。解放前夕，外籍传教士频繁制造谣言、攻击共产党[8]，以及杜撰第三次世界战就要爆发，美国要进攻中国等。甚至还有人煽动以全组织少数教徒发动暴动。

由于历史等缘故，滇西沿边民族地区的基督教由缅甸教会传入，长期以来，境内的部分教会不同程度受到缅甸教会的支使，如派遣人员、提供经费、决定事务等。因而，新中国建立初人民政府要求边疆基督教会开展"三自革新"运动，实践自养、自传、自治，爱国爱教，接受政府对宗教事务的管理等，重要且必要，政治的意义突出。

> 普遍和深入开展抗美援朝运动，历行增产节约，加强爱国主义与国际主义相结合的教育，扫除帝国主义特别是美帝国主义对少数民族人民的思想毒素，结合宗教三自革新运动，彻底粉碎帝国主义以宗教为掩护，进行欺骗、麻醉、挑拨离间，制造民族分裂的恶毒阴谋，增进少数民族人民热爱祖国和仇美、蔑美的观念。在边疆地区，尤应深入发动各族人民加强对敌斗争，巩固国防。[9]

尽管，受某些因素的影响，不久边疆民族地区基督教暂停开展"三自革新"运动，但前期进行相关工作的作用重要，影响广泛。至少地讲，借助这些运动的开展让多数教牧人员及信教群众认识并拥护了共产党和毛主席，接受人民政府的领导，受到爱国主义宣传及教育，了解并认同了祖国[10]：

6　龚国士等：《中英会勘滇缅南段未定界时发生在阿佤山区的战斗》，《澜沧文史资料》，第 2 辑。

7　《澜沧县长陈家骥呈报美籍教士永文生唆使教民戕杀陈席珍等经过的有关文电》，《中华民国档案资料汇编》，第五辑第二编，文化（二），第 870～871 页。

8　丽江专区档案馆藏 1951 年 6 月 11 日怒江区基督教三自革新运动情况报告。

9　四川省档案馆藏 1952 年 3 月 24 日西南军政委员会对西南区一九五二年民族工作任务的意见。

10　过去，在民族地区，尤其是边疆民族地区，由于生活在封闭的环境中，大多数民

> 揭破了帝国主义，主要是帝国主义教会特务的反动宣传，展开
> 了爱国主义教育……在过去，比较好点的东西，就是一个洋磁缸缸，
> 他们都说是美国人的，什么都是美国人好。现在，他们已知道，我
> 们是中国人，我们要爱国。[11]

20世纪50年代，各地政府执行宗教信仰自由的政策，允许开展正常的宗教活动，还将宗教工作纳入了统战工作的范围，将民族及宗教上层人士作为统战对象，争取、团结及教育，在政治上作出不同的安排，以至担任较高的行政职务。通过对他们的安置及任用，藉此表示各级政府对信教群众的团结、对群众的宗教信仰尊重，保护正常的宗教活动。当然，还希望可以借助他们，起到政府与信教群众联系的管道，毕竟宗教事务涉及到群众，慎重稳进。

其间，针对境外教会的影响以至干预，各级政府积极组织边疆民族地区教牧人员及教徒代表到昆明、北京等地参观学习，拓展眼界，目睹内地发生的日新月异变化，培植祖国的观念，萌芽及增强爱国主义情怀，产生并增强认同感，认识及拥护共产党、毛主席和人民政府[12]；以及组织上海、昆明等内

众没有国家（祖国）的概念，只有土司、土头或山官等辖区的意识。如果再受到教会错误教育的引导，这些意识表现就更突出。如1950年底中央访问团第三分团访问莲山（今盈江）龙盆一景颇教会小学时，"教的是缅甸的山头文课本，有一课是英王乔治七世（？）。他们过去只知道英国人好，上帝好，八莫、密支那好，见了我们映的电影才知道'原来中国比八莫还好！'我们把东方红翻译成山头语，内一句'中国出了个毛泽东'，发现他们并无'中国'成语，只有'MUWA—MUNG'即'汉人的国'一词可用"（《莲山情况调查资料》，第22—23页）。进而言之，部分民族群众或许听说过大皇帝，没有接触总统、总理或主席的新名词。建国初，当地人按照传统观念，采取传统语词来认识新社会的，将毛主席等译为"大大头人"或"总头人"等。如景颇民众尊称毛主席为"宁波娃"（大大山官）；凉山彝民将穿灰衣服的干部称为"毛主席的娃子"，穿黄军装的解放军称为"朱德的娃子"等。因而各级人民政府对少数民族开展爱国主义的教育，灌输、认可及确立祖国、毛主席、共产党、人民政府等概念至为重要。这些教育往往贯穿在"三自革新"或"抗美援朝"等运动中开展。

11 丽江专区档案馆藏1951年6月11日佚名怒江区基督教三自革新运动情况报告。

12 1952年12月6日，中共中央批复云南省委关于边疆民族区今后工作方针与步骤的意见中指出："普遍深入的进行爱国主义教育，是我们在各少数民族地区工作中的主要任务之一。此项工作对于云南边疆民族地区尤其有重大意义，云南省委关于今后边疆民族区的工作布置中，对此未作为一项工作任务提出，望作适当补充，有计划的分批组织参观团到内地参观是在少数民族中培植爱国主义的最有效办法之一。这种参观团须尽量包括有中上层人物，请云南省委注意这项工作"（《云南边疆民族地区民主改革》第80页）。根据中央指示，云南省委积极组织边疆民

地教牧人员来边疆，与当地教会建立联系，按立教职人员，指导宗教活动，端正方向，调整内容，变外向成内向，实践爱国爱教之路。

与此同时，各地政府通过开展土地改革、和平协商土地改革或"直接过渡"，改变生产资料所有制，耕者有其田，接着将各族群众组织起来，通过合作化的途径，直接跨入社会主义社会，实现所有制形态的转变，建立基层政权，构建起现代国家的体制。

但是，从1957年下半年起，因"左"思想的作用，川滇黔民族地区持续开展社会主义教育、"大跃进"、"人民公社"及"建设政治边疆"等运动，包括基督教在内各种宗教受到了猛烈的冲击，群众信仰自由的权利受到践踏，部分教牧人员及少数教徒受到错误待遇，批斗、毒打、关押，以至劳教、劳改……"在'左'的思想影响下，尤其在'文化大革命'的狂乱年月，也曾有过不少向宗教'宣战'采取行政手段压制、打击的教训。其结果脱离了群众，伤害了爱国的或拥护社会主义的好人，反而给敌对势力有隙可乘，在民族信教群众的心理深层积淀了更深的宗教热"[13]，兹生更突出的后果。

中共十一届三中全会后，宗教信仰自由政策得到恢复，贯彻执行，冤假错案得到纠正，道歉平反，群众的宗教信仰受到尊重，正常的宗教活动得到保护，信教群众心情舒畅。更重要的是，各级政府采取多种措施，大力扶助，发展生产，搞活经济，争取提高群众的生活，以及社会治安的良好、公余粮及其他税收的减免以至消除，群众政治地位的提高等，信教群众及教牧人员的言行发生改变，祖国的观念增强并传承，既是基督徒，更是国家的公民，产生并增强国（公）民的意识。于是，政府解决生活、耶稣满足信仰得到广大信教群众的认可。他们表示要听共产党的话、接受人民政府的领导、服从干部的安排，努力从事生产劳动，与信仰基督、参与宗教活动并行不悖。

教会与政府要分开，教会不能得罪政府，政府不能干涉教会。

生产与教会要统一，信教是为了命运，生产是为了肚子。生产还要靠共产党；华主席的话要听，教会的话也要听！[14]

族地区人士（包括宗教人士）到内地参观，以及组织内地牧师到边疆等，旨在开展爱国主义教育，改变观念，增强内向。关于这个问题，前面章节，均有阐述，此略。

13 尹宜公：《能与宗教界人士建立民族教育的统一战线吗？》，罗群主编：《尹宜公民族工作文选》，云南民族出版社，2010年。

14 盈江县档案馆藏1980年3月盈江县委关于基督教活动的材料。

形象地讲，共产党、人民政府管俗世、管肉体，保障和提高物质生活；基督耶稣管天堂、管灵魂，满足精神诉求，解决终极问题，两者离不开，两者都需要[15]，"我们相信上帝，也相信共产党"[16]！应该说，这些言论是当时川、滇、黔部分民族地区信教群众及教牧人员的普遍心态。

这些认识反映在部分基督徒家庭中，是将耶稣像与毛主席像等并挂，衷心敬仰，共同崇拜，不分彼此；为什么佤族基督徒频繁向政府递交申请书，请求信仰基督教。这些言行或许被视作"笑话"或无知，但它折射出边疆民族群众对人民政府的相信与依恋。你只要深入这些地区，就能切身感受那些挚热心情和虔诚的拥护。

虽然基督教并非西南民族地区的本土宗教，系外国传教士传入，施加影响，还一度控制；在部分地方、主要是滇西边疆民族地区，基督教曾由境外教会的指挥，产生某些负面后果。当新中国建立后，经过各级党政府部门的争取、团结及教育，广大信教群众及教职人员的积极努力、自觉调适，基督教会从 50 年代初起从逐步到完全、从局部到整体，与外国教会实现了切割，完成了自养、自治及自传的"三自"革新，成为中国民众自办的宗教团体；基本清除了外国传教士带来的大小教派，基本统一在"三自"旗帜下，实现"合一"。当然，我们没有否认，目前境外部分教会仍采取多种手段，继续渗透，施加影响；个别教职人员及教徒可能与之有联系，接受捐助，甚至代为宣传。不过，它们只是枝节之类，不能改变各民族地区基督教已经独立自主、自办教会的现状；更无法改变各民族群众，尤其是边疆民族地区信教群众及教职人员认同祖国、接受政府领导的事实。如瑞丽弄岛等戛村某景颇教徒说：

> 虽然，景颇人和克钦人本来就是一家，缅甸与等嘎也仅是一河之隔，但是，我们毕竟是中国人，共产党和人民政府才是我们真正的靠山。[17]

---

15 "文化大革命"时期，少数地方革委会人员曾强迫信教群众在此二选一，非此即彼。于是，部分信教群众违心放弃，革面不革心，待环境宽松，自己重操信心，还积极传播，影响他人。反之，少数群众则坚持信仰，变相对抗，如武定小石桥等地。

16 周云水：《独龙族基督教信仰与社会主义新农村建设》，《怒江社会科学》，2009 年第 4 期。

17 王皎主编：《景颇族——瑞丽弄岛乡等嘎村》，云南大学出版社，2001 年，第 112 页。

值得提出的是，在引导信教群众内向祖国、抵制渗透，以及管理宗教活动等中，各民族地区三自爱国会及教职人员起到了重要的作用。一般而言，有它（他）们的引导及管理，当地宗教活动正常且有序，矛盾或问题较少；经其教育，信教群众能够爱国爱教，接受政府领导，发展经济，致富奔小康。

不过，曾受某些因素的制约，个别地方有关部门在允许或支持教会成立组织、建立三自会等爱国宗教团体等上动作缓慢。如某县曾宣布对基督教不予"组织"恢复，致使该县基督教代表会议难以及时召开，三自爱国会等长期也未能成立。但却无法禁止基督教的传播，由于缺乏引导或管理，基督教在该地的活动等处于自发、散漫的状态，接受宣教、改变信仰、自由传播或私建堂点等行为此起彼伏，易滋矛盾，萌生"问题"，本应由宗教团体解决的事务则落实基层政权头上，有关部门却成为"灭火队"，被动应对，地位尴尬。也有个别地方三自会等虽成立较早，但多年来未改选、调整人员，与时俱进，修改约章等，三自会等有名无实，难以有效组织活动，开展工作，也妨碍培养爱国爱教的青年教职人员，等等。

尽管如此，中华人民共和国建立后，历经数十年的调适及演变，基督教会已成为部分群众自办的宗教团体，发生了改变；广大信教群众及教牧人员既是教徒更是公民，爱教也爱国；三自爱国会及基督教协会成为基督教团体的领导机构，"统一神学思想，正确引导教会与社会主义社会相适应，为建构社会主义和谐社会'做盐做光'"[18]，带领信教群众开展正常的活动，实践爱国爱教，成效积极的。

这些是建国以来西南民族地区、尤其是边疆民族地区基督教会在调适及发展中的主要收获，也是各级党政部门在管理宗教事务、引导教会活动等方面取得了的突出成绩。

二、活动常态化，但传播对象及范围仍在扩张

在中华人民共和国建立前，基督教在川滇黔民族地区，尤其是滇西边疆民族地区发展较快，范围较广，涉及民族较多。前有论述，此不重复。

1978 年中共十一届三中全会后，拨乱反正，实事求是，宗教信仰自由政

---

18 邹逢佳、张杰贤：《苗族基督教宗教教育调查研究》，袁晓文、李锦主编：《交流互动发展——全球视野中的西南各少数民族》，民族出版社，2013 年，第 668 页。

策得到恢复，贯彻执行，人民群众的宗教信仰受到尊重和保护，宗教活动场所得到维修、重建或扩建，正常的宗教活动得到法律的保护等，基督教等宗教在川滇黔民族地区得到了快速增长，其中以云南边疆民族地区的增幅较大。据不完全资料统计，与 1954 年统计数相比，2003 年基督徒净增 5 倍，达26 万余人（指登记在册者，参见下表）：

表 4-1　1954 年与 2003 年云南边疆地区基督徒统计对比表　单位：人、座

1954 年 6 月统计数					2003 年统计数			
地　区	教堂	教徒	教牧人员	备　　　注	地州	教堂	教徒	教牧人员
丽江专区	149	14499	282	碧江、福贡等 9 县	怒江州	653	84060	1568
保山专区	78	6843	51	陇川、潞西、腾冲、龙陵等 10 县	保山市	46	6427	46
					德宏州	628	41559	293
思茅专区	70	13813	77	澜沧、江城、墨江等 5 县	思茅市	229	87789	528
					版纳州	21	4000	55
缅宁专区	132	7747	108	耿马、沧源等 5 县	临沧市	11	31255	92
蒙自专区	3	346	5	屏边等 5 县	红河州	10	10175	55
文山专区				缺乏基督教活动	文山州		930	
合　计	432	43268	523	合计		1598	266195	2637

资料来源：云南省档案馆藏 1954 年 7 月云南省第四次工作会议关于宗教工作讨论情况报告；
　　　　　张桥贵主编《云南跨境民族宗教社会问题研究》（之一），第 70 页。
注：① 以上各数据只是概数，如 1954 年丽江专区统计数中包括维西等地的基督教，2003 年
　　　统计只计算怒江州，未统计维西等地；各教堂中包括临时活动点。
　　② 在 1970 年前，怒江州、德宏州、西双版纳州分别受丽江、保山和思茅地区的管辖。

2000 年，云南大学部分师生选择各民族某村寨开展社会调查，反映近年来民族地区的发展变化概况，得到的结论是：

　　　　景颇族信基督教的占 50% 左右，傈僳族占 70% 左右，怒族占 10%
　　左右，独龙族 30% 左右；而对于天主教而言，怒族信教者占 70% 左
　　右，景颇族占 30% 左右，独龙族 6% 左右，傈僳族 3% 左右，两项相
　　加，傈僳族、景颇族、怒族的信教人数已达到 80% 左右，独龙族也
　　接近一半。在这些民族中，原始宗教的信仰者日渐减少，正在被基
　　督教和天主教的信仰所取代。从我们的调查中发现，中学毕业生、

退伍军人、村队干部等素质较高的人多数也皈依了宗教。村民中信仰原始宗教和鬼神迷信的大大减少，既不信教又不信鬼神的微乎其微。[19]

我们根据相关民族人口的普查数（2000 年），按此比例加以折算，得到的数字是：在景颇民众中，信基督教者约 6.5 万人；傈僳民众中，基督徒有 43 万；怒族中，有 1.8 万余人；独龙族中，有 2100 余人；倘若加上天主教徒，景颇信教群众达 10 万，傈僳基督徒近 50 万，怒族信教群众达 2.3 万余人[20]。显然，这样的估计数有些过高，有夸大成分，与实际情况不完全符合。尽管从云南大学师生调查组所得信仰基督宗教的数据偏高，与我们实地了解或掌握数据有出入，但它们揭示出 20 世纪后期基督教在民族地区较快发展、以及逐步替代原始宗教等，已是不争的事实。至于在云南内地民族地区及贵州西北民族地区地区基督教的发展状况，前面各章均有阐述，恕不重复。

再者，近年来基督教在四川彝族地区也一度发展异常迅猛，但在此地区活动的基督教基本上是"二赎教"，即所谓"门徒会"。该会确与绝大多数基督教明显区别，考虑到它的存在及曾经活跃，我们还是不得不加以认识。

进入 21 世纪，大多数民族地区基督教已进入了常态发展的轨道，呈现惯性增长的面相，但个别地点的基督教受某些原因的影响甚至还出现下降的现象。

值得我们注意的还有：1、西南民族地区，除少数民族群众外，更多汉族群众加入了基督教，冲破了旧有的教别畛域[21]，基督教的族群构成有所变化。2、过去不信教的某些民族群众接受了基督教，以哈尼族、傣族较突出，且增幅较快。如云南江城哈尼族彝族自治县，1951 年基督徒 3000 余人，1983 年底有 4400 余名信教群众，除少量汉族群众外，绝大多数是彝族群众。从 90 年代起，个别哈尼群众接受基督教，自发宣扬，辗转传播，基督教在哈尼各村寨得到迅速发展，据说日前该县基督徒超过 4 万人，其中哈尼信教群众已占大多数。典型者如该县嘉禾乡隔界村，该村是以哈尼族为主的杂居村，1993 年前隔界村没有基督教。是年，村民王××因遇不顺心之事，到本县国庆乡

---

19 郑维川：《云南少数民族宗教信仰的现状与思考》，张跃编：《跨世纪的思考——民族调查专题研究》，云南大学出版社，2001 年。

20 这些少数民族人口数依据 2000 年第五次全国人口普查数的统计数。

21 过去，在西南民族地区，尤其是边疆民族地区，汉族群众多信仰佛教、道教等，基督教限于少数民族群众中活动。

三家村某好友处玩耍，接触及接受了基督教。返家之后，他自发传播，作了义工，乐意为他人服务。受其影响，该村皈依者逐步增加，目前已有 115 户、560 多人，其中受洗者 380 人，教徒约占村民总数 48%、哈尼族村民 70%。应该说，隔界村的现象在滇黔部分民族地区并非个案，诸如此类，为数不少。3、新的教派可能出现。20 世纪 50 年代初，通过"三自革新"运动等，川滇黔民族地区的基督教基本上消除教派隔阂，统一在"中国基督教三自爱国会"中。但我们也清楚认识到，因基督教特质的制约，部分信众对圣经（新约）的认识或理解存在差异，因而有可能自立或接受新的教派。在环境宽松的情况下，这样的可能性往往演成现实，滋生大小不等的教派或"团体"，表现不同的追求及言行举止。

我们也注意到，近年来民族地区众多青壮年进入城镇打工，谋求生计或增加收入。他们中部分人就是基督徒，进入城镇中后其中一些人参加当地教会的活动，但加入者并非全系基督教三自教会，也有家庭聚会或其他崇拜团体，因而部分民族群众、主要是中青年进入城镇后，参加基督教活动。倘若这些参加家庭教会的中青年者返乡后，移植或创办家庭教会，这是否会影响、甚至挑战当地三自教会的活动。这些现象值得我们关注。

三、原始宗教影响降低，逐步被基督教等替代

我们知道，近年来基督教在部分民族地区得以快速发展，关键在于中共和人民政府恢复及执行宗教信仰自由政策，还得益于农村体制的改革、传统社会组织（氏族、家族）衰弱，以及群众欲摆脱疾病困绕等，以及其传统宗教，即原始宗教的萎缩等有关。因前有论述，这里仅对基督教得以替代原始宗教，以及基督徒的行为等略加说明。

在民主改革之前，原始宗教在西南各民族地区普遍存在，作用较大，影响广泛。经过和平协商土地改革或"直接过渡"，各少数民族群众直接跨入了社会主义社会，实现了历史性的转变。在随后各级政府及社队开展的各项思想教育运动中，宣传无神论，批判封建思想，"魔巴"、"巫师"、"魔头"、毕摩等因"封建迷信"而受到冲击，器物收缴，经卷销毁，"神秘"破灭，威信扫地，权威丧失；加上创办新式学校、培养师资，传授及发展现代教育，灌输唯物主义，宣扬无神论等，大多数民族群众，尤其是青少年的观念发生改变，淡漠原始宗教，认可度降低，接受迟缓，甚至不

予理睬。

八九十代之际，拨乱反正，原始宗教视为民族传统文化的组成部分而重新抬头，逐步恢复，祭祀驱鬼等活动公开操作，产生作用，发挥影响。不过，此一时彼一时，环境的改变、民众认识的变化、观念的更新，原始宗教虽被再次激活，甚至被人为放大，但在新的生态环境中，其形态也有所变化，活动简单、规模变小，"转化为一种民间的、世俗化的信仰形式"，作为传统的文化，与村寨生活相结合，融入民俗活动中，逐步民俗化。加之祭祀需要相关祭品，聘请"魔巴"或"巫师"主持活动要求酬谢，对那些礼拜神灵祈求解困的群众则构成了经济负担。在商品经济社会中，人们的经济投入得考虑回报，计算投入与产出。如果投钱于祭祀活动后难见效果，或效果不明显，势必改变其心理，不再接受。如盈江龙盆等地景颇群众认为：祭鬼杀牛会死人的，信耶稣祷告也要死人，但是信鬼的人死了，牛也杀光了；信耶稣的死了，牛还在。显而易见，信教的比信鬼好，至少作为财富象征的牛被保住了[22]。这些言语颇能代表目前部分民族群众的实用心态。

事实上，在科学宣传及教育文化的面前，原始宗教的"市场"越来越小，在多数民族地区，它们已被部分民族群众抛弃，不再接受，在社区逐步消失。然而，在底层社会，群众不信仰这种宗教也会信仰那种宗教，有选择的"自由"却无逃避的可能。传统宗教的退却，却为其他宗教的活动提供了机会。此消彼长，在部分民族地区，新进入的基督教积极活动，伺机填充部分群众头脑的"真空"，实现信仰的替代。

其实，民族群众从放弃原始宗教到接受基督教间只有一步相隔，观念的转化相对顺畅，神祇的替代比较容易，尤其遭遇某些特殊的场景或需要群体的帮助时，这样的转化或替代更加直接和快捷。如江城县嘉禾乡隔界村某魔批家庭，曾生育多名小孩，均幼年夭折。人到中年，再得儿子，喜出望外。不料小孩两岁时，又得重病，奄奄一息。该村信教群众闻讯后，主动关怀，为之祈祷，该小孩起死还生，健康成长。该魔批便认为自己崇拜的鬼神无神灵，倒向基督教，接受洗礼，虔诚信仰！

由于部分基督徒是从传统宗教徒转变而来的，不可避免的是，他们往往从原始宗教的视角与观念去认知及接受基督教，因而在他们的观念、言行、

---

22 蔡家麒：《盈江县宗教信仰概述》，云南省民族研究所：《民族调查研究》，专刊，第2集。

习俗，甚至宗教活动等的"边界"模糊，容易与原始宗教相互掺和，"土神"与"洋教"混同，并行不悖，共同祭拜[23]。如在瑞丽某些景颇村寨中，那些基督教徒与天主教徒也可以参与祭鬼的活动。

> 更为有趣的是，生产生活中被认为事关重大者，如婚丧、疾病、小孩出生、粮食丰收、节日等，既是祭鬼活动的重要内容，同时又成为基督教和天主教活动的主题。景颇族每年收获谷子后都要举行吃新饭的仪式，这一天，传统的做法是请董萨到家里来念鬼，如今却有许多人把基督教的长老请到家中做祷告。近几年，等嘎村还将本民族传统的目脑纵歌节与圣诞节合起来过，不同信仰的群众一起到阿弄坝的天主教堂唱歌跳舞，集体进餐，共度节目。诸如此类新瓶装旧酒的宗教活动，与其说是外来宗教迎合了传统民间信仰，并对之加以变革，不如说是二者正处于彼此交融、相互适应的过程中，从而形成了复杂多样的宗教文化现象。[24]

其实，不仅原始宗教在"变"。基督教也要"变"，因时因势因人，有所调适，发生嬗变，顺应环境、迎合群众。仅我们调查所知，目前西南民族地区的基督教会，除个别教派（指内地会）要求信众还继续恪守教义教规外，其他派别，包括天主教会也采取了宽容的态度，睁只眼闭只眼，默认其信徒不严守教规、不坚持禁忌，只要他们不做得太过分、太露骨了。对那些改变信仰者，也不强烈排斥；对随时变更信仰者，也能宽容与接受；对信徒家庭成员也不强求信仰的同一，同一屋檐下允许有不同的信仰，和谐相处，等等。

的确，在今天西南民族地区，信仰已成为个人的私事，公开强迫或改变信仰的现象很少发生，只因所在村寨文化等具有同质性，群众有随大流、跟众人的习俗，因而影响到信仰宗教的选择上，容易出现家庭、家族或大多数村民往往会选择同一种宗教，避免滋生矛盾，引起内部不和。当然，旧的或新来的宗教也有所调适，力求因应所在社会环境及群众要求，拓展活动空间，扩大影响，争取更多的受众。

我们也注意到，在个别民族地区，政府部门以保护文化遗产等名义，把原始宗教作为本民族传统文化予以宽容、持扶，以至提倡。如前所述，环

---

23 魏德明：《佤族历史与文化研究》：德宏民族出版社，1999 年，第 241—242 页。
24 王皎主编：《景颇族——瑞丽弄岛乡等嘎村》，第 226 页。

境变化、教育普及、观念更新，维系原始宗教的社会生态逐渐丧失，今非昔比，虽有政府等的扶植，原始宗教却难以应对。可是，在对传统文化的扶持过程中，部分地方的原始宗教也"沾了光"，功能被放大，出现些不应有的现象。

尽管原始宗教属于民俗的一部分，归入民族的传统文化中，因巫师、巫婆、魔巴或毕摩等处于人"神"的中介，沟通天地，掌握话语权，带有私密性，群众难以参与其中，往往只是旁观者，被动接受；更因诉求神灵在花费一定数量的钱财或物资等，因而原始宗教的盛行，不免起到为渊驱鱼、为丛驱雀的效果，为那些宣传直接、简单及低廉的宗教，特别宣扬包治百病、解决一切的所谓宗教的渗透或传播提供了机会。"知道主可靠，疑惑全除掉，缺啥需啥尽管向主要，没有一样真神办不到。"[25]由于受教义教规的约束，基督徒毋需供奉祖宗，嫁女娶媳妇不看"八字"，红白喜事不择时辰，生疮害病一般不找巫师……同为祈祷解困，在"效果"不能确定的情况下，人们会计算投入与产出，算算经济账！与其投入财物乞求鬼神，不如专注精力祈祷耶稣，一举两得。兹引云南民间传唱的一首"信耶稣真上算"的歌曲加以说明：

> 信耶稣，真上算，不喝酒，不抽烟，不烧香纸不赌钱，一年省下多少钱。
>
> 省下钱，好吃穿，过日子，不费难，死后还把天堂上，你说上算不上算。[26]

虽然，这首歌曲是某些传道人有意识编写进行传唱，概括出信仰基督教带来的物质利益和终极关怀，诱惑人们追求或参与，但也从中透露当前部分群众对基督教的基本认知与接受意愿。

四、教规诫条，促进了基督教的发展

我们知道，基督教在西南民族地区的传播，从一开始就把宗教的规范与伦理道德等密切联系，针对当地的社会实际，有意识、有针对地制定相关的诫条，要求信教群众恪守。如怒江州碧江（今属福贡）等地基督教的十

25　《圣歌百篇》（合和本），第 1 册，第 49 页。

26　韩军学：《基督教在滇东北地区传播概况》，云南省社科院宗教研究所：《宗教调查与研究》，1986 年。上算系滇东北的方言，意指合算。

诚是：不饮酒、不吸烟、不赌钱、不杀人、不买卖婚姻、不骗人、不偷人、不信鬼、讲究清洁卫生，以及实行一夫一妻制。"这十项教规，教徒们必须遵守，违犯了的，即被开除教籍，这是最严重的处罚"[27]。一方面，这些"十诫"切合实际，它们既在满足宗教诉求，也能带来某些看得见的"好处"，亦可表现自己的"边界"。另一方面，不遵守者则会受到惩罚。这些"惩罚"主要是群众的言语讽刺或群体的孤立，虽非"刚性"，却能在一个认同度强的社区内产生意想不到的效果。因此，往往促进信教群众自觉遵守，履行规则，约束行为。长此以往，因信仰缘故而形成了特殊的话语系统、价值观念、生活方式及行为标准，有了"我者"与"他者"之分。如怒江地区的基督徒：

> 实行一夫一妻制，结婚不用财礼，结婚仪式简单，不喝酒、不吸烟，不种不吸鸦片，不祀鬼神，洗脸洗足，讲究清洁卫生，见面行握手礼，星期日读书等。对他们最有意义的是制造了傈僳文字和禁酒，现在他们对此种文字传播，不遗余力，教徒无不识字者。非教徒亦有许多知书识字……现在本区内信教与不信教，一望而知：面目洗净，衣服清洁，有吃有穿的是教徒。不信教是满脸垢汗，衣裤不全，精神颓废，大有亡种之象。[28]

当然，基督教也因时因地而有所嬗变，除坚持基本教义、主要教规之外，其他要求也在因势因事而发生修改或变通，与时俱进。如泸水县百花村基督教的律条是：不准行淫和通奸，不准调戏妇女，礼拜天要休息做礼拜，不准撒谎、不准作假见证，不准偷窃、不准杀人，不吸烟、不喝酒，不准跳民族舞和唱山歌、不得讲述祖先的历史传说故事，接近传道人并协助传教，尊敬父母，遵守国法，爱人为己，互相帮助，不能嫉妒[29]。其中，禁烟酒、讲卫生等只是最起码的常规要求；至于"接近传教人并协助传教"，"尊敬父母、遵守国法，爱人如己、互助帮助、不能嫉妒"等等则是新近提出的要求，是与社会适应的反映，是调适行动的结果。

尽管有这些约束，事实上教会也在调适，酌量增减。如"不准跳民族舞和唱山歌、不得讲述祖先的历史传说故事"、"礼拜天要休息做礼拜"等规

27 怒江小组：《怒江区宗教情况》，《云南民族情况汇集》，上册，第 21 页。
28 丽江专区档案馆藏 1950 年 4 月佚名怒江特区少数民族的调查报告。
29 肖迎主编：《傈僳族——泸水上江乡百花岭村》，云南大学出版社，2001 年，第 100 页。

定，当今执行就不太严格了。禁止烟酒虽然仍然要求，也有一定弹性，要看场合或时间。从历史上看，泸水等地基督教系内地会，该会以教规严格、不予变通而著称，至于其他教派的要求或更宽松、更灵活。但不管如何，"爱"、"信"、"望"必须履行，虔诚、谦逊、博爱、宽恕、节约、平等及和谐等在多数基督教身上有所反映。一般而言，信教家庭比较和睦、尊老爱幼、夫妻恩爱、家庭团结，收入较高，生活质量较好；信教村寨民风纯朴，关系和谐，村规民约能够遵守，偷盗、奸淫、抢劫等违法犯罪，以及打架斗殴等治安案件等很少发生，甚至基本不发生。

> 信耶稣第一好，不朝山，不拜庙，不烧香纸不放炮，省下多少血汗钞票。
>
> 信耶稣第二好，信真神，学真道，一切迷信都除掉，医病赶鬼传天道。
>
> 信耶稣第三好，不喝酒，不偷盗，酒色财气都丢掉，言语行为变好了。
>
> 信耶稣第四好，改脾气，开心窍，不生气来不吵闹，身心健康无烦恼。
>
> 信耶稣第五好，不跳井，不上吊，行为完全改变了，全靠圣灵来引导。
>
> 信耶稣第六好，有难处，就祷告，遇到危险把主叫，天父看顾真周到。
>
> 信耶稣第七好，省钱多，花钱少，勤俭节约遵主道，艰苦朴素最重要。
>
> 信耶稣第八好，弟兄合，妯娌好，全家和睦少烦恼，平平安安乐逍遥。
>
> 信耶稣第九好，读圣经，多祷告，作见证，唱灵歌，悔改圣洁进天朝。
>
> 信耶稣第十好，有罪帐，交清了，天父接我上天堂，与主相会乐逍遥。[30]

这些言行表现信教的种种好处，借助歌曲等大众传媒，口耳相传，声名远播，影响广泛，为其扩张创造舆论，产生吸引的作用，引导部分人归依，

---

30 《圣歌百篇》（合和本），第 2 册，第 23 页。

甚至在个别民族地区出现少数群众自发寻找、主动接受基督教的现象。

前面已述,基督教也根据形势的变化、干部或群众等的要求等而有所改变。如对礼拜等活动妨碍劳作等问题,部分教会会考虑农忙与农闲的不同季节,适当安排,弹性要求;周日礼拜及个别节庆活动等,对不信教群众也不硬行规定,强行参加;对履行公余粮、上交税收等义务,教牧人员往往以"凯撒的物当归给凯撒,神的物当归给神"[31]等教义加以开导;对抵触更突出的计划生育政策,大多数教会也能遵照政府的要求,以少生优生、优生优育,提高生活质量等来规劝信教群众,响应号召,执行计生政策,避免对立,等等。

需要说明的,除这些行为外,基督徒还有互助、关爱、乐于帮助、热心公益事业等行为。如农忙时节,教徒间互相帮助,发挥"集体"优势,解决了个体农民、尤其是那些缺乏劳力农户家庭的燃眉之急;教徒之间红白喜事的帮助、伤病衰弱时的嘘寒问暖、意外灾害时的携手相助,受助者深切感受群体的关怀、乡情的温暖。如武定万德乡马德平村某人家庭遭遇困难时,教会集资赠送,帮助缓解,便认为"还是教会好,在困难时能得到帮助"[32]。诸如此类,各地不少,恕不罗列。因而,在部分民族地区,基督教被更多群众、尤其是妇女及老年人所接受,确与这些因素有关。

同样,基督徒这些言行也得到基层政权干部的认可,为其存在及发展争得以至扩展了空间。如德宏州"基层对基督教发展和作用的看法不一。多数乡村基层认为:教堂、教徒活动正常,遵纪守法,对社会治安和稳定起着很大作用。入教与不入教比,入教的人和村寨,精神道德、礼仪、礼貌要高出一筹,不吸毒、不酗酒、不打架、不偷不摸,起了很大的教化作用,生产发展也稳定;相反,不入教的层次要低一些。对不好之处,一般反映,不管生产忙不忙,都要过礼拜,这点处理不好"[33]。如此认识,各地反映普遍,恕不多引。

还有,多数教友乐意助人,热心公益事业,愿做好事,既解决了部分乡材动员群众参加集体公益劳动存在的困难,亦为基层干部的相关工作排忧解难。兹引江城县隔界村某村长的言语予以说明:

---

31 《圣经·马太福音》22:21。

32 缪家福、张庆和主编:《世纪之交的民族宗教》,云南大学出版社,1999 年,第 369页。

33 德宏州档案馆藏 1998 年 2 月州民宗局德宏州宗教工作基本情况汇报。

我今年是第十年当村干部了，原来整个村文化素质是比较低的，很多老人、妇女没有读过书，说话很不注意，可能和自己文化水平有关。有些老人去赶街，都不敢去买饭。村上喝酒打架、闹事的很多，偷鸡鸭的事也经常出现，做思想工作也很困难。经最近几年观察，文化素质有所提升了，过年过节打架闹事的也少了。加上现在村上盖了厕所，老人们也逐步会去厕所了，不会到处乱方便了，卫生环境也有所改善了。很多老人还能写出自己的名字来。我本人不反对基督教的信仰，村上做义务时，原来很多人会借故自己农活忙而拒绝参加。现在只要通知一下教会长老，其他人就会自然来了。[34]

信教群众热心公益事业，积极参与义务劳动既是基督徒的"爱心"体现，也对基层干部的工作起到辅助作用，起码地讲，不影响其业绩考评。教徒的言行得到基层干部的认可，事实上为其生存发展拓展了空间。

五、当前西南民族地区基督教之"问题"

从 20 世纪七八十年代基督教恢复活动以来，各类"问题"也如影随形，与之相伴。撮其主要者：一是农村党团员及原社队干部入教；一是村社的"政教合一"；一是境外渗透。

（一）关于农村党团员入教的问题

的确，在基督教恢复活动之初，曾有部分党员及原社队干部、特别是生产队长等参与其间，甚至担任领导者。然而，当我们深入认识后，那些参加宗教活动的农村党员、社队干部等多数是老年人。这些人年事已高，有的身患疾病、有的存在困难、有的需要打发时间等，不一而足，需要照顾、需要解困、需要关怀。但受条件及经费等的限制，基层党组织不可能完全照顾到位，个个解决，人人满意。于是，部分有教会活动的地区，教牧人员或教徒主动登门拜访，向那些困难受挫、年老力衰或疾病纠缠的党员或社队干部等予以援助，捐钱捐物或出工出力，解决困难。其中确有个别党员或原社队干部受到感动而加入教会。如武定县发窝乡中村某老党员，过去在全村信教、全家信教（其子还担任教牧人员）的情况下，仍坚持共产党的信仰，不改初

---

34 西南民族大学西南民族研究院李德学同学 2000 年 7 月调查资料。

衰。当其身患重病，经济拮据，且四处求医无效。儿子率教徒为其祷告，或因药力作用，其病渐愈。该老党员则相信是祈祷的作用，便加入教会，虔诚参加活动。"这类情况在基督教盛行的贫困山区尤其普遍"[35]。关心与帮助，影响观念，缩小距离，促进教会发展。还有，在那些所谓"全民信教"村寨，坚持无神论的党员、社队干部等成为了极少数，视为另类。他们若不适当参与或介入，势必会受到孤立，起码地讲，会脱离群众，难以开展工作。对于此类现象，各有关部门曾多有调查，分析信教的不同原因及类型，提出了若干对策或众多建议[36]，等等。

不可否认，因受这些因素的影响或作用，在有基督教活动的村寨，一些青年人参加宗教活动，甚至成为教牧人员，主持事务、参与管理等，影响所致，培养及发展农村党团员相当困难。云南大学部分师生在实地调查后认为："我们调查的许多村寨，近十年来发展的党员和团员微乎其微，个别村寨甚至一个也没有发展。但宗教却像潮水一样迅猛发展，其人数之多、速度之快、规模之大，完全出乎我们的意料和想象。"[37]由此而派生的社会后果是：农村党团组织涣散，后继乏人，影响减轻，长此以往，可能会影响到基层政权的建设与巩固。

的确，在部分民族地区，培养及发展农村党团员的确不容易！这种现象既反映在有基督教等宗教活动的农区，也出现在少有制度化宗教活动的地区，是比较普遍存在的现象。原因多方面，不一一细说。不过，我们也注意到，建国以来人民政府积极发展教育事业，民族地区青少年受教育程度的持续提高，众多青少年在学校学习期间就加入青年团。当他们毕业返乡后，增加了所在村寨的团员数量，增大农村团员的影响，增强了基层支部的力量，问题的关键在于基层团组织如何引导、教育及组织他们，广泛使用，发挥作用，使之不成为宗教的生力军或教牧人员的后继者。

不过，在开展基层民主选举、实施村民自治制度，加快建设新农村的今天，我们认识的关注点不应只限于党员身上，于是涉及到对村社"政教合一"的认识及考量等问题。

---

35 《世纪之交的民族宗教》，第 369—370 页。

36 参见《世纪之交的民族宗教》附录"关于全民信教地区党员信教问题的调查"。

37 郑维川：《云南少数民族宗教信仰的现状与思考》，张跃主编：《跨世纪的思考——民族调查专题调查》。

（二）对所谓村组"政教合一"的认识

当宗教信仰政策贯彻落实后，基督教在部分民族地区得到了恢复、快速发展。尽管，稍后发展变缓，进入常态，但在部分地方，一些乡、村及组的绝大多数群众信仰了基督教，出现所谓信教乡、村及组。

80 年代初，我国农业经济体制实施改革，废除了人民公社制度，恢复乡、村、组，确定乡政村治的基本格局。乡政，指乡镇一级政府系政权组织；村治指村、组实行村民自治，自我管理。作为过渡产物，部分乡还向村派出人员，成立村公所，暂行管理权。

就目前的体制而言，乡是我国行政体制中的最基层政权，乡干部属于公务员系列，形象地讲，吃"皇粮"的。他们往往通过公招、选调或转业退伍等途径而上岗，由县委、县政府委派，既管理该乡，也接受县级的领导与监督。因乡干部的身份所致，即使某乡全民全体信教，也不妨事，只是在开展某些工作时或许有些"吃力"而已。

于是，我们认为所谓"政教合一"主要指村、组两组，其中主要是村的宗教势力与村民自治相结合等问题。

1982 年，我国宪法明确"村民委员会是基层群众自治性组织"，规定乡级之下的村组实施村民自治制度，并列为基本政治制度。其后，屡经发展与演变，村民自治制度藉"海选"形式，以民主选举村委会为中轴，逐步形成民主决策、民主监督、民主管理这整套制度（简称"四民主"）。

按法律规定，村委会的职责是领导村民，协助贯彻政府的政策，执行法律法规，制定及遵守村民自治章程，组织村办集体经济、维护治安，发展公益事业等。形象地讲，是底层社会的管理者。只是这些管理者并非由政府任命，却由村民采取民主方式选举产生的，代表村民的利益，接受村民监督，多数时候还得听命村民。

所谓"海选"指村民自愿报名、民主推荐及民主选举，以候选人得到票数的多少来决定能否担任村委会成员等程式。于是，在某些教徒聚居的村组，教徒或教职人员被推荐、被当选的可能性大。他们尽管是基督徒，信仰虔诚，不过当选之后，角色变化，以服务村民、执行政策、发展经济等为前提及归宿，因而在管理村组时，在一般情况下，他们能够将宗教事务与社会、经济等事项相分离，区别对待，以不同方式加以处理。同时，即使经"海选"而当选的村委会成员还得接受村党支部与村公所的监督，以及乡及以上政府的制约，并非能建构政教合一的格局。

前面曾叙，在民族地区，底层群众不信这个教就会信那个教，有基督徒、有佛教徒、伊斯兰教徒，或原始宗教徒。在这些地点，宗教影响选举的现象的确存在，村委会弱化现象也普遍存在，不单单指基督徒社区。我们知道，村民自治制度体现了村民直接行使民主权利、依法管理，由于采取"海选"形式，无论谁当选，不管其信仰虔诚与否，只要不为群众谋利益，都会遭到抵制或反对，都有可能落选、被村民抛弃。因为民众是重实惠的、看利益的，追求信仰，也关注生计、考虑并维护自身利益。而且，村民自治虽是基本政治制度，"海选"村官、组建管理小组，它们也会受到相关法律法规的制约，接受上级部门的管理，不可能无"天"也无法；再者，基督教是讲平等、讲公义的，因而我们认识对所谓基督教影响选举等，形成所谓"政教合一"村组等现象，不必过于紧张。中国底层社会具有调整的功能，村民组织会适应政府等的要求，数千年的历史已证明这点！关键在于如何引导与管理。

（三）境外渗透等问题

从历史上看，民族地区基督教由基本上是西方传教士传入的，其中滇西边地基督教更由缅甸而直接传入的。毋庸讳言，外国教会或传教士曾经影响或控制西南民族地区的部分教会，不过，这一切都随着社会制度的变迁而发生改变。新中国成立后，川滇黔民族地区各基督教会与差会、外籍传教士实现了切割，脱离了关系，独立自主，自办教会。五六十年代，云南省政府还采取积极措施，沟通及建立昆明、上海等教会与边疆基督教间的联系，端正了边疆部分教会的"方位"感，面向谁、接受谁，促成及增强了边疆教牧人员及教徒群众的内向。

七八十年代后，我国恢复贯彻包括宗教信仰自由在内的各项政策，改革开放，敞开国门，请进来，走出去，搞活经济。于是，境外教会伺我国改革开放之机而制定所谓"撒种"计划、"松土"行动、"爱与行动"等[38]，派遣人员、输送物资、给予援助等，实施渗透，试图掌握"旗帜"，控制教会，支配教牧人员，左右教徒。但它们所做的努力基本上没有得逞，竹篮打水一场空！

仔细分析，原因多方面，但根本原因在于"毛主席使人民站起来"，各

---

38 关于这个问题，参见张桥贵主编《云南跨境民族宗教社会问题研究（之一）》相关部分。

族民众摆脱了受压迫受奴役的地位，翻身做主人，自己管理本民族的事务；"邓小平使人民富起来"，改革开放，搞活经济，以及国家积极且加大扶植的力度，各民族群众、尤其是边疆跨界民族群众解决了历史未曾解决的温饱问题，逐步富裕起来。有比较有鉴别！反观生活在毗邻国家的同族兄弟，遭遇则差多了，一言难尽！在正常的生活情况下，人们既追求宗教信仰，也重视物质需要，当前中国社会均能基本满足这两者，何必舍近求远呢！虽然，境外教会频繁实施渗透，施加影响，妄图改变"方向"，却难收实效。

对之，我们还想强调的是，人民政府对各民族群众开展的是"面"上工作，即生产生活等全方位的资助，取消了各种负担，推行医疗保障制度，病有所治；对独生子女或无子女的农户予以补贴，老有所养，在总体上改善或提高，普遍受益。特别是近年来，共产党和人民政府加大了扶持力度，除对人口较少的民族外，还将傈僳、佤、拉祜及景颇等族列入特困民族，增加资助项目，积极扶持，尽快脱贫致富。境外渗透却在"点"上下功夫，即集中于宗教领域使用，主要表现：一是捐助扩建、新建教堂、免费提供宗教用品及某些设施；一标榜所谓教义纯正性，强调教职人员的水平高等。的确，雄伟的教堂及漂亮的辅助设施在刺激教徒观感的同时，影响心理，产生口口相传、可资闲聊的话语；所谓教义纯正性只是相对而言，基督教各派中没有绝对纯正性而言，关键在于把握认识及理解圣经的"度"；至于其教牧人员的神学水平"高"等，或许是事实。但与各级政府的全方位扶助相比较，群众的体会更深切、认识更直接、受惠最明显。不管境外如何渗透，至少在目前，都难以产生多大的效果。生时靠政府，死后靠耶稣，是当前民族地区绝大多数基督徒心灵的真实写照。

不过，与境外渗透相比，我们认为当前西南民族地区基督教会面对的主要问题：一是自由传道人（包括邪教）的影响，二是以族群划分教徒，进而撕裂教会的问题。

首先，关于自由传道人的影响问题。基督教是普世性宗教，具有积极的传播激情，据《圣经》记载，耶稣对信徒说："天上地下所有的权柄都赐给我了。所以，你们要去使万民作我的门徒，奉父、子、圣灵的名给他们施洗。凡我所吩咐你们的，都教训他们遵守，我就常与你们同在，直到世界的末了。"遵照该吩咐，每个基督徒都可以开展传教活动，传教意识强、具有主动性，情绪高。个别人甚至愿意舍弃农活或工作，历经千辛万苦，四处流动，传播福音。在这些传教人中，既有建制教会（如三自爱国会）的人，也有建制之外的传道人，俗称自由传道人。其中西部民族地区就是他们的活动重点区域。兹引一首《举目向西展望》歌曲予以说明：

> 举目向西展望，广大禾场荒凉，主心日日忧伤，"谁肯为我前往"，泪沸在我在眼眶，血沸我们的胸膛，高举基督的旌旗，抢救迷失亡羊。
>
> 末日主来日近，争战号筒紧张，急起穿戴军装，冲破撒旦罗网，死展开恐怖翅膀，罪掀起世界波浪，我们只管向前进，忠心至死抵抗。
>
> 背起沉重十架，撇家荡产勇往，跟随基督血踪，走上骷髅疆场，命要为主去献上，心在永远的家乡，帐蓬一旦被拆毁，生命必得释放。[39]

我们认为西南民族地区之所以成为其传播基督教的重点区域，一则与中国东部、中部各省区比较，西南地区信仰基督教较少，"未得之民"多，有大片大片的信仰"空白地带"[40]，利于垦"荒"拓展，促使个别人积极传教，幻想影响群众，促进他们"归主"；二是民族群众受血缘、文化等因素的影响，认同感强，行动往往呈现一致性，某家庭有人信了教，就会动员其他成员，以至各类亲戚信教；某村只要有人选择了基督教，就会带动更多乡民的人接受它，进而可能全村信教。投入少、见效快、性价比高，能激发传播者的积极性[41]。

需要解释的是，过去西南民族地区、尤其是边疆民族地区很少有自由传道人开展活动。原因是多方面的，除宗教信仰自由政策没有恢复或未得到全面贯彻外，还有这样两因素：一受民族语文的隔阂，外来者用汉语文宣道，让少数民族认识及接受困难；二受边境通行证的限制，内地人难以进入，活动受阻。

改革开放以来，民族地区教育事业的发展，扫盲工作及"普九"任务的基本完成，电视、录像机等的普及，以及手机、电话等通讯工具的迅速扩张，大多数青少年基本能用汉语进行交流、能不同程度地认识或使用汉字。再者，

---

39 《教会歌声》，（修订本），缺编辑者、印刷时间，第 449 页。

40 在部分人们的眼中，原始宗教（巫术）不属于宗教，应归于民族文化的范围。

41 关于这问题，参见中华基督教续行委员会编、文庸等译：《中华归主》（中国社会科学出版社）相关部分。

边境通行证的废除，实施身份证，方便了包括边疆地区在内民族地区的人口流动。于是，内地传道人来到边疆民族地区，以汉语文为媒介，藉教授赞美诗、教跳崇拜舞，教育小孩子读书识字为名，开展传教活动。其中个别人趁所在堂点的管理不严格等，径直教堂上宣讲，传道、见证或分享。我们知道，在那些边远民族地区，偏僻封闭，当地教牧人员宣讲的教义相对"干净"、"朴素"及"简洁"。部分自由传道人便凭借己意串讲圣经等，加注"麻"、"辣"、"烫"，增添特殊的"重口味"，扩大影响，争取受众。因此，个别传道人在带来"新"、"奇"、"乐"的同时，可能在一定程度、一定范围上会影响视听，甚至造成混乱……

不可否认，这些自由传教人群体中，诸如门徒会、左坤教（灵恩布道团、血水主灵全备福音布道团）、生命会等人员渗杂其中，趁机活动。各地多有发现，有关部门予以及时处理，截源堵流，故暂时未对西南民族地区教会造成危害。

当然，我们也高兴的看到，这些现象及相关问题引起了部分民族地区三自爱国会的重视，采取多种形式，改变教牧人员的学历结构，提升文化水平，增加"质量感"；组织各类培训班，有针对性的宣传或告诫，教育基层堂点的教牧人员及教徒骨干，认识教义教规，提高觉悟，分辨是非，抵制自由传道人以及邪教。如耿马、禄劝等地教会便是典型。

其次，关于以族群划分教会的问题。西南民族地区是多民族聚居区，信仰基督教的有傈僳、苗、怒、独龙、彝、景颇、佤、拉祜，以及哈尼、傣等族的群众；圣经及赞美诗亦被传教士用苗、彝、佤、景颇、傈僳等文字加以翻译，印刷发行。虽然，汉文圣经（和合本）已被多数教牧人员认可及接受，但未在底层民族群众中得到多大程度的传播。由于使用圣经及赞美诗的文本不同，解释的话语有所差异，不免会在不同族群信徒中形成隔膜；加之历史上在民族地区开展活动的基督教有不同派别，各派别在阐述教义、制定教规、约束信众等上有所不同，差异往往造成了隔阂，各自为阵，互不交往。

共和国建立后，在人民政府的引导下，经过了多少风雨，各基督教会基本统一在三自爱国会内，实现了合一，构建起全国、省、市（州）及县四级基督教三自爱国会及基督教协会（两会）的管理体制，开展正常的活动。

然因族群有异、语词相隔，以及圣经、赞美诗的文本不同，还有派别残余等，主要是受族群因素的影响，有个别多民族地区，在三自爱国会及基督教协会内，无形之中形成不同族群的教会，各搞各，各管各，很难统一开展行动，长此以往，恐怕不利于当地基督教会的建设及发展。于是，在民族杂居区、尤其是边疆地区，如何避免受族群因素的干扰，成为当地基督教"两会"必须考虑的问题。

六、关于基督教与社会主义相适应的认识

我们知道，基督教与所在社会相适应，既是基督教会的自身要求，也是维系存在、谋求发展的必然选择。适应生存、适者发展。

50 年代初，经过土地改革，"一化三改造"，中国社会已进入社会主义社会，包括在西南民族地区在内的基督教必然要与社会主义相适应，采取措施，积极调整，适应新的社会生态。这既是社会发展的必然，也是基督教会自身的要求。

通过 20 世纪 50 年代以来西南部分民族地区基督教调适与发展的研究，历史告诉我们，包括基督教在内的各宗教团体要与社会主义社会相适应，必须做到以下几点：

首先，必须遵守宪法及相关法律的规定，独立自主，自办教会，开展正常的活动。

《中华人民共和国宪法》（1982 年）明确规定："宗教团体和宗教事务不受外国势力的支配。"20 世纪 50 年代初，人民政府在西南民族地区引导基督教开展三自革新运动，割断与外国差会等的联系，逐步完成了各民族教牧人员及信教群众多年奋进的历程，实现了独立自主、自办教会，基督教成为中国部分信教群众自办的宗教事业。

然而，基督教是源于西方社会的普世性宗教，从历史上看，西南部分民族地区基督教源于境外传播，由外国传教士传入而发展。今天，尽管国外个别教会利用跨境民族等因素，施加影响，甚至有意识渗透，图谋恢复过去，操纵当地基督教会。加上改革开放以来，国门大开，走出去，引进来，内引外联，加快中国社会经济的发展步伐。境外宗教组织或个人也进入西南各民族地区，开展积极、正常的交往。其间，可能有个别人或个别组织不怀好意，别有用心，煽动挑拨，试图影响以至左右少数教牧人员或信教群众，达到不可告人的目的。我们不反对甚至鼓励要中国基督教与境外宗教团体或个人进行友好往来，开展学术学术文化等交流，但这些交往是平等的、友好的，但

中国教会由中国人自己办，不受外国势力的支配，这是原则，也是基督教适应中国社会——社会主义的前提。

所谓遵守宪法及法律的规定指基督教在宪法及法律、法规的范围内开展正常的宗教活动，不得利用宗教破坏社会秩序，损害公民身体健康，妨碍国家教育制度；以及不得利用宗教从事危害祖国统一、民族团结、干扰生产建设，等等。

其次，爱国爱教，接受政府有关部门对宗教事务的管理。

爱国爱教是基督教与社会主义社会相协调的基本要求。"爱国"的国指中华人民共和国，中国基督徒既是教徒，亦是公民，公民的身份涵盖个人的信仰，个人的信仰落脚于国籍的归属，热爱祖国是公（国）民的基本义务。"爱教"的"教"指个人信仰的中国基督教，部分民族信教群众之所以追求信仰，出于对中国基督教的热爱及拥戴。然而，中国基督教在植根中国土地上的基督教，土壤丧失，宗教何存？藉此可见，爱教与爱国并无矛盾，基本统一。

由于基督教植根于中国土地上，势必要求接受各级政府依法对宗教事务的管理。所谓依法管理宗教事务指：政府根据宪法和有关法律、法规及规范性文件，对宗教方面涉及国家利益、社会公共利益的关系和行为，以及社会公共活动涉及宗教界权益的关系和行为的行政管理。管理对象是关系及行为，即宗教方面涉及国家利益、公共利益的关系及行为，并不是对宗教组织、宗教活动或教牧人员等施以行政管理；同时，各级政府依法对社会公共活动涉及宗教界利益的关系及行为加以管理，旨在依法保护宗教界的利益，不是制止或干预宗教活动等。依法管理的要旨在于保护合法，制止非法，抵御渗透，打击犯罪。

通过对 20 世纪 50 年代以来西南民族地区基督教的调适与发展的研究，清楚地再现各基督教会从距离、认同到接受各级人民政府的历史过程，尤其是 20 世纪 80 年代以来宗教信仰自由政策得到恢复，贯彻执行，各地基督教"两会"建立后，基本接受了政府部门依法管理宗教事务，群众的宗教信仰受到尊重，正常的宗教活动及活动场所得到法律保护，教会也得到了快速的发展。

再次，响应政府的号召，积极发展生产，引导信教群众致富奔小康。

基督教是宗教团体，带领信教群众开展正常的宗教活动，满足群众的宗教诉求，解决信教群众的终极关怀等，是教会的本质要求。但也需要教会响应政府的号召，引导或带领信教群众积极发展生产，搞活流通，增加收入，解决贫困，致富奔小康。

"贫穷不是社会主义"，社会主义是要实现共同富裕。同样，贫穷亦非基督教的内在表现。信教群众既有精神层面的宗教诉求，也有生活层面的物质需要。的确，作为教会而言，应该也必须引导信徒开展宗教活动，满足信仰的诉求等。但在当前西南部分民族地区，经济还比较落后，信教群众虽然基本上解决了温饱问题，但在进入"小康"还有距离。"做盐做光"要求基督教会响应政府的号召，引导信教群众学习科学，掌握技术，开拓眼界，培植商品观念，发展生产，增加收入，改善生活，致富奔小康。从 20 世纪 80 年代中叶以来，西南民族地区各教会先后响应号召，执行政策，协助当地政府等部门，采取措施，动员、引导或带领信教群众积极努力，发展生产，增加收入，改变贫困落后的状况。多数信教群众积极学习文化，接受先进耕作技术或种籽等，发展生产，参与流通，增加收入，改善生活，进而为教会多奉献。可以这样讲：与大多数不信教的群众相比，基督徒的总体收入居于中上水平，即没有最富裕者，也少有最贫困者。由于其非生活性的开支较少，节支实现了增收，因而多数信教群众的实际收入、生活质量在当地村寨处于中上等的水平。

由于各地教会响应号召，协助政府开展工作，采取措施，引导或带领信教群众发展生产，增加收入，改变了贫穷落后的面貌，做到了与社会主义社会相适应；亦提升了信徒的整体层次，塑造了教会的形象，"荣神益人"，扩大了影响。

在中国，宗教要与社会主义相适应，既是包括基督教在内各宗教团体的新的社会生态下的必由之路，亦需要党和政府的积极引导。就是说，党和政府要遵照宪法、法律及法规的相关规定，贯彻执行宗教信仰自由政策，依法管理宗教事务，保障宗教团体、教职人员或信教群众的合法权利。

关于党和政府的相关引导工作，我们以 1978 年底十一届三中全会为时间段，分两部分来阐述。

在 1949 年 9 月《共同纲领》到 1978 年以前，"宗教信仰自由"载之《共同纲领》及相关宪法中，即使在文革期间颁布的 1975 年宪法中，这项规定也未被取消。的确，在这期间，"宗教信仰自由"也载之宪法及相关法律，成为中国共产党及人民政府制定的基本政策之一，得到不同程度的贯彻执行。但我们也要指出的是，政策容易受某些政治运动的影响以至妨碍，不能得到贯彻执行。典型者如在 1958 年"大跃进"运动及 1966—1976 年"文化大革命"时，宪法虽有相关条款的规定，宗教信仰自由政策也未明令废除，就是不能贯彻执行。毕竟那是既无"法"也无"天"的动乱年代（特指文化大革命），因而当时政府与宗教团体之间的张力加剧，甚至有采取措施，抑制甚至试图摧毁宗教的可能。

除了这两个特殊的政治运动外，应该说各级政府能够基本贯彻宗教信仰自由政策，允许群众的宗教信仰自由权利，容忍正常宗教活动的开展。但是，宗教信仰不仅仅是思想层上的追求，心灵的诉求，还包括宗教活动、宗教礼俗、宗教节日，以及宗教徒、教职人员及宗教团体的地位等。因而宗教信仰自由政策在执行过程中，除受某些重大政治运动的冲击外，还容易受以下主要因素的制约，妨碍正确贯彻、全面执行。

一、从所有制层面讲，宗教活动的开展与全民、集体所有制经济的用工安排存在矛盾。从 1951 年起，党和政府通过土地改革、城镇改造、民主改革或"直接过渡"等，各地的生产资料从实现"耕者有其田"，废除封建土地所有制，单干到互助组，经过"一化三改造"，成为集体或全民所有制，合作社替代互助组，在各民族地区广泛建立，完成了从民主革命向社会主义社会[42]的转型。

当时，在社会主义社会体制之外的合法群众组织，唯有宗教团体。宗教团体要开展相关活动或庆祝宗教节日等，须占用信教群众的时间；合作社或人民公社等要组织生产，也要支配群众的时间。在正常的情况下，两者的安排或许不抵触、无矛盾。但在某些特殊的时节，革命加拼命，大干要快上，集体或全民组织势必占用甚至完全支配群众的时间，组织动用群众。于是，不可避免地会与宗教团体的活动发生矛盾，进而形成对立。谁该让步呢？谁能协调呢？在大多数地方，信教群众毕竟是少数，宗教是"弱势"群体；不信者占大多数，全民或集体组织是"强势"的，当时政府的管理是"全能"的，往往以"我"为主，以"我"来安排，以大多数人的"利益"或"要求"为前提或归宿，忽略甚至不顾虑少数人的需求，包括宗教信仰的要求。

---

42 当时，对社会主义社会的经济形态的认识是：生产资料公有制（全民所有制或集体所有制）；人人劳动，各尽所能，按劳分配。

在这种情况下，宗教信仰自由政策的贯彻可能因之会打折扣，难以甚至不能执行。

我们也注意到，在认识及贯彻执行宗教信仰自由政策时，当时各地也存在差异，确有个别领导违背政策规定，视宗教为"敌人"，在某些特定时刻对包括基督教在内的宗教团体和信教群众施以打击。如 1958 年下半年威宁等地开展的宗教"镇反"行动、1978 年滇北等地"两打第六次战役"等。事后，这些行动虽然在上级部门命令下得到了纠正，平反道歉，但产生的后续影响不可低估！

二、从思想层面上讲，广泛开展的思想改造与个人的心灵信仰间存在矛盾。按照传统的说法，哲学分为两大派别：唯物主义、唯心主义。社会主义思想体系是辩证唯物主义及历史唯物主义，是无产（工人）阶级的思想；宗教属于唯心主义范畴，属于剥削阶级的思想。宗教之所以能在社会主义存在，主要是有部分劳动群众还有信仰，涉及到群众问题。前有说明，此不复述。

当社会主义社会建立后，灌输共产主义、宣传唯物主义，触及灵魂深处，实现思想改造成为社会工作的重要任务。虽然，宪法规定公民有宗教信仰自由的权利，但在一潮接一潮的思想改造中，宗教信仰自由的权利处于尴尬的地位。"集体"是强调唯物主义、共产主义和马列主义、毛泽东思想等教育；个人则要保留或选择宗教信仰，如何协调两者的关系？

当时，感到难办的是各级政府的干部。这些干部要求学习、掌握及执行辩证唯物主义，确立共产主义远大理想。在开展"思想革命化"的过程中，容易用唯物主义"替代"唯心主义，用共产主义"改造"宗教思想，实现信仰的替代。一旦发展到了极致，则会用阶级观点分析宗教及宗教现象，用阶级斗争的方式来对待与处理宗教及宗教问题，容易产生反宗教的恶性事件。

因而，在这期间包括基督教在内的各宗教团体、教职人员及信教群众适应、协调社会主义社会还处于不断调适的过程中。

十一届三中全会后，中国共产党停止了以阶级斗争为纲，把工作重点放在经济建设上，坚持改革，实行开放；实事求是，正视宗教存在的事实，承认宗教产生发展等的规律，贯彻执行宗教信仰自由政策。

1982 年 3 月，中共中央在《关于我国社会主义时期宗教问题的基本观点和基本政策》中明确指出：社会主义社会不具备消亡宗教的客观条件，宗教会对一部分人产生影响，也不可避免地会长期存在。"那种认为随着社会主义制度的建立和经济文化的一定程度的发展，宗教就会很快消亡的想法，是不现实的。那种认为依靠行政命令或其他强制手段，可以一举消灭宗教的想法和做法，更是背离马克思主义关于宗教问题的基本观点的，是完全错误的和非常有害的"[43]。年底，新制定的中华人民共和国宪法重申公民的宗教信仰自由权利，取消了先前并列的"和不信仰宗教、宣传无神论的自由"条款。接着，中华人民共和国刑法在法律上保护公民信仰宗教的权利，依法处理剥夺公民宗教信仰自由权利及打击宗教等的行为。

与改革开放相伴随的还有，我国社会主义经济体制发生了深刻的变化，所有制形态从单一的全民或集体制变为公有制为主、其他所有制共同发展；即使在农村集体有制中，也是以家庭联产承包责任制的形式出现。个人有了自我支配行动的自由，我的时间我作主，基本上消除了集体用工安排与宗教团体活动之间的矛盾。在思想层面上，以爱国主义、遵纪守法等替代了开展共产主义教育、改造思想的旧模式。尤其"三个代表"思想中"中国共产党代表中国先进文化的发展方向"的提出，弃置了"唯物"与"唯心"的简单两分法，二选一、要站队的作法，事实上放弃了所谓以唯物主义实现"思想革命化"的要求，不再触及某些公民灵魂深处的宗教信仰，宗教信仰真正成为个人的私事，自我选择，与社会的主流思想并不矛盾；宗教文化系社会文化一部分，或能服务于社会主义社会。这些改变或发展，投影在宗教信仰自由政策上，就是尊重和保护公民个人的宗教信仰权利，保护正常的宗教活动，保护合法的宗教团体利益。

我们也注意到，政策容易受人物或事件等的影响、干扰或存废，甚至践踏。于是，要确保相关政策的基本稳定、贯彻执行，应该也必须上升在法律法规层面上，依法管理宗教事务，引导宗教与社会主义社会相适应。另外，宗教在人类社会中将长期存在，"宗教走向最终消亡是一个漫长的历史过程"。既然宗教将长期存在，因之应该认识及遵循宗教活动的规律，正确认识、处理或引导宗教活动、宗教团体或宗教事务，有必要以法为依据，依法管理。从20世纪90年代起，国务院及相关部门先后制定了一系列行政法规，在执行过程中，逐步充实、提练及完善，形成2004年《宗教事务条例》及相

43　《中共中央印发"关于我国社会主义时期宗教问题的基本观点和基本政策"的通知》，《新时期宗教工作文献选编》，第55页。

关的配套法规，构建起以合法的宗教团体成立为前提，以审批及登记宗教活动场所为中心，教职人员备案制等的管理体制，使贯彻执行宗教信仰自由政策，明确地体现在各政府相关部门依法管理宗教事务上，并通过依法管理来引导宗教与社会主义社会相协调、相适应。

管理方式的法制化、管理内容的明确、管理手段的简单[44]，有效地保障了公民的宗教信仰自由，以及宗教团体的合法权利，有效地促进了包括基督教在内的宗教团体与社会主义社会相适应、相协调，和谐相处，得到发展。这些是中国基督教调适的目标之一，也是本项目认识与研究的目的所在。

---

44 管理手段的简单特指以法律为依据，依法办事。

后　记

　　本项目是（中国）国家社科基金西部项目（07XMZ002），2010 年 5 月完成项目，申请审查结项。由国家社科基金规划办公室组织相关专家匿名评审，通过结项，鉴定等级"优秀"，经 2011 年初公示，最终确定。概括而言，本研究成果具有以下突出的特点：

一、研究现实问题，服务社会需要

　　依据国家哲学社会科学研究"十二五"规划，深入研究重大的现实问题，服务于社会发展、文化繁荣、建言献策等要求，本项目选择新中国建立后川滇黔民族地区基督教的调适与发展作为对象，认识在新的社会环境中，基督教在中国土地上是如何通过调适而得以延续、得到发展的，今天仍然活跃，传播广泛。

二、阐述基督教的调适过程，与社会主义相适应

　　川滇黔民族地区是我国各少数民族的主要聚居区，基督教在彝、苗、傈僳、佤、怒、拉祜、景颇及哈尼等少数民族群众中传播较广泛，发展迅速，至今仍有较大的影响，尤其在部分边疆民族地区，是难以忽视的社会群体。

　　1949 年底，中华人民共和国建立，环境的改变，各民族地区基督教会鉴于社会制度的改变，今非昔比，采取行动，不断调适，争取与社会主义相适应，谋求生存，持续发展，延续至今。我们依据档案、文献及调查资料，利用民族学、宗教学及政治学等理论及方法，对之开展认识，揭示中国基督教适应社会主义的内容及过程，无疑有积极的现实价值。

三、展示宗教信仰自由政策的实施及变化状况

新中国建立初，中国共产党制定并贯彻实施宗教信仰自由政策，载之宪法，通过法律法规，尊重信教群众的宗教信仰，保护正常的宗教活动，保障信教群众的权利等。尽管，在"大跃进运动"及"文化大革命"期间，同其他方针、政策或措施一样，中共的宗教信仰自由政策也被践踏，教牧人员遭致处罚，信教群众的宗教信仰权利被剥夺，宗教活动受到打击……

在十一届三中全会后，中国共产党拨乱反正，纠正宗教领域的冤假错案，恢复包括宗教信仰自由政策在内的各项方针及政策，贯彻执行。进入 90 年代，中共将宗教信仰自由从政策层面确定、管理提升为法规范式，依法保护、依法管理，宗教事务工作逐步进入法律化、常态化和规范化。

本项目以川滇黔民族地区的基督教为对象，实证分析，认识宗教信仰自由政策的制定、贯彻实施，以及转化为政府法规，依法保护，依法管理，分析中共在民族、宗教等领域的成功经验；阐述基督教在新的环境中，主动调适，与社会主义相协调，得到生存和发展。

四、以事实回应国外人士的关切或疑虑

多年来，境外某些政府、团体或个人以"人权"为借口，攻击甚至污蔑我国的宗教、民族政策等，挑拨民族关系，制造纠纷，图谋不轨。

与其被别有用心者施以丑化或污蔑，莫如以史事为依据，认识当代中国社会的基督教活动及演变，反映其在新的社会生态如何调适、活动及发展，回应国外人士对我国宗教、民族政策等的关切，消除他们对中国基督教、尤其是西南民族地区基督教现状的疑惑，彰显清白，驳斥污蔑！

在审核本项目时，各位匿名评审专家的认真评审，积极提携，顺利结项；并无私提出若干宝贵的意见，希望本研究争取做得更好。各位评审专家的修改意见，金玉良言，受益良多，我感激不尽，虚心接受，理应扩大范围，再到滇东、滇东南及黔北等民族地区，调查研究，认真修改，力求完善。无奈因新任务等纠缠，被迫搁"此"就"彼"，近两三年内很难抽出时间修改、打磨本项目。毕竟我辈要挣"工分"，维持并改善生活。按敝单位的管理规定，唯有出版或发表，才能计算工作量，挣得"工分"，生活压力迫使我将拙稿尽快出版。还有，因自己已过六旬，人生苦短，说"走"就"走"，难

以预料。基于此理此情，故将拙稿付印，抛砖引玉，请方家、师友等再施教诲。待两三年后，时间充裕，接受意见，认真修改，争取完善。

前面曾叙，80 年代中叶，敝人就开展实地调查，着手搜集资料，曾得到云南省、贵州省及四川省档案馆，贵阳市、怒江州、德宏州、凉山州、丽江地区、临沧地区、思茅地区、毕节地区档案馆，贡山、福贡、碧江、维西、盈江、陇川、沧源、双江、耿马、澜沧、武定、禄劝、赫章等县档案馆的支持，惠以查阅方便，谨致诚挚的谢意。

本项目撰写时得到刘鼎寅、韩军学、李锦、袁晓文、杨天宏、肖霁虹、刘志杨、方铁、祁庆富、达力扎布、陈建明、申晓虎、朱发德、王川、王珏、蔡华（吉合阿华）、卢秀敏、曾林等师友的支持与帮助，我铭刻不记，衷心感谢，希望拙著不会让您们失望，辜负您们的支援。

还想强调的是，拙稿曾得到张伟达先生的精心批阅，提出众多的宝贵意见，致使拙稿得到较好的修改与充实，提升了"质量"，因而本书的体例与送审稿迥然不同，以时间为段，认识当时各民族地区基督教的情况，突显研究的主题，避免重复，消除单调……对张先生的教诲及点拨，由衷感谢！

秦和平

2014 年 3 月

主要参考资料（按内容排列）

1. 云南、四川、贵州省档案馆，昆明、怒江、德宏、丽江、保山、临沧、思茅、毕节、凉山等地区（州、市）档案馆，以及福贡等县档案馆所藏部分相关资料；

2. 中共中央文献研究室编：《建国以来重要文献选编》，第 1—20 辑，中央文献出版社，1992—1997 年；

3. 国家宗教事务局政策法规司编：《宗教工作法律知识答问》，宗教文化出版社，2008 年；

4. 四川省宗教事务局政策法规处编：《宗教工作相关的法律法规及政府读本》，2008 年；

5. 中央文献研究室综合研究组等编：《新时期宗教工作文献选编》，宗教文化出版社，1995 年；

6. 编辑部编：《当代中国的宗教工作》，当代中国出版社，1999 年；

7. 中央文献研究室编：《建国以来毛泽东文稿》，第 1—13 辑，中央文献出版社，1995 年；

8. 中央文献研究室编：《毛泽东西藏工作文选》，中央文献出版社，2001 年；

9. 中央文献研究室编：《建国以来刘少奇文稿》，第 1—4 辑，中央文献出版社，2005 年；

10. 中央文献研究室编：《建国以来周恩来文稿》，第 1—3 辑，中央文献出版社，2006 年

11. 中央文献研究室编：《周恩来统一战线文选》，人民出版社，1984 年；

12. 外交部等编：《周恩来外文文选》，中央文献出版社，1990 年；

13. 力平主编：《周恩来年谱》，上、中、下卷，中央文献出版社，1997 年；

14. 中共中央文献研究室等编：《邓小平西南工作文集》，中央文献出版社等，2006 年；

15. 李维汉：《统一战线问题与民族问题》，人民出版社，1981 年；

16. 李维汉：《回忆与研究》，中央党史资料出版社，1986 年；

17. 李原等编：《阎红彦同志讲话集》，1996 年；

18. 孙雨亭：《民族工作文集》，民族出版社，1992 年；

19. 孙雨亭：《历史的选择——我的回忆》，云南人民出版社，1996 年；

20. 王连芳：《云南民族工作实践与理论探索》，云南民族出版社，1989 年；

21. 王连芳：《王连芳云南民族工作回忆》，云南人民出版社，1999 年；

22. 马绍忠：《民族工作之路》，云南民族出版社，2009 年；

23. 罗群主编：《尹宜公民族工作文选》，云南民族出版社，2010 年；

24. 罗竹风主编：《中国社会主义时期的宗教问题》，上海社会科学出版社，1987 年；

25. 中国天主教教友爱国会编：《中国天主教友代表团会议专辑》，1957 年；

26. 晏可佳：《中国天主教》，五洲传播出版社，2004 年；

27. 中国天主教爱国会等编：《圣神光照中国教会》，宗教文化出版社，2008 年；

28. 中国天主教爱国会编：《中国天主教独立自主自国教会教育教材》，宗教文化出版社，2004 年；

29. 罗渔、吴雁：《中国大陆天主教四十年大事记》，（台）辅仁大学出版社，1986 年；

30. 顾裕禄：《中国天主教的过去与现在》，上海社会科学出版社，1989 年；

31. 广学会编：《中国基督教三自爱国运动委员会第二次委员（扩大）会议》，1956 年；

32. 中国基督教三自爱国会编：《中国基督教三自爱国运动委员会常委会第十次（扩大）会议专辑》，1957 年；

33. 罗伟虹：《中国基督教》，五洲传播出版社，2004 年；

34. 赵天恩、庄婉芳：《当代中国基督教发展史》，（台）中福出版社，1994 年；

35. 杨学政、邢福增主编：《云南基督教传播及现状调查研究》，（港）建道神学院，2004 年；

36. 杨汉先：《基督教在滇黔川交境一带苗族地区史略》（民族研究参考资料第 14 集），贵州省民族研究所，1980 年；

37. 宜宾市政协文史委等编：《宜宾近代天主教基督教史料集粹》，2008 年；

38. 王光祥等编：《基督教葛布教会百年史》，2004 年，
    www.shimenkan.org/book.

39. 王建刚等编：《彝良基督教百年简史》，2006 年，www.shimenkan.org/book.

40. 绍辉主编：《（滇北）基督教苗族教会史料》，2004 年，
    www.shimenkan.org/book.

41. 李仕杰编：《基督教结构教会百年简史》，2007 年；

42. 祝贵美编：《半坡教会史》，2006 年；

43. 中国科学院民族研究所四川调查组：《西昌专区天主教教区简史、基督教教会简史》，1964 年；

44. 云南省社科院宗教研究所：《宗教调查与研究》，1986 年；

45. 云南省社科院宗教研究所：《云南宗教研究》，1984—2003 年各期；

46. 云南省委党史研究室编：《云南边疆民族地区民主改革》，云南大学出版社，1995 年；

47. 云南省委党史研究室编：《云南民族"直过区"经济社会发展研究资料汇编》，云南民族出版社，2006 年；

48. 德宏州委党史研究室：《"直过区"呼唤第二个春天——德宏州民族"直过区"经济社会发展研究》，2006 年；

49. 当代云南编辑部：《当代云南大事纪要》，当代中国出版社，2007 年；

50. 编写组：《云南民族工作四十年》，上、下，云南民族出版社，1994 年；

51. 中央访问团第二分团：《云南民族情况汇集（草稿）》，（丽江、保山、思茅、蒙自、武定等地区），1951 年 2 月；

52. 云南省编辑组：《中央访问团第二分团云南民族情况汇集》，上、下，云南民族出版社，1986 年；

53. 云南省编辑组：《云南民族民俗和宗教调查》，云南民族出版社，1985 年；

54. 云南省编辑组：《昆明民族民俗和宗教调查》，云南民族出版社，1985 年；

55. 李福珊：《怒江宗教概览》，2002 年；

56. 朱发德编：《滇西基督教》，2008 年；

57. 云南省民委民族工作队：《和谐的使者》，云南民族出版社，2008 年；

58. 张坦：《窄门前的石门坎》，云南教育出版社，1992 年；

59. 韩军学：《基督教与云南少数民族》，云南人民出版社，2000 年；

60. 钱宁主编：《基督教与少数民族社会文化变迁》，云南大学出版社，1999 年；

61. 秦和平：《基督宗教在西南民族地区传播史》，四川民族出版社，2004年；

62. 缪家福等主编：《世纪之交的民族宗教——云南少数民族宗教形态与社会文化变迁》，云南大学出版社，1999年；

63. 张桥贵主编：《云南跨境民族宗教社会问题研究》（之一），中国社会科学出版社，2008年；

64. 牟钟鉴等编《宗教与民族》，第3、4辑，宗教文化出版社，2004年、2006年；

65. 李际会等编：《楚雄彝族自治州民族工作五十年》，云南民族出版社，2004年；

66. 张正华主编：《临沧地区统一战线》，2000年；

67. 临沧民族理论学会编：《临沧民族研究》，第10、11期，2004年、2006年；

68. 秦和平等编：《四川基督教资料辑要》，巴蜀书社，2008年；

69. 德宏州政协民宗委等编：《探索与思考——德宏州傈僳族经济社会发展研讨会文集》，2007年；

70. 张跃主编：《云南民族村寨调查——跨世纪的思考》，云南大学出版社，2001年；

71. 王皎主编：《景颇族——瑞丽弄岛乡等嘎村》，云南大学出版社，2001年；

72. 肖迎主编：《傈僳族——泸水上江乡百花岭村》，云南大学出版社，2001年；

73. 赵美主编：《怒族——贡山丙中洛乡查腊村》，云南大学出版社，2001年；

74. 肖芒主编：《走进田野——民族调查纪实》，云南大学出版社，2001年；

75. 临沧市委统战部编：《临沧市统战史》，2007年；

76. 杨拾全等编：《中国景颇族山官》，德宏民族出版社，2001年；

77. 史富相：《史富相文集》，2006年；

78. 云南、贵州及四川省及相关各民族自治州、自治县纂修的州志、市志、地区志及县志；

79. 云南、贵州及四川省及相关各民族自治州、自治县历年的文史资料选辑；

80. 李志纯编：《景颇族（山头族）情况》，1952年6月；

81. 西南民族学院研究室编：《西南少数民族情况参考资料》（3—19），1953年；

82. 中国科学院民族研究所调查组：《贵州省威宁县龙街等地区解放前社会经济情况调查资料》，1963 年；

83. 中国科学院民族研究所调查组：《贵州威宁县法地区别色园子和东关寨解放前社会经济调查资料》，1964 年；

84. 中国科学院民族研究所调查组：《贵州赫章县海确寨苗族社会历史调查资料》，1964 年；

85. 全国人大民委办公室编：《怒江傈僳族自治州社会调查》，1956 年 12 月；

86. 全国人大民委办公室编：《怒江傈僳族自治州社会概况》（傈僳族、怒族、独龙族调查材料之一），1957 年；

87. 全国人大民委办公室编：《怒江傈僳族自治州社会情况》（调查材料之二），1958 年；

88. 全国人大民委办公室编：《怒江傈僳族自治州的怒族社会经济调查报告》（调查材料之三），1958 年；

89. 全国人大民委办公室编：《碧江县傈僳族社会经济调查总结报告》（调查材料之四），1958 年；

90. 全国人大民委办公室编：《泸水县傈僳族社会经济情况调查报告》（调查材料之五），1958 年；

91. 中国科学院民族研究所云南调查组：《云南省怒江傈僳族社会调查》（调查材料之六），1964 年；

92. 中国科学院民族研究所云南调查组：《云南省怒江独龙族社会调查》（调查材料之七），1964 年；

93. 中国科学院民族研究所云南调查组：《云南省独龙族历史资料汇编》，1964 年；

94. 中国科学院民族研究所云南调查组：《云南省拉祜族社会历史调查资料》（拉祜族调查材料之一），1963 年；

95. 中国科学院民族研究所云南调查组：《云南省拉祜族社会历史调查资料》（拉祜族调查材料之二），1963 年；

96. 全国人大民委办公室编：《潞西县东山弄丘寨、西山弄丙寨景颇族调查报告》，1957 年；

97. 全国人大民委办公室编：《云南德宏傣族景颇族自治州社会概况》（景颇族调查资料之一），1957 年 11 月；

98. 全国人大民委办公室编：《云南德宏傣族景颇族自治州社会概况》（景颇族调查资料之二），1957 年；

99. 全国人大民委办公室编：《云南德宏傣族景颇族自治州社会概况》（景颇族调查资料之三），1957 年；

100. 全国人大民委办公室编:《云南德宏傣族景颇族自治州社会概况》（景颇族调查资料之三）[1]，1958 年;

101. 全国人大民委办公室编:《云南德宏傣族景颇族自治州社会概况·1956 年 11 月至于 957 年 6 月景颇族五个点调查综合报告》及其两个附件（景颇族调查资料之四），1958 年;

102. 全国人大民委办公室编:《云南德宏傣族景颇族自治州社会概况》（景颇族调查资料之五），1958 年;

103. 全国人大民委办公室编:《云南德宏傣族景颇族自治州社会概况·1958 年 3 月至 6 月德宏傣族景颇族自治州景颇族三个点的社会经济调查报告》（景颇族调查资料之六），1958 年;

104. 中国科学院民族研究所云南调查组:《云南德宏傣族景颇族自治州社会概况》（景颇族调查材料之七），1963 年;

105. 中国科学院民族研究所云南调查组:《云南德宏傣族景颇族自治州社会概况》（景颇族调查资料之八），1963 年;

106. 中国科学院民族研究所云南调查组:《云南彝族社会历史调查》（彝族调查材料之一），1963 年;

107. 全国人大民委办公室编:《1956 年 12 月至 1957 年 6 月云南西盟卡瓦族社会经济调查总结报告》（卡瓦族调查材料之一），1958 年;

108. 全国人大民委办公室编:《西盟卡瓦族社会经济调查报告》（岳宋、中课、永广、翁戛科、龙坎调查材料之二），铅印本，1958 年;

109. 全国人大民委办公室编:《云南西盟大马散卡瓦族社会经济调查报告》（卡瓦族调查材料之三），1958 年;

110. 全国人大民委办公室编:《云南沧源卡瓦族社会经济调查报告》（卡佤族调查材料之四），1958 年;

111. 中国科学院民族研究所云南调查组:《云南耿马、孟连、双江佤族社会调查材料》（佤族调查材料之五），1962 年;

112. 中国科学院民族研究所云南调查组:《云南佤族历史调查材料》（佤族调查材料之六），1962 年;

113. 中国社科院民族研究所:《云南佤族社会经济调查材料》（佤族调查材料之七），同上，1980 年 3 月;

114. 云南省编辑组:《云南少数民族社会历史调查资料汇编》，第 1～5 辑，云南人民出版社，1986 年;

115. 编委会:《威宁苗族百年实录》，2006 年;

---

1 本资料集亦名之景颇族调查材料之三，编者亦为全国人大民委办公室，但书中内容完全不同。

116. 威宁县民委编：《威宁彝族回族苗族自治县民族志》，贵州民族出版社，1997 年；

117. 王再兴：《西南少数民族语言圣经翻译传播及其社会文化影响》，四川大学博士论文，2007 年；

118. 云南民族学院教务处编：《民族教育丛刊》，第 2 期，1983 年；

119. 云南省民族研究所：《民族调查研究》，专刊，第 2 集，1984 年；

120. 云南省民族研究所：《民族调查研究》，1988 年 1—2 期；

121. 云南省社科院历史研究所：《云南现代史资料丛刊》，1986 年；

122. 霍尔著、中山大学东南亚研究所译：《东南亚史》，上、下，商务印书馆，1982 年。